TRANZLATY

Language is for everyone
ভাষা সবার জন্য

The Call of the Wild

বন্যের ডাক
(দ্য কল অফ দ্য ওয়াইল্ড)

Jack London

English / বাংলা

Copyright © 2025 Tranzlaty
All rights reserved
Published by Tranzlaty
ISBN: 978-1-80572-755-2
Original text by Jack London
The Call of the Wild
First published in 1903
www.tranzlaty.com

Into the Primitive
আদিম যুগে

Buck did not read the newspapers.
বাক খবরের কাগজ পড়ত না।
Had he read the newspapers he would have known trouble was brewing.
যদি সে খবরের কাগজ পড়ত, তাহলে সে জানতে পারত যে সমস্যা তৈরি হচ্ছে।
There was trouble not alone for himself, but for every tidewater dog.
শুধু নিজের জন্য নয়, প্রতিটি জোয়ারের কুকুরের জন্যই সমস্যা ছিল।
Every dog strong of muscle and with warm, long hair was going to be in trouble.
পেশীবহুল শক্তিশালী এবং উষ্ণ, লম্বা চুলের প্রতিটি কুকুরই সমস্যায় পড়তে যাচ্ছিল।
From Puget Bay to San Diego no dog could escape what was coming.
পুগেট বে থেকে সান দিয়েগো পর্যন্ত কোন কুকুরই এড়াতে পারেনি যা আসন্ন ছিল।
Men, groping in the Arctic darkness, had found a yellow metal.
আর্কটিকের অন্ধকারে হাতড়তে থাকা মানুষগুলো একটা হলুদ ধাতু খুঁজে পেয়েছিল।
Steamship and transportation companies were chasing the discovery.
স্টিমশিপ এবং পরিবহন কোম্পানিগুলি আবিষ্কারের পিছনে ছুটছিল।
Thousands of men were rushing into the Northland.
হাজার হাজার পুরুষ নর্থল্যান্ডে ছুটে আসছিল।
These men wanted dogs, and the dogs they wanted were heavy dogs.
এই লোকেরা কুকুর চেয়েছিল, এবং তারা যে কুকুরগুলো চেয়েছিল সেগুলো ছিল ভারী কুকুর।

Dogs with strong muscles by which to toil.
শক্ত পেশী বিশিষ্ট কুকুর যাদের পরিশ্রম করতে হয়।

Dogs with furry coats to protect them from the frost.
তুষারপাত থেকে রক্ষা করার জন্য পশমী কোট পরা কুকুর।

Buck lived at a big house in the sun-kissed Santa Clara Valley.
বাক রোদে পোড়া সান্তা ক্লারা ভ্যালির একটি বড় বাড়িতে থাকতেন।

Judge Miller's place, his house was called.
বিচারক মিলারের বাসা, তার বাড়ি বলা হয়েছিল।

His house stood back from the road, half hidden among the trees.
তার বাড়ি রাস্তা থেকে কিছুটা দূরে, গাছের আড়ালে।

One could get glimpses of the wide veranda running around the house.
ঘরের চারপাশে বিস্তৃত বারান্দার এক ঝলক দেখা যেত।

The house was approached by graveled driveways.
নুড়িপাথরের ড্রাইভওয়ে দিয়ে বাড়িটি কাছে আসত।

The paths wound about through wide-spreading lawns.
পথগুলো বিস্তৃত লনের মধ্য দিয়ে ঘুরে বেড়াচ্ছে।

Overhead were the interlacing boughs of tall poplars.
মাথার উপরে লম্বা পপলারের ডালপালা পরস্পর সংযুক্ত ছিল।

At the rear of the house things were on even more spacious.
বাড়ির পিছনের দিকে জিনিসপত্র আরও প্রশস্ত ছিল।

There were great stables, where a dozen grooms were chatting
সেখানে ছিল দারুন সব আস্তাবল, যেখানে এক ডজন বর গল্প করছিল

There were rows of vine-clad servants' cottages
সেখানে সারি সারি দ্রাক্ষালতা পরিহিত চাকরদের কুটির ছিল

And there was an endless and orderly array of outhouses
আর সেখানে ছিল অফুরন্ত এবং সুশৃঙ্খল বহির্ভাগের সমাহার

Long grape arbors, green pastures, orchards, and berry patches.

লম্বা আঙ্গুরের গাছ, সবুজ চারণভূমি, বাগান এবং বেরি গাছের ক্ষেত।

Then there was the pumping plant for the artesian well.
তারপর ছিল আর্টেসিয়ান কূপের জন্য পাম্পিং প্ল্যান্ট।

And there was the big cement tank filled with water.
আর সেখানে ছিল জল ভর্তি বড় সিমেন্টের ট্যাঙ্ক।

Here Judge Miller's boys took their morning plunge.
এখানে বিচারক মিলারের ছেলেরা তাদের সকালের ঝাঁপিয়ে পড়েছিল।

And they cooled down there in the hot afternoon too.
আর গরমের বিকেলেও তারা সেখানে ঠান্ডা হয়ে গেল।

And over this great domain, Buck was the one who ruled all of it.
আর এই বিশাল অঞ্চলের উপর, বাকই ছিলেন পুরোটাই শাসন করতেন।

Buck was born on this land and lived here all his four years.
বাক এই জমিতেই জন্মগ্রহণ করেছিলেন এবং তার চার বছর ধরে এখানেই কাটিয়েছেন।

There were indeed other dogs, but they did not truly matter.
আসলে অন্যান্য কুকুরও ছিল, কিন্তু সেগুলো আসলে গুরুত্বপূর্ণ ছিল না।

Other dogs were expected in a place as vast as this one.
এই জায়গার মতো বিশাল জায়গায় অন্যান্য কুকুরের থাকার কথা ছিল।

These dogs came and went, or lived inside the busy kennels.
এই কুকুরগুলো আসত আর যেত, অথবা ব্যস্ত ক্যানেলের ভেতরেই থাকত।

Some dogs lived hidden in the house, like Toots and Ysabel did.
কিছু কুকুর ঘরে লুকিয়ে থাকত, যেমন টুটস এবং ইসাবেল লুকিয়ে থাকত।

Toots was a Japanese pug, Ysabel a Mexican hairless dog.
টুটস ছিল একটি জাপানি পাগ, ইসাবেল ছিল একটি মেক্সিকান লোমহীন কুকুর।

These strange creatures rarely stepped outside the house.

এই অদ্ভুত প্রাণীগুলো খুব কমই ঘরের বাইরে পা রাখত।

They did not touch the ground, nor sniff the open air outside.

তারা মাটি স্পর্শ করেনি, বাইরের খোলা বাতাসের গন্ধও নেয়নি।

There were also the fox terriers, at least twenty in number.

সেখানে শিয়াল টেরিয়ারও ছিল, সংখ্যায় কমপক্ষে বিশটি।

These terriers barked fiercely at Toots and Ysabel indoors.

এই টেরিয়াররা ঘরের ভেতরে টুটস এবং ইসাবেলের দিকে প্রচণ্ডভাবে ঘেউ ঘেউ করত।

Toots and Ysabel stayed behind windows, safe from harm.

টুটস এবং ইসাবেল জানালার পিছনে থেকেছিল, ক্ষতি থেকে নিরাপদে।

They were guarded by housemaids with brooms and mops.

তাদের পাহারা দিত গৃহকর্মীরা ঝাড়ু এবং মোছার যন্ত্র দিয়ে।

But Buck was no house-dog, and he was no kennel-dog either.

কিন্তু বাক কোনও গৃহপালিত কুকুর ছিল না, এবং সে কোনও ক্যানেল-কুকুরও ছিল না।

The entire property belonged to Buck as his rightful realm.

সম্পূর্ণ সম্পত্তি বাকের অধিকারভুক্ত ছিল তার অধিকারভুক্ত রাজ্য হিসেবে।

Buck swam in the tank or went hunting with the Judge's sons.

বাক ট্যাঙ্কে সাঁতার কাটত অথবা বিচারকের ছেলেদের সাথে শিকারে যেত।

He walked with Mollie and Alice in the early or late hours.

সে ভোরবেলা বা শেষের দিকে মলি এবং অ্যালিসের সাথে হাঁটত।

On cold nights he lay before the library fire with the Judge.

ঠান্ডা রাতে সে বিচারকের সাথে লাইব্রেরির আগুনের সামনে শুয়ে থাকত।

Buck gave rides to the Judge's grandsons on his strong back.

বাক তার শক্ত পিঠে করে বিচারকের নাতিদের চড়াতেন।

He rolled in the grass with the boys, guarding them closely.

সে ছেলেদের সাথে ঘাসে গড়াগড়ি দিচ্ছিল, তাদের কড়া পাহারা দিচ্ছিল।

They ventured to the fountain and even past the berry fields.
তারা ঝর্ণার দিকে এগিয়ে গেল, এমনকি বেরি ক্ষেত পেরিয়েও গেল।

Among the fox terriers, Buck walked with royal pride always.
ফক্স টেরিয়ারদের মধ্যে, বাক সবসময় রাজকীয় গর্বের সাথে হাঁটত।

He ignored Toots and Ysabel, treating them like they were air.
সে টুটস এবং ইসাবেলকে উপেক্ষা করেছিল, তাদের সাথে এমন আচরণ করেছিল যেন তারা বাতাস।

Buck ruled over all living creatures on Judge Miller's land.
বিচারক মিলারের জমিতে বাক সমস্ত জীবন্ত প্রাণীর উপর রাজত্ব করতেন।

He ruled over animals, insects, birds, and even humans.
তিনি পশু, পোকামাকড়, পাখি, এমনকি মানুষের উপরও রাজত্ব করতেন।

Buck's father Elmo had been a huge and loyal St. Bernard.
বাকের বাবা এলমো ছিলেন একজন বিশাল এবং অনুগত সেন্ট বার্নার্ড।

Elmo never left the Judge's side, and served him faithfully.
এলমো কখনও বিচারকের পক্ষ ত্যাগ করেননি, এবং বিশ্বস্ততার সাথে তাঁর সেবা করেছেন।

Buck seemed ready to follow his father's noble example.
বাক তার বাবার মহৎ উদাহরণ অনুসরণ করতে প্রস্তুত বলে মনে হচ্ছিল।

Buck was not quite as large, weighing one hundred and forty pounds.
বকটি খুব একটা বড় ছিল না, ওজন ছিল একশ চল্লিশ পাউন্ড।

His mother, Shep, had been a fine Scotch shepherd dog.
তার মা শেপ ছিলেন একজন ভালো স্কচ শেফার্ড কুকুর।

But even at that weight, Buck walked with regal presence.

কিন্তু সেই ওজনের মধ্যেও, বাক রাজকীয় উপস্থিতি নিয়ে হাঁটতেন।

This came from good food and the respect he always received.
এটা এসেছে ভালো খাবার এবং তিনি সবসময় যে সম্মান পেতেন তার ফলে।

For four years, Buck had lived like a spoiled nobleman.
চার বছর ধরে, বাক একজন নষ্ট অভিজাত ব্যক্তির মতো জীবনযাপন করেছিলেন।

He was proud of himself, and even slightly egotistical.
সে নিজেকে নিয়ে গর্বিত ছিল, এমনকি কিছুটা অহংকারীও ছিল।

That kind of pride was common in remote country lords.
দূরবর্তী গ্রামের প্রভুদের মধ্যে এই ধরণের অহংকার সাধারণ ছিল।

But Buck saved himself from becoming pampered house-dog.
কিন্তু বাক নিজেকে আদরের গৃহ-কুকুর হওয়া থেকে বাঁচিয়েছিলেন।

He stayed lean and strong through hunting and exercise.
শিকার এবং ব্যায়ামের মাধ্যমে তিনি রোগা এবং শক্তিশালী ছিলেন।

He loved water deeply, like people who bathe in cold lakes.
তিনি জলকে গভীরভাবে ভালোবাসতেন, ঠিক যেমন ঠান্ডা হ্রদে স্নান করা মানুষ।

This love for water kept Buck strong, and very healthy.
পানির প্রতি এই ভালোবাসা বাককে শক্তিশালী এবং খুব সুস্থ রেখেছিল।

This was the dog Buck had become in the fall of 1897.
১৮৯৭ সালের শরৎকালে বাক এই কুকুরটিতে পরিণত হয়েছিল।

When the Klondike strike pulled men to the frozen North.
যখন ক্লোনডাইক আক্রমণ মানুষকে হিমায়িত উত্তরে টেনে নিয়ে গেল।

People rushed from all over the world into the cold land.
সারা পৃথিবী থেকে মানুষ ঠান্ডা জমিতে ছুটে এল।

Buck, however, did not read the papers, nor understand news.
তবে, বাক সংবাদপত্র পড়েননি, খবরও বুঝতেন না।

He did not know Manuel was a bad man to be around.
সে জানত না যে ম্যানুয়েল আশেপাশে থাকা খারাপ মানুষ।

Manuel, who helped in the garden, had a deep problem.
বাগানে সাহায্যকারী ম্যানুয়েলের একটা গভীর সমস্যা ছিল।

Manuel was addicted to gambling in the Chinese lottery.
ম্যানুয়েল চাইনিজ লটারিতে জুয়া খেলার প্রতি আসক্ত ছিল।

He also believed strongly in a fixed system for winning.
তিনি জয়ের জন্য একটি নির্দিষ্ট ব্যবস্থায় দৃঢ়ভাবে বিশ্বাস করতেন।

That belief made his failure certain and unavoidable.
এই বিশ্বাস তার ব্যর্থতাকে নিশ্চিত এবং অনিবার্য করে তুলেছিল।

Playing a system demands money, which Manuel lacked.
একটি সিস্টেম খেলতে অর্থের প্রয়োজন হয়, যা ম্যানুয়েলের ছিল না।

His pay barely supported his wife and many children.
তার বেতন দিয়ে তার স্ত্রী এবং অনেক সন্তানের ভরণপোষণ খুব একটা হতো না।

On the night Manuel betrayed Buck, things were normal.
যে রাতে ম্যানুয়েল বাকের সাথে বিশ্বাসঘাতকতা করেছিল, সেই রাতে সবকিছু স্বাভাবিক ছিল।

The Judge was at a Raisin Growers' Association meeting.
বিচারক কিশমিশ চাষীদের সমিতির একটি সভায় ছিলেন।

The Judge's sons were busy forming an athletic club then.
বিচারকের ছেলেরা তখন একটি অ্যাথলেটিক ক্লাব গঠনে ব্যস্ত ছিল।

No one saw Manuel and Buck leaving through the orchard.
কেউ ম্যানুয়েল আর বাককে বাগানের মধ্য দিয়ে যেতে দেখেনি।

Buck thought this walk was just a simple nighttime stroll.
বাক ভেবেছিল এই হাঁটাটা কেবল রাতের বেলার একটা সাধারণ হাঁটা।

They met only one man at the flag station, in College Park.

কলেজ পার্কের ফ্ল্যাগ স্টেশনে তাদের দেখা হয়েছিল মাত্র একজনের সাথে।

That man spoke to Manuel, and they exchanged money.
সেই লোকটি ম্যানুয়েলের সাথে কথা বলল, এবং তারা টাকা বিনিময় করল।

"Wrap up the goods before you deliver them," he suggested.
"মাল পৌঁছে দেওয়ার আগে সেগুলো গুছিয়ে নাও," সে পরামর্শ দিল।

The man's voice was rough and impatient as he spoke.
কথা বলার সময় লোকটির কন্ঠস্বর ছিল রুক্ষ এবং অধৈর্য।

Manuel carefully tied a thick rope around Buck's neck.
ম্যানুয়েল সাবধানে বাকের গলায় একটি মোটা দড়ি বেঁধে দিল।

"Twist the rope, and you'll choke him plenty"
"দড়িটা পেঁচিয়ে দাও, আর তুমি তাকে অনেকবার শ্বাসরোধ করে ফেলবে"

The stranger gave a grunt, showing he understood well.
অপরিচিত ব্যক্তিটি ঘেউ ঘেউ করে বলল, সে ভালো করেই বুঝতে পেরেছে।

Buck accepted the rope with calm and quiet dignity that day.
সেদিন বাক শান্ত ও মর্যাদার সাথে দড়িটি গ্রহণ করেছিলেন।

It was an unusual act, but Buck trusted the men he knew.
এটা একটা অস্বাভাবিক কাজ ছিল, কিন্তু বাক তার পরিচিত লোকদের বিশ্বাস করতেন।

He believed their wisdom went far beyond his own thinking.
তিনি বিশ্বাস করতেন যে তাদের জ্ঞান তার নিজস্ব চিন্তাভাবনার চেয়ে অনেক বেশি।

But then the rope was handed to the hands of the stranger.
কিন্তু তারপর দড়িটি অপরিচিত ব্যক্তির হাতে তুলে দেওয়া হল।

Buck gave a low growl that warned with quiet menace.
বাক একটা মৃদু গর্জন করলো যা নীরব হুমকির সাথে সতর্ক করে দিল।

He was proud and commanding, and meant to show his displeasure.

সে গর্বিত এবং আদেশপ্রিয় ছিল, এবং তার অসন্তুষ্টি প্রকাশ করার ইচ্ছা ছিল।

Buck believed his warning would be understood as an order.
বাক বিশ্বাস করতেন যে তার সতর্কীকরণকে একটি আদেশ হিসেবে ধরা হবে।

To his shock, the rope tightened fast around his thick neck.
সে অবাক হয়ে গেল, তার মোটা গলায় দড়িটা খুব দ্রুত শক্ত হয়ে গেল।

His air was cut off and he began to fight in a sudden rage.
তার বাতাস বন্ধ হয়ে গেল এবং সে হঠাৎ রেগে যুদ্ধ করতে শুরু করল।

He sprang at the man, who quickly met Buck in mid-air.
সে লোকটির দিকে ঝাঁপিয়ে পড়ল, যে দ্রুত মাঝ আকাশে বাকের সাথে দেখা করল।

The man grabbed Buck's throat and skillfully twisted him in the air.
লোকটি বাকের গলা ধরে দক্ষতার সাথে তাকে বাতাসে মুচড়ে ধরল।

Buck was thrown down hard, landing flat on his back.
বাককে জোরে ধাক্কা দেওয়া হয়েছিল, তার পিঠে ভর দিয়ে সোজা হয়ে পড়েছিল।

The rope now choked him cruelly while he kicked wildly.
দড়িটি এখন তাকে নিষ্ঠুরভাবে শ্বাসরোধ করে ফেলল, আর সে বেপরোয়াভাবে লাথি মারল।

His tongue fell out, his chest heaved, but gained no breath.
তার জিভ বেরিয়ে গেল, বুক কেঁপে উঠল, কিন্তু নিঃশ্বাস ফেলল না।

He had never been treated with such violence in his life.
জীবনে কখনও তার সাথে এমন সহিংস আচরণ করা হয়নি।

He had also never been filled with such deep fury before.
তিনি আগে কখনও এত গভীর ক্রোধে আচ্ছন্ন হননি।

But Buck's power faded, and his eyes turned glassy.
কিন্তু বাকের শক্তি ম্লান হয়ে গেল, এবং তার চোখ কাঁচের মতো হয়ে গেল।

He passed out just as a train was flagged down nearby.
কাছাকাছি একটি ট্রেন থামার সাথে সাথে সে অজ্ঞান হয়ে গেল।

Then the two men tossed him into the baggage car quickly.
তারপর দুজন লোক তাকে দ্রুত লাগেজ গাড়িতে ফেলে দিল।

The next thing Buck felt was pain in his swollen tongue.
বাকের পরবর্তী অনুভূতি হলো তার ফোলা জিহ্বায় ব্যথা।

He was moving in a shaking cart, only dimly conscious.
সে কাঁপতে থাকা গাড়িতে করে চলছিল, কেবল অস্পষ্টভাবে তার জ্ঞান ছিল।

The sharp scream of a train whistle told Buck his location.
ট্রেনের বাঁশির তীব্র চিৎকার বাককে তার অবস্থান জানিয়ে দিল।

He had often ridden with the Judge and knew the feeling.
সে প্রায়ই বিচারকের সাথে গাড়িতে চড়েছে এবং তার অনুভূতিটা সে জানত।

It was the unique jolt of traveling in a baggage car again.
আবারও লাগেজ গাড়িতে ভ্রমণের এক অনন্য ধাক্কা।

Buck opened his eyes, and his gaze burned with rage.
বাক চোখ খুলল, আর তার দৃষ্টি রাগে জ্বলে উঠল।

This was the anger of a proud king taken from his throne.
এটি ছিল একজন গর্বিত রাজার ক্রোধ যাকে তার সিংহাসন থেকে সরিয়ে নেওয়া হয়েছিল।

A man reached to grab him, but Buck struck first instead.
একজন লোক তাকে ধরতে এগিয়ে গেল, কিন্তু বাক প্রথমে আঘাত করল।

He sank his teeth into the man's hand and held tightly.
সে লোকটির হাতে দাঁত ঢুকিয়ে শক্ত করে ধরে রাখল।

He did not let go until he blacked out a second time.
দ্বিতীয়বার ব্ল্যাক আউট না হওয়া পর্যন্ত সে যেতে দেয়নি।

"Yep, has fits," the man muttered to the baggageman.
"হ্যাঁ, ফিট হয়ে গেছে," লোকটি ব্যাগেজম্যানকে বিড়বিড় করে বলল।

The baggageman had heard the struggle and come near.
লাগেজওয়ালা লড়াইয়ের শব্দ শুনতে পেয়ে কাছে এসেছিল।

"I'm taking him to 'Frisco for the boss," the man explained.

"আমি তাকে 'বসের জন্য ফ্রিস্কো-তে নিয়ে যাচ্ছি," লোকটি ব্যাখ্যা করল।

"There's a fine dog-doctor there who says he can cure them."
"সেখানে একজন ভালো কুকুর-ডাক্তার আছেন যিনি বলেন যে তিনি তাদের সারিয়ে তুলতে পারবেন।"

Later that night the man gave his own full account.
পরে সেই রাতেই লোকটি তার নিজের পুরো বিবরণ দিল।

He spoke from a shed behind a saloon on the docks.
তিনি ডকের একটি সেলুনের পিছনের একটি শেড থেকে কথা বলছিলেন।

"All I was given was fifty dollars," he complained to the saloon man.
"আমাকে কেবল পঞ্চাশ ডলার দেওয়া হয়েছিল," সে সেলুনের লোকটির কাছে অভিযোগ করল।

"I wouldn't do it again, not even for a thousand in cold cash."
"আমি আর এটা করব না, এমনকি এক হাজার টাকার বিনিময়েও না।"

His right hand was tightly wrapped in a bloody cloth.
তার ডান হাতটি রক্তাক্ত কাপড়ে শক্ত করে জড়িয়ে ছিল।

His trouser leg was torn wide open from knee to foot.
তার প্যান্টের পা হাঁটু থেকে পা পর্যন্ত ছিঁড়ে গেছে।

"How much did the other mug get paid?" asked the saloon man.
"অন্য মগটির বেতন কত ছিল?" সেলুনের লোকটি জিজ্ঞাসা করল।

"A hundred," the man replied, "he wouldn't take a cent less."
"একশ," লোকটি উত্তর দিল, "সে এক পয়সাও কম নেবে না।"

"That comes to a hundred and fifty," the saloon man said.
"এটা দেড়শোতে পৌঁছায়," সেলুনের লোকটি বলল।

"And he's worth it all, or I'm no better than a blockhead."
"আর সে সবকিছুর যোগ্য, নইলে আমি একজন বোকা লোকের চেয়ে ভালো নই।"

The man opened the wrappings to examine his hand.

লোকটি তার হাত পরীক্ষা করার জন্য মোড়কটি খুলল।
The hand was badly torn and crusted in dried blood.
হাতটি মারাত্মকভাবে ছিঁড়ে গিয়েছিল এবং শুকনো রক্তে ভেসে গিয়েছিল।

"If I don't get the hydrophobia..." he began to say.
"যদি আমি হাইড্রোফোবিয়া না পাই..." সে বলতে শুরু করল।

"It'll be because you were born to hang," came a laugh.
"এটা হবে কারণ তুমি ঝুলন্ত অবস্থায় জন্মেছ," হাসি ভেসে এলো।

"Come help me out before you get going," he was asked.
"যাওয়ার আগে আমাকে সাহায্য করো," তাকে জিজ্ঞাসা করা হয়েছিল।

Buck was in a daze from the pain in his tongue and throat.
জিহ্বা আর গলার ব্যথায় বাক অজ্ঞান হয়ে পড়েছিল।

He was half-strangled, and could barely stand upright.
সে অর্ধেক শ্বাসরোধে আটকা পড়েছিল, এবং সোজা হয়ে দাঁড়াতে পারছিল না।

Still, Buck tried to face the men who had hurt him so.
তবুও, বাক সেই লোকদের মুখোমুখি হওয়ার চেষ্টা করেছিল যারা তাকে এত কষ্ট দিয়েছিল।

But they threw him down and choked him once again.
কিন্তু তারা তাকে ফেলে দিল এবং আবারও শ্বাসরোধ করে ফেলল।

Only then could they saw off his heavy brass collar.
কেবল তখনই তারা তার ভারী পিতলের কলারটি দেখতে পেল।

They removed the rope and shoved him into a crate.
তারা দড়িটি খুলে তাকে একটা বাক্সে ঠেলে দিল।

The crate was small and shaped like a rough iron cage.
বাক্সটি ছোট ছিল এবং একটি রুক্ষ লোহার খাঁচার মতো আকৃতির ছিল।

Buck lay there all night, filled with wrath and wounded pride.
বাক সারা রাত সেখানেই শুয়ে রইল, রাগে ভরা আর আহত অহংকারে।

He could not begin to understand what was happening to him.
সে বুঝতেই পারছিল না যে তার সাথে কী ঘটছে।
Why were these strange men keeping him in this small crate?
এই অদ্ভুত লোকেরা কেন তাকে এই ছোট্ট বাক্সে আটকে রেখেছিল?
What did they want with him, and why this cruel captivity?
তারা তার কাছ থেকে কী চেয়েছিল, আর কেন এই নিষ্ঠুর বন্দিদশা?
He felt a dark pressure; a sense of disaster drawing closer.
সে একটা অন্ধকার চাপ অনুভব করল; একটা বিপর্যয়ের অনুভূতি ঘনিয়ে আসছে।
It was a vague fear, but it settled heavily on his spirit.
এটা একটা অস্পষ্ট ভয় ছিল, কিন্তু এটা তার আত্মার উপর প্রবলভাবে প্রভাব ফেলল।
Several times he jumped up when the shed door rattled.
বেশ কয়েকবার শেডের দরজা খটখট শব্দে সে লাফিয়ে উঠেছিল।
He expected the Judge or the boys to appear and rescue him.
সে আশা করেছিল বিচারক অথবা ছেলেরা এসে তাকে উদ্ধার করবে।
But only the saloon-keeper's fat face peeked inside each time.
কিন্তু প্রতিবার ভেতরে কেবল সেলুন-কিপারের মোটা মুখটি উঁকি দিচ্ছিল।
The man's face was lit by the dim glow of a tallow candle.
লোকটির মুখটা একটা লম্বা মোমবাতির মৃদু আলোয় আলোকিত হয়ে উঠল।
Each time, Buck's joyful bark changed to a low, angry growl.
প্রতিবারই, বাকের আনন্দের ঘেউ ঘেউ শব্দ একটা নিচু, রাগান্বিত গর্জনে পরিবর্তিত হত।

The saloon-keeper left him alone for the night in the crate
সেলুনের রক্ষক তাকে রাতের জন্য ক্রেটে একা রেখে গেল।
But when he awoke in the morning more men were coming.

কিন্তু সকালে যখন সে ঘুম থেকে উঠল, তখন আরও লোক আসছিল।

Four men came and gingerly picked up the crate without a word.

চারজন লোক এসে কোন কথা না বলে সাবধানতার সাথে ক্রেটটি তুলে নিল।

Buck knew at once the situation he found himself in.

বাক তৎক্ষণাৎ বুঝতে পারল যে সে কোন পরিস্থিতিতে পড়েছে।

They were further tormentors that he had to fight and fear.

তারা আরও যন্ত্রণাদায়ক ছিল যার সাথে তাকে লড়াই করতে হয়েছিল এবং ভয় পেতে হয়েছিল।

These men looked wicked, ragged, and very badly groomed.

এই লোকগুলো দেখতে দুষ্ট, জীর্ণ, এবং খুব খারাপভাবে সাজানো।

Buck snarled and lunged at them fiercely through the bars.

বাক চিৎকার করে বলল এবং বারের ভেতর দিয়ে তাদের উপর প্রচণ্ডভাবে ঝাঁপিয়ে পড়ল।

They just laughed and jabbed at him with long wooden sticks.

তারা কেবল হেসেছিল এবং লম্বা কাঠের লাঠি দিয়ে তাকে আঘাত করেছিল।

Buck bit at the sticks, then realized that was what they liked.

বাক লাঠিতে কামড় দিল, তারপর বুঝতে পারল যে এটাই তাদের পছন্দ।

So he lay down quietly, sullen and burning with quiet rage.

তাই সে চুপচাপ শুয়ে পড়ল, বিষণ্ণ এবং শান্ত রাগে জ্বলন্ত।

They lifted the crate into a wagon and drove away with him.

তারা ক্রেটটি একটি ওয়াগনে তুলে তাকে নিয়ে চলে গেল।

The crate, with Buck locked inside, changed hands often.

বাকটি, যার ভেতরে বাক তালাবদ্ধ ছিল, প্রায়শই হাত বদল করত।

Express office clerks took charge and handled him briefly.

এক্সপ্রেস অফিসের কেরানিরা দায়িত্ব নেন এবং সংক্ষিপ্তভাবে তাকে সামলান।

Then another wagon carried Buck across the noisy town.

তারপর আরেকটি ওয়াগন বাককে কোলাহলপূর্ণ শহর জুড়ে নিয়ে গেল।

A truck took him with boxes and parcels onto a ferry boat.
একটি ট্রাক তাকে বাক্স এবং পার্সেল সহ একটি ফেরি নৌকায় তুলে নিয়ে যায়।

After crossing, the truck unloaded him at a rail depot.
পার হওয়ার পর, ট্রাকটি তাকে রেল ডিপোতে নামিয়ে দেয়।

At last, Buck was placed inside a waiting express car.
অবশেষে, বাককে একটি অপেক্ষমাণ এক্সপ্রেস গাড়ির ভেতরে রাখা হল।

For two days and nights, trains pulled the express car away.
দুই দিন ও দুই রাত ধরে, ট্রেনগুলি এক্সপ্রেস গাড়িটিকে টেনে নিয়ে গিয়েছিল।

Buck neither ate nor drank during the whole painful journey.
পুরো যন্ত্রণাদায়ক যাত্রায় বাক কিছু খায়নি, পানও করেনি।

When the express messengers tried to approach him, he growled.
যখন এক্সপ্রেস বার্তাবাহকরা তার কাছে যাওয়ার চেষ্টা করল, তখন সে গর্জন করল।

They responded by mocking him and teasing him cruelly.
তারা তাকে উপহাস করে এবং নিষ্ঠুরভাবে উত্যক্ত করে সাড়া দেয়।

Buck threw himself at the bars, foaming and shaking
বাক নিজেকে বারে ঝাঁপিয়ে পড়ল, ফেনা বেরোচ্ছিল এবং কাঁপছিল।

they laughed loudly, and taunted him like schoolyard bullies.
তারা জোরে হেসে উঠল, আর স্কুলের গুণ্ডাদের মতো তাকে ঠাট্টা-বিদ্রূপ করল।

They barked like fake dogs and flapped their arms.
তারা নকল কুকুরের মতো ঘেউ ঘেউ করছিল এবং হাত নাড়ছিল।

They even crowed like roosters just to upset him more.

এমনকি তারা তাকে আরও বিরক্ত করার জন্য মোরগের মতো ডাকছিল।

It was foolish behavior, and Buck knew it was ridiculous.
এটা বোকামিপূর্ণ আচরণ ছিল, এবং বাক জানত এটা হাস্যকর।

But that only deepened his sense of outrage and shame.
কিন্তু এতে তার ক্ষোভ এবং লজ্জা আরও তীব্র হয়ে উঠল।

He was not bothered much by hunger during the trip.
ভ্রমণের সময় ক্ষুধা তাকে খুব একটা বিরক্ত করেনি।

But thirst brought sharp pain and unbearable suffering.
কিন্তু তৃষ্ণা তীব্র যন্ত্রণা এবং অসহ্য যন্ত্রণা বয়ে আনল।

His dry, inflamed throat and tongue burned with heat.
তার শুষ্ক, প্রদাহিত গলা এবং জিহ্বা উত্তাপে পুড়ে যাচ্ছিল।

This pain fed the fever rising within his proud body.
এই যন্ত্রণা তার গর্বিত শরীরে জ্বরের মাত্রা বাড়িয়ে দিয়েছিল।

Buck was thankful for one single thing during this trial.
এই বিচারের সময় বাক একটি জিনিসের জন্য কৃতজ্ঞ ছিলেন।

The rope had been removed from around his thick neck.
তার মোটা গলা থেকে দড়ি খুলে ফেলা হয়েছিল।

The rope had given those men an unfair and cruel advantage.
দড়িটি ঐ লোকগুলোকে অন্যায্য এবং নিষ্ঠুর সুবিধা দিয়েছিল।

Now the rope was gone, and Buck swore it would never return.
এখন দড়িটি চলে গেছে, এবং বাক শপথ করেছে যে এটি আর কখনও ফিরে আসবে না।

He resolved no rope would ever go around his neck again.
সে স্থির করল যে আর কখনও তার গলায় দড়ি থাকবে না।

For two long days and nights, he suffered without food.
দীর্ঘ দুই দিন ও রাত ধরে, তিনি না খেয়ে কষ্ট পেয়েছিলেন।

And in those hours, he built up an enormous rage inside.
আর সেই ঘন্টাগুলিতে, সে ভেতরে ভেতরে এক বিরাট ক্রোধ তৈরি করে।

His eyes turned bloodshot and wild from constant anger.
ক্রমাগত রাগে তার চোখ রক্তাক্ত এবং বন্য হয়ে উঠল।

He was no longer Buck, but a demon with snapping jaws.

সে আর বাক ছিল না, বরং চোয়াল ফাটানো এক রাক্ষস ছিল।

Even the Judge would not have known this mad creature.
এমনকি বিচারকও এই পাগলা প্রাণীটিকে চিনতেন না।

The express messengers sighed in relief when they reached Seattle
সিয়াটলে পৌঁছানোর পর এক্সপ্রেস বার্তাবাহকরা স্বস্তির নিঃশ্বাস ফেললেন।

Four men lifted the crate and brought it to a back yard.
চারজন লোক বাক্সটি তুলে পিছনের উঠোনে নিয়ে এলো।

The yard was small, surrounded by high and solid walls.
উঠোনটি ছোট ছিল, উঁচু এবং শক্ত দেয়াল দিয়ে ঘেরা।

A big man stepped out in a sagging red sweater shirt.
ঝুলে পড়া লাল সোয়েটার শার্ট পরা একজন মোটা লোক বেরিয়ে এলেন।

He signed the delivery book with a thick and bold hand.
সে মোটা এবং সাহসী হাতে ডেলিভারি বইতে স্বাক্ষর করল।

Buck sensed at once that this man was his next tormentor.
বাক তৎক্ষণাৎ বুঝতে পারল যে এই লোকটিই তার পরবর্তী যন্ত্রণাদায়ক।

He lunged violently at the bars, eyes red with fury.
সে বারগুলিতে জোরে ঝাঁপিয়ে পড়ল, চোখ রাগে লাল হয়ে গেল।

The man just smiled darkly and went to fetch a hatchet.
লোকটি শুধু মৃদু হেসে একটা কুঠার আনতে গেল।

He also brought a club in his thick and strong right hand.
সে তার মোটা এবং শক্তিশালী ডান হাতে একটি লাঠিও নিয়ে এসেছিল।

"You going to take him out now?" the driver asked, concerned.
"তুমি এখনই ওকে বাইরে নিয়ে যাবে?" ড্রাইভার চিন্তিত হয়ে জিজ্ঞাসা করল।

"Sure," said the man, jamming the hatchet into the crate as a lever.
"অবশ্যই," লোকটি বলল, লিভারের মতো কুঠারটি ক্রেটে আটকে দিল।

The four men scattered instantly, jumping up onto the yard wall.
চারজন লোক তৎক্ষণাৎ ছত্রভঙ্গ হয়ে উঠোনের দেয়ালে লাফিয়ে উঠল।

From their safe spots above, they waited to watch the spectacle.
উপরে তাদের নিরাপদ স্থান থেকে, তারা দৃশ্যটি দেখার জন্য অপেক্ষা করছিল।

Buck lunged at the splintered wood, biting and shaking fiercely.
বাক ছিঁড়ে যাওয়া কাঠের উপর ঝাঁপিয়ে পড়ল, কামড় দিল এবং প্রচণ্ডভাবে কাঁপতে লাগল।

Each time the hatchet hit the cage), Buck was there to attack it.
প্রতিবার যখনই কুঠারটি খাঁচায় আঘাত করত), তখনই বাক সেখানে আক্রমণ করার জন্য উপস্থিত থাকত।

He growled and snapped with wild rage, eager to be set free.
সে গর্জন করে উঠল এবং হিংস্র ক্রোধে চিৎকার করে উঠল, মুক্তি পেতে আগ্রহী।

The man outside was calm and steady, intent on his task.
বাইরের লোকটি শান্ত এবং অবিচল ছিল, তার কাজে নিবেদিতপ্রাণ ছিল।

"Right then, you red-eyed devil," he said when the hole was large.
"ঠিক আছে, তুমি লাল চোখের শয়তান," গর্তটি বড় হয়ে গেলে সে বলল।

He dropped the hatchet and took the club in his right hand.
সে কুঠারটা ফেলে ডান হাতে লাঠিটা নিল।

Buck truly looked like a devil; eyes bloodshot and blazing.
বাক সত্যিই একজন শয়তানের মতো দেখতে ছিল; চোখ দুটো রক্তাক্ত এবং জ্বলন্ত।

His coat bristled, foam frothed at his mouth, eyes glinting.
তার কোটটা ফুসকুড়ি দিয়ে ঢাকা, মুখে ফেনা জমে উঠল, চোখ দুটো চকচক করছিল।

He bunched his muscles and sprang straight at the red sweater.
সে তার পেশী শক্ত করে সোজা লাল সোয়েটারের দিকে ঝাঁপিয়ে পড়ল।

One hundred and forty pounds of fury flew at the calm man.
একশ চল্লিশ পাউন্ড ক্রোধ শান্ত লোকটির উপর উড়ে গেল।

Just before his jaws clamped shut, a terrible blow struck him.
তার চোয়াল বন্ধ হওয়ার ঠিক আগে, এক ভয়াবহ আঘাত তার উপর এসে পড়ল।

His teeth snapped together on nothing but air
বাতাস ছাড়া আর কিছুই না পেয়ে তার দাঁতগুলো একসাথে ছিঁড়ে গেল।

a jolt of pain reverberated through his body
তার শরীরে একটা যন্ত্রণার স্রোত বয়ে গেল

He flipped midair and crashed down on his back and side.
সে মাঝ আকাশে উল্টে গেল এবং পিঠে ও পাশে পড়ে গেল।

He had never before felt a club's blow and could not grasp it.
সে আগে কখনও ক্লাবের আঘাত অনুভব করেনি এবং তা বুঝতেও পারেনি।

With a shrieking snarl, part bark, part scream, he leaped again.
একটা চিৎকার, কিছুটা ঘেউ ঘেউ, কিছুটা চিৎকারের সাথে, সে আবার লাফিয়ে উঠল।

Another brutal strike hit him and hurled him to the ground.
আরেকটি নির্মম আঘাত তাকে আঘাত করে মাটিতে আছড়ে পড়ে।

This time Buck understood—it was the man's heavy club.
এবার বাক বুঝতে পারল—এটা লোকটির ভারী লাঠি।

But rage blinded him, and he had no thought of retreat.
কিন্তু রাগ তাকে অন্ধ করে দিয়েছিল, এবং তার পিছু হটার কোন চিন্তাই ছিল না।

Twelve times he launched himself, and twelve times he fell.
বারোবার সে নিজেকে ছুড়ে ফেলেছে, এবং বারোবার পড়ে গেছে।

The wooden club smashed him each time with ruthless, crushing force.
কাঠের লাঠিটা প্রতিবারই তাকে নির্মম, চূর্ণ-বিচূর্ণ শক্তিতে ভেঙে ফেলত।

After one fierce blow, he staggered to his feet, dazed and slow.
এক প্রচণ্ড আঘাতের পর, সে স্তব্ধ হয়ে দাঁড়িয়ে পড়ল, ধীর গতিতে।

Blood ran from his mouth, his nose, and even his ears.
তার মুখ, নাক, এমনকি কান দিয়েও রক্ত ঝরছিল।

His once-beautiful coat was smeared with bloody foam.
তার একসময়ের সুন্দর কোটটি রক্তাক্ত ফেনায় মাখামাখি হয়ে গিয়েছিল।

Then the man stepped up and struck a wicked blow to the nose.
তারপর লোকটি এগিয়ে এসে নাকে একটা জঘন্য আঘাত করল।

The agony was sharper than anything Buck had ever felt.
যন্ত্রণাটা বাকের আগে কখনও যা অনুভব করেনি তার চেয়েও তীব্র ছিল।

With a roar more beast than dog, he leaped again to attack.
কুকুরের চেয়েও বেশি পশুর গর্জন নিয়ে, সে আবার আক্রমণ করার জন্য লাফিয়ে উঠল।

But the man caught his lower jaw and twisted it backward.
কিন্তু লোকটি তার নিচের চোয়াল ধরে পিছনের দিকে মুচড়ে দিল।

Buck flipped head over heels, crashing down hard again.
বাক আবার জোরে ধাক্কা মারল, মাথাটা গোড়ালির উপর দিয়ে উল্টে গেল।

One final time, Buck charged at him, now barely able to stand.
শেষবারের মতো, বাক তার দিকে আক্রমণ করল, এখন সে সবেমাত্র দাঁড়াতে পারছে না।

The man struck with expert timing, delivering the final blow.
লোকটি দক্ষ সময়োপযোগী আঘাত করে শেষ আঘাতটি করল।

Buck collapsed in a heap, unconscious and unmoving.
বাক অজ্ঞান এবং অস্থিরভাবে একটা স্তূপের মধ্যে পড়ে গেল।

"He's no slouch at dog-breaking, that's what I say," a man yelled.
"কুকুর ভাঙার ব্যাপারে সে মোটেও পিছপা নয়, আমি তাই বলছি," একজন লোক চিৎকার করে বলল।

"Druther can break the will of a hound any day of the week."
"ড্রাথার সপ্তাহের যেকোনো দিন কুকুরের ইচ্ছা ভাঙতে পারে।"

"And twice on a Sunday!" added the driver.
"আর রবিবারে দুবার!" ড্রাইভার যোগ করল।

He climbed into the wagon and cracked the reins to leave.
সে ওয়াগনে উঠে লাগাম ভেঙে চলে গেল।

Buck slowly regained control of his consciousness
বাক ধীরে ধীরে তার চেতনার উপর নিয়ন্ত্রণ ফিরে পেল।

but his body was still too weak and broken to move.
কিন্তু তার শরীর তখনও এতটাই দুর্বল এবং ভেঙে পড়েছিল যে নড়াচড়া করতে পারছিল না।

He lay where he had fallen, watching the red-sweatered man.
সে যেখানে পড়েছিল সেখানেই শুয়ে রইল, লাল-সোলে পড়া লোকটিকে দেখছিল।

"He answers to the name of Buck," the man said, reading aloud.
"সে বাকের নাম ধরে ডাকে," লোকটি জোরে জোরে পড়তে পড়তে বলল।

He quoted from the note sent with Buck's crate and details.
তিনি বাকের ক্রেটের সাথে পাঠানো নোট এবং বিস্তারিত তথ্য থেকে উদ্ধৃতি দিয়েছেন।

"Well, Buck, my boy," the man continued with a friendly tone,
"আচ্ছা, বাক, আমার ছেলে," লোকটি বন্ধুত্বপূর্ণ সুরে বলল,

"we've had our little fight, and now it's over between us."
"আমাদের ছোট্ট ঝগড়া হয়েছে, আর এখন আমাদের মধ্যে সব শেষ।"

"You've learned your place, and I've learned mine," he added.

"তুমি তোমার জায়গাটা শিখেছো, আর আমি আমার জায়গাটা শিখেছি," তিনি আরও বলেন।

"Be good, and all will go well, and life will be pleasant."

"ভালো থেকো, সব ঠিকঠাক হবে, আর জীবন আনন্দময় হবে।"

"But be bad, and I'll beat the stuffing out of you, understand?"

"কিন্তু খারাপ হও, আর আমি তোমার ভেতর থেকে সব জিনিসপত্র বের করে দেব, বুঝলে?"

As he spoke, he reached out and patted Buck's sore head.

কথা বলতে বলতে সে হাত বাড়িয়ে বাকের ব্যথাগ্রস্ত মাথায় হাত বুলিয়ে দিল।

Buck's hair rose at the man's touch, but he didn't resist.

লোকটির স্পর্শে বাকের চুল উঠে গেল, কিন্তু সে প্রতিরোধ করল না।

The man brought him water, which Buck drank in great gulps.

লোকটি তাকে পানি এনে দিল, যা বাক খুব ঢোক ঢোক করে পান করল।

Then came raw meat, which Buck devoured chunk by chunk.

তারপর এলো কাঁচা মাংস, যা বাক টুকরো টুকরো করে খেয়ে ফেলল।

He knew he was beaten, but he also knew he wasn't broken.

সে জানত যে তাকে মারধর করা হয়েছে, কিন্তু সে এটাও জানত যে সে ভেঙে পড়েনি।

He had no chance against a man armed with a club.

লাঠি হাতে সজ্জিত একজন ব্যক্তির বিরুদ্ধে তার কোন সুযোগ ছিল না।

He had learned the truth, and he never forgot that lesson.

তিনি সত্য শিখেছিলেন এবং সেই শিক্ষা তিনি কখনও ভোলেননি।

That weapon was the beginning of law in Buck's new world.

সেই অস্ত্রটিই ছিল বাকের নতুন জগতে আইনের সূচনা।

It was the start of a harsh, primitive order he could not deny.

এটি ছিল এক কঠোর, আদিম নিয়মের সূচনা যা তিনি অস্বীকার করতে পারেননি।

He accepted the truth; his wild instincts were now awake.
সে সত্য গ্রহণ করেছিল; তার বন্য প্রবৃত্তি এখন জেগে উঠেছে।

The world had grown harsher, but Buck faced it bravely.
পৃথিবী আরও কঠোর হয়ে উঠেছিল, কিন্তু বাক সাহসের সাথে তা মোকাবেলা করেছিলেন।

He met life with new caution, cunning, and quiet strength.
তিনি নতুন সতর্কতা, ধূর্ততা এবং নীরব শক্তির সাথে জীবনের মুখোমুখি হয়েছিলেন।

More dogs arrived, tied in ropes or crates like Buck had been.
আরও কুকুর এলো, বাকের মতো দড়ি বা ক্রেটে বাঁধা।

Some dogs came calmly, others raged and fought like wild beasts.
কিছু কুকুর শান্তভাবে এসেছিল, অন্যরা রেগে গিয়েছিল এবং বন্য পশুর মতো লড়াই করেছিল।

All of them were brought under the rule of the red-sweatered man.
তাদের সকলকে লাল-সোনালী মানুষটির শাসনের অধীনে আনা হয়েছিল।

Each time, Buck watched and saw the same lesson unfold.
প্রতিবার, বাক একই শিক্ষা উন্মোচিত হতে দেখত এবং দেখত।

The man with the club was law; a master to be obeyed.
ক্লাবের লোকটি ছিল আইনজ্ঞ; একজন প্রভু যাকে মান্য করতে হবে।

He did not need to be liked, but he had to be obeyed.
তাকে পছন্দ করার প্রয়োজন ছিল না, কিন্তু তাকে মান্য করতে হত।

Buck never fawned or wagged like the weaker dogs did.
দুর্বল কুকুরগুলোর মতো বাক কখনোই ভয় দেখাত না বা নড়াচড়া করত না।

He saw dogs that were beaten and still licked the man's hand.

সে এমন কুকুর দেখতে পেল যাদের পেটানো হয়েছিল এবং তারা এখনও লোকটির হাত চাটছিল।

He saw one dog who would not obey or submit at all.
সে একটা কুকুর দেখতে পেল যে মোটেও মান্য করতে চাইল না বা আত্মসমর্পণ করতে চাইল না।

That dog fought until he was killed in the battle for control.
সেই কুকুরটি নিয়ন্ত্রণের যুদ্ধে নিহত না হওয়া পর্যন্ত লড়াই করেছিল।

Strangers would sometimes come to see the red-sweatered man.
মাঝে মাঝে অপরিচিত লোকেরা লাল-সোলে ঢাকা লোকটিকে দেখতে আসত।

They spoke in strange tones, pleading, bargaining, and laughing.
তারা অদ্ভুত সুরে কথা বলছিল, অনুনয় বিনয় করছিল, দর কষাকষি করছিল এবং হাসছিল।

When money was exchanged, they left with one or more dogs.
যখন টাকা বিনিময় করা হত, তখন তারা এক বা একাধিক কুকুর নিয়ে চলে যেত।

Buck wondered where these dogs went, for none ever returned.
বাক ভাবছিলো এই কুকুরগুলো কোথায় গেল, কারণ কেউ আর ফিরে আসেনি।

fear of the unknown filled Buck every time a strange man came
যখনই কোন অপরিচিত লোক আসতো, তখনই অজানা ভয়ে ভরা বাক

he was glad each time another dog was taken, rather than himself.
যখনই অন্য কুকুরকে ধরে নিয়ে যাওয়া হত, তখনই সে খুশি হত, নিজের চেয়েও বেশি।

But finally, Buck's turn came with the arrival of a strange man.

কিন্তু অবশেষে, বাকের পালা এলো এক অদ্ভুত লোকের আগমনের সাথে।

He was small, wiry, and spoke in broken English and curses.
সে ছোট ছিল, চালাক ছিল, ভাঙা ভাঙা ইংরেজিতে কথা বলত এবং অভিশাপ দিত।

"Sacredam!" he yelled when he laid eyes on Buck's frame.
"পবিত্র!" বাকের ফ্রেমের দিকে চোখ পড়তেই সে চিৎকার করে উঠল।

"That's one damn bully dog! Eh? How much?" he asked aloud.
"ওটা একটা জঘন্য বখাটে কুকুর! এহ? কত?" সে জোরে জিজ্ঞেস করল।

"Three hundred, and he's a present at that price,"
"তিনশো, আর সেই দামে সে একটা উপহার,"

"Since it's government money, you shouldn't complain, Perrault."
"যেহেতু এটা সরকারি টাকা, তোমার অভিযোগ করা উচিত নয়, পেরোল।"

Perrault grinned at the deal he had just made with the man.
লোকটির সাথে তার করা চুক্তি দেখে পেরাল্ট হেসে উঠল।

The price of dogs had soared due to the sudden demand.
হঠাৎ চাহিদার কারণে কুকুরের দাম বেড়ে গিয়েছিল।

Three hundred dollars wasn't unfair for such a fine beast.
এত সুন্দর একটা জন্তুর জন্য তিনশো ডলার অন্যায় ছিল না।

The Canadian Government would not lose anything in the deal
এই চুক্তিতে কানাডিয়ান সরকার কিছুই হারাবে না।

Nor would their official dispatches be delayed in transit.
তাদের অফিসিয়াল প্রেরণগুলিও ট্রানজিটে বিলম্বিত হবে না।

Perrault knew dogs well, and could see Buck was something rare.
পেরোল কুকুরদের ভালো করেই চিনতেন, এবং বুঝতে পারতেন বাক বিরল কিছু।

"One in ten ten-thousand," he thought, as he studied Buck's build.

"দশ দশ হাজারে একজন," সে ভাবল, বাকের গঠন অধ্যয়ন করতে করতে।

Buck saw the money change hands, but showed no surprise.
বাক টাকা হাতবদল হতে দেখল, কিন্তু অবাক হল না।

Soon he and Curly, a gentle Newfoundland, were led away.
শীঘ্রই তাকে এবং নিউফাউন্ডল্যান্ডের ভদ্রলোক কার্লিকে দূরে নিয়ে যাওয়া হল।

They followed the little man from the red sweater's yard.
তারা লাল সোয়েটারের উঠোন থেকে ছোট্ট লোকটিকে অনুসরণ করল।

That was the last Buck ever saw of the man with the wooden club.
কাঠের লাঠিওয়ালা লোকটিকে সেটাই শেষবার বাক দেখেছিল।

From the Narwhal's deck he watched Seattle fade into the distance.
নারহলের ডেক থেকে সে সিয়াটলকে দূর থেকে বিবর্ণ হতে দেখল।

It was also the last time he ever saw the warm Southland.
এটিই ছিল শেষবারের মতো উষ্ণ সাউথল্যান্ড দেখা।

Perrault took them below deck, and left them with François.
পেরোল্ট ওদের ডেকের নিচে নিয়ে গেলেন, আর ফ্রাঁসোয়াদের কাছে রেখে গেলেন।

François was a black-faced giant with rough, calloused hands.
ফ্রাঁসোয়া ছিলেন একজন কালো মুখের দৈত্য, যার হাত রুক্ষ, রুক্ষ।

He was dark and swarthy; a half-breed French-Canadian.
সে ছিল কালো এবং কালো রঙের; একজন অর্ধ-বংশজাত ফরাসি-কানাডিয়ান।

To Buck, these men were of a kind he had never seen before.
বাকের কাছে, এই মানুষগুলো এমন এক ধরণের ছিল যা সে আগে কখনও দেখেনি।

He would come to know many such men in the days ahead.
সামনের দিনগুলিতে সে এরকম অনেক পুরুষের সাথে পরিচিত হবে।

He did not grow fond of them, but he came to respect them.
তিনি তাদের প্রতি অনুরাগী হননি, কিন্তু তিনি তাদের সম্মান করতে শুরু করেছিলেন।

They were fair and wise, and not easily fooled by any dog.
তারা ন্যায্য এবং জ্ঞানী ছিল, এবং কোনও কুকুরের দ্বারা সহজে বোকা বানাত না।

They judged dogs calmly, and punished only when deserved.
তারা কুকুরদের শান্তভাবে বিচার করত, এবং কেবল তখনই শাস্তি দিত যখন তাদের শাস্তি প্রাপ্য ছিল।

In the Narwhal's lower deck, Buck and Curly met two dogs.
নারহলের নিচের ডেকে, বাক এবং কার্লি দুটি কুকুরের সাথে দেখা করে।

One was a large white dog from far-off, icy Spitzbergen.
একটি ছিল দূরবর্তী, বরফঘেরা স্পিটজবার্গেন থেকে আসা একটি বড় সাদা কুকুর।

He'd once sailed with a whaler and joined a survey group.
সে একবার এক তিমি শিকারীর সাথে নৌকা ভ্রমণ করেছিল এবং একটি জরিপ দলে যোগ দিয়েছিল।

He was friendly in a sly, underhanded and crafty fashion.
তিনি ছিলেন বন্ধুসুলভ, ধূর্ত এবং চালাক ভঙ্গিতে।

At their first meal, he stole a piece of meat from Buck's pan.
তাদের প্রথম খাবারের সময়, সে বাকের তাওয়া থেকে এক টুকরো মাংস চুরি করেছিল।

Buck jumped to punish him, but François's whip struck first.
বাক তাকে শাস্তি দিতে লাফিয়ে পড়ে, কিন্তু ফ্রাঁসোয়া চাবুক প্রথমে আঘাত করে।

The white thief yelped, and Buck reclaimed the stolen bone.
সাদা চোর চিৎকার করে উঠল, আর বাক চুরি করা হাড়টা উদ্ধার করল।

That fairness impressed Buck, and François earned his respect.
সেই ন্যায্যতা বাককে মুগ্ধ করেছিল এবং ফ্রাঁসোয়া তার সম্মান অর্জন করেছিল।

The other dog gave no greeting, and wanted none in return.
অন্য কুকুরটি কোনও শুভেচ্ছা জানাল না, এবং বিনিময়ে কোনও শুভেচ্ছাও চাইল না।

He didn't steal food, nor sniff at the new arrivals with interest.
সে খাবার চুরি করত না, নতুন আগতদের দিকে আগ্রহের সাথে শুঁকে না।

This dog was grim and quiet, gloomy and slow-moving.
এই কুকুরটি ছিল বিষণ্ণ এবং শান্ত, বিষণ্ণ এবং ধীর গতির।

He warned Curly to stay away by simply glaring at her.
সে কার্লিকে কেবল তার দিকে তাকিয়ে দূরে থাকতে সতর্ক করল।

His message was clear; leave me alone or there'll be trouble.
তার বার্তা স্পষ্ট ছিল; আমাকে একা ছেড়ে দাও, নাহলে সমস্যা হবে।

He was called Dave, and he barely noticed his surroundings.
তার নাম ছিল ডেভ, এবং সে তার চারপাশের পরিবেশ খুব একটা খেয়াল করত না।

He slept often, ate quietly, and yawned now and again.
সে প্রায়ই ঘুমাতো, চুপচাপ খেতো, আর মাঝে মাঝে হাই তুলতো।

The ship hummed constantly with the beating propeller below.
নীচের প্রপেলারের আঘাতে জাহাজটি ক্রমাগত গুনগুন করছিল।

Days passed with little change, but the weather got colder.
দিনগুলো খুব একটা পরিবর্তন ছাড়াই কেটে গেল, কিন্তু আবহাওয়া আরও ঠান্ডা হয়ে গেল।

Buck could feel it in his bones, and noticed the others did too.
বাক তার হাড়ে হাড়ে তা অনুভব করতে পারল, এবং লক্ষ্য করল অন্যরাও তা অনুভব করেছে।

Then one morning, the propeller stopped and all was still.
তারপর একদিন সকালে, প্রোপেলারটি থেমে গেল এবং সবকিছু স্থির হয়ে গেল।

An energy swept through the ship; something had changed.
জাহাজের মধ্যে একটা শক্তি বয়ে গেল; কিছু একটা বদলে গেল।

François came down, clipped them on leashes, and brought them up.
ফ্রাঁসোয়া নেমে এলেন, ওদেরকে ফিতে বেঁধে উপরে তুললেন।

Buck stepped out and found the ground soft, white, and cold.
বাক বেরিয়ে এসে মাটি নরম, সাদা এবং ঠান্ডা দেখতে পেল।

He jumped back in alarm and snorted in total confusion.
সে আতঙ্কিত হয়ে পিছনে লাফিয়ে উঠল এবং সম্পূর্ণ বিভ্রান্তিতে নাক ডাকল।

Strange white stuff was falling from the gray sky.
ধূসর আকাশ থেকে অদ্ভুত সাদা জিনিস পড়ছিল।

He shook himself, but the white flakes kept landing on him.
সে নিজেকে ঝাঁকালো, কিন্তু সাদা দাগগুলো তার উপর পড়তেই থাকলো।

He sniffed the white stuff carefully and licked at a few icy bits.
সে সাদা জিনিসগুলো সাবধানে শুঁকে নিল এবং কয়েকটা বরফের টুকরো চেটে নিল।

The powder burned like fire, then vanished right off his tongue.
পাউডারটি আগুনের মতো জ্বলে উঠল, তারপর তার জিভ থেকে অদৃশ্য হয়ে গেল।

Buck tried again, puzzled by the odd vanishing coldness.
অদ্ভুত অদৃশ্য হওয়া শীতলতা দেখে হতবাক হয়ে বাক আবার চেষ্টা করল।

The men around him laughed, and Buck felt embarrassed.
তার চারপাশের লোকেরা হেসে উঠল, আর বাক লজ্জা পেল।

He didn't know why, but he was ashamed of his reaction.
সে জানত না কেন, কিন্তু তার প্রতিক্রিয়ায় সে লজ্জিত ছিল।

It was his first experience with snow, and it confused him.
তুষারপাতের সাথে এটি তার প্রথম অভিজ্ঞতা ছিল, এবং এটি তাকে বিভ্রান্ত করেছিল।

The Law of Club and Fang
ক্লাব এবং ফ্যাং এর আইন

Buck's first day on the Dyea beach felt like a terrible nightmare.
ডাইয়া সৈকতে বাকের প্রথম দিনটা একটা ভয়াবহ দুঃস্বপ্নের মতো মনে হলো।

Each hour brought new shocks and unexpected changes for Buck.
প্রতিটি ঘন্টা বাকের জন্য নতুন ধাক্কা এবং অপ্রত্যাশিত পরিবর্তন নিয়ে আসত।

He had been pulled from civilization and thrown into wild chaos.
তাকে সভ্যতা থেকে টেনে নিয়ে বন্য বিশৃঙ্খলার মধ্যে ফেলে দেওয়া হয়েছিল।

This was no sunny, lazy life with boredom and rest.
এটা কোন রৌদ্রোজ্জ্বল, অলস জীবন ছিল না যেখানে একঘেয়েমি আর বিশ্রাম ছিল।

There was no peace, no rest, and no moment without danger.
কোন শান্তি ছিল না, কোন বিশ্রাম ছিল না, এবং বিপদ ছাড়া কোন মুহূর্ত ছিল না।

Confusion ruled everything, and danger was always close.
বিভ্রান্তি সবকিছুকে শাসন করত, এবং বিপদ সবসময়ই কাছে ছিল।

Buck had to stay alert because these men and dogs were different.
বাককে সতর্ক থাকতে হয়েছিল কারণ এই মানুষগুলো এবং কুকুরগুলো আলাদা ছিল।

They were not from towns; they were wild and without mercy.
তারা শহরের ছিল না; তারা ছিল বন্য এবং করুণাহীন।

These men and dogs only knew the law of club and fang.
এই মানুষ আর কুকুরগুলো শুধু ক্লাব আর ফ্যাংয়ের আইন জানত।

Buck had never seen dogs fight like these savage huskies.

বাক কখনও কুকুরদের এই বর্বর কুঁচকির মতো লড়াই করতে দেখেনি।

His first experience taught him a lesson he would never forget.

তার প্রথম অভিজ্ঞতা তাকে এমন একটি শিক্ষা দিয়েছিল যা সে কখনও ভুলবে না।

He was lucky it was not him, or he would have died too.

সে ভাগ্যবান যে এটা সে ছিল না, নইলে সেও মারা যেত।

Curly was the one who suffered while Buck watched and learned.

বাক যখন দেখছিল এবং শিখছিল, তখন কার্লিই কষ্ট পেয়েছিল।

They had made camp near a store built from logs.

তারা কাঠ দিয়ে তৈরি একটি দোকানের কাছে তাঁবু গেড়েছিল।

Curly tried to be friendly to a large, wolf-like husky.

কার্লি একটি বৃহৎ, নেকড়ে-সদৃশ ভুষির সাথে বন্ধুত্বপূর্ণ আচরণ করার চেষ্টা করেছিল।

The husky was smaller than Curly, but looked wild and mean.

হাস্কিটি কার্লির চেয়ে ছোট ছিল, কিন্তু দেখতে বন্য এবং নীচু ছিল।

Without warning, he jumped and slashed her face open.

কোনও সতর্কবার্তা না দিয়েই, সে লাফিয়ে তার মুখ কেটে ফেলল।

His teeth cut from her eye down to her jaw in one move.

তার দাঁত এক নড়ে তার চোখ থেকে চোয়াল পর্যন্ত কেটে ফেলল।

This was how wolves fought—hit fast and jump away.

নেকড়েরা এভাবেই লড়াই করত—দ্রুত আঘাত করত এবং লাফিয়ে পালিয়ে যেত।

But there was more to learn than from that one attack.

কিন্তু সেই আক্রমণ থেকে শেখার চেয়েও আরও অনেক কিছু ছিল।

Dozens of huskies rushed in and made a silent circle.

কয়েক ডজন হাস্কি ছুটে এসে নীরব বৃত্ত তৈরি করল।

They watched closely and licked their lips with hunger.

তারা খুব কাছ থেকে দেখল এবং ক্ষুধায় ঠোঁট চাটল।
Buck didn't understand their silence or their eager eyes.
বাক তাদের নীরবতা বা তাদের উৎসুক চোখ বুঝতে পারল না।
Curly rushed to attack the husky a second time.
কার্লি দ্বিতীয়বারের মতো হাস্কিকে আক্রমণ করার জন্য ছুটে গেল।
He used his chest to knock her over with a strong move.
সে তার বুক ব্যবহার করে জোরে জোরে তাকে আছড়ে ফেলল।
She fell on her side and could not get back up.
সে তার পাশে পড়ে গেল এবং আর উঠতে পারল না।
That was what the others had been waiting for all along.
অন্যরা এতদিন ধরে এটাই অপেক্ষা করছিল।
The huskies jumped on her, yelping and snarling in a frenzy.
হাস্কিরা তার উপর ঝাঁপিয়ে পড়ল, উন্মত্তভাবে চিৎকার করে উঠল।
She screamed as they buried her under a pile of dogs.
কুকুরের স্তূপের নিচে তাকে কবর দেওয়ার সময় সে চিৎকার করে উঠল।
The attack was so fast that Buck froze in place with shock.
আক্রমণটি এত দ্রুত ছিল যে বাক ধাক্কায় জায়গায় থমকে গেল।
He saw Spitz stick out his tongue in a way that looked like a laugh.
সে দেখল স্পিটজ তার জিভ এমনভাবে বের করে ফেলছে যেন হাসির মতো লাগছে।
François grabbed an axe and ran straight into the group of dogs.
ফ্রাঁসোয়া একটা কুড়াল ধরে সোজা কুকুরের দলে ছুটে গেল।
Three other men used clubs to help beat the huskies away.
আরও তিনজন লোক লাঠি ব্যবহার করে হাস্কিদের তাড়াতে সাহায্য করেছিল।
In just two minutes, the fight was over and the dogs were gone.
মাত্র দুই মিনিটের মধ্যেই লড়াই শেষ হয়ে গেল এবং কুকুরগুলো চলে গেল।

Curly lay dead in the red, trampled snow, her body torn apart.
লাল, পদদলিত তুষারের মধ্যে কোঁকড়া মেয়েটি মৃত অবস্থায় পড়ে ছিল, তার শরীর ছিন্নভিন্ন হয়ে গিয়েছিল।

A dark-skinned man stood over her, cursing the brutal scene.
একজন কালো চামড়ার লোক তার পাশে দাঁড়িয়ে নৃশংস দৃশ্যের প্রতি অভিশাপ দিচ্ছিল।

The memory stayed with Buck and haunted his dreams at night.
স্মৃতিটা বাকের সাথেই থেকে যেত এবং রাতে তার স্বপ্নগুলোকে তাড়া করত।

That was the way here; no fairness, no second chance.
এখানেও তাই ছিল; কোন ন্যায্যতা নেই, কোন দ্বিতীয় সুযোগ নেই।

Once a dog fell, the others would kill without mercy.
একবার একটি কুকুর পড়ে গেলে, অন্যরা বিনা দয়ায় হত্যা করত।

Buck decided then that he would never allow himself to fall.
বাক তখন সিদ্ধান্ত নিলেন যে তিনি কখনও নিজেকে পতনের অনুমতি দেবেন না।

Spitz stuck out his tongue again and laughed at the blood.
স্পিটজ আবার জিভ বের করে রক্ত দেখে হেসে উঠল।

From that moment on, Buck hated Spitz with all his heart.
সেই মুহূর্ত থেকে, বাক স্পিটজকে তার সমস্ত হৃদয় দিয়ে ঘৃণা করতে লাগল।

Before Buck could recover from Curly's death, something new happened.
কার্লির মৃত্যুর পর বাক সুস্থ হওয়ার আগেই, নতুন কিছু ঘটে গেল।

François came over and strapped something around Buck's body.
ফ্রাঁসোয়া এসে বাকের শরীরের চারপাশে কিছু একটা বেঁধে দিল।

It was a harness like the ones used on horses at the ranch.

এটি ছিল খামারের ঘোড়ায় ব্যবহৃত জোতাগুলির মতোই একটি জোতা।

As Buck had seen horses work, now he was made to work too.

বাক যেমন ঘোড়াদের কাজ করতে দেখেছিল, এখন তাকেও কাজ করতে বাধ্য করা হয়েছে।

He had to pull François on a sled into the forest nearby.

তাকে ফ্রাঁসোয়াকে স্লেজে করে কাছের জঙ্গলে টেনে আনতে হয়েছিল।

Then he had to pull back a load of heavy firewood.

তারপর তাকে ভারী কাঠের বোঝা টেনে আনতে হয়েছিল।

Buck was proud, so it hurt him to be treated like a work animal.

বাক গর্বিত ছিল, তাই তাকে কাজের পশুর মতো ব্যবহার করাটা তার জন্য কষ্টের ছিল।

But he was wise and didn't try to fight the new situation.

কিন্তু তিনি জ্ঞানী ছিলেন এবং নতুন পরিস্থিতির সাথে লড়াই করার চেষ্টা করেননি।

He accepted his new life and gave his best in every task.

সে তার নতুন জীবনকে গ্রহণ করেছিল এবং প্রতিটি কাজে তার সেরাটা দিয়েছিল।

Everything about the work was strange and unfamiliar to him.

কাজের সবকিছুই তার কাছে অদ্ভুত এবং অপরিচিত ছিল।

François was strict and demanded obedience without delay.

ফ্রাঁসোয়া কঠোর ছিলেন এবং বিলম্ব না করে বাধ্যতা দাবি করতেন।

His whip made sure that every command was followed at once.

তার চাবুক নিশ্চিত করত যে প্রতিটি আদেশ একবারে পালন করা হচ্ছে।

Dave was the wheeler, the dog nearest the sled behind Buck.

ডেভ ছিল হুইলারের চালক, বাকের পিছনে স্লেজের সবচেয়ে কাছের কুকুর।

Dave bit Buck on the back legs if he made a mistake.

ডেভ ভুল করলে বাকের পিছনের পায়ে কামড় দেয়।

Spitz was the lead dog, skilled and experienced in the role.
স্পিটজ ছিলেন প্রধান কুকুর, ভূমিকায় দক্ষ এবং অভিজ্ঞ।

Spitz could not reach Buck easily, but still corrected him.
স্পিটজ বাকের কাছে সহজে পৌঁছাতে পারেননি, তবুও তাকে সংশোধন করেছিলেন।

He growled harshly or pulled the sled in ways that taught Buck.
সে জোরে গর্জন করত অথবা স্লেজটা এমনভাবে টানত যেভাবে বাককে শেখাত।

Under this training, Buck learned faster than any of them expected.
এই প্রশিক্ষণের অধীনে, বাক তাদের প্রত্যাশার চেয়ে দ্রুত শিখেছে।

He worked hard and learned from both François and the other dogs.
সে কঠোর পরিশ্রম করেছিল এবং ফ্রাঁসোয়া এবং অন্যান্য কুকুর উভয়ের কাছ থেকে শিখেছিল।

By the time they returned, Buck already knew the key commands.
যখন তারা ফিরে এলো, বাক ইতিমধ্যেই মূল কমান্ডগুলি জেনে গেছে।

He learned to stop at the sound of "ho" from François.
সে ফ্রাঁসোয়াদের কাছ থেকে "হো" শব্দে থামতে শিখেছিল।

He learned when he had to pull the sled and run.
সে শিখেছে কখন তাকে স্লেজ টেনে দৌড়াতে হবে।

He learned to turn wide at bends in the trail without trouble.
সে পথের বাঁকগুলোতে ঝামেলা ছাড়াই চওড়া করে ঘুরতে শিখেছে।

He also learned to avoid Dave when the sled went downhill fast.
স্লেজটি দ্রুত নীচে নেমে গেলে সে ডেভকে এড়িয়ে চলতে শিখেছিল।

"They're very good dogs," François proudly told Perrault.

"ওরা খুব ভালো কুকুর," ফ্রাঁসোয়া গর্বের সাথে পেরেল্টকে বললেন।

"That Buck pulls like hell—I teach him quick as anything."
"ওই বাকটা খুব টানে – আমি ওকে যত তাড়াতাড়ি সম্ভব শিখিয়ে দেই।"

Later that day, Perrault came back with two more husky dogs.
সেদিন পরে, পেরোল আরও দুটি ভুষি কুকুর নিয়ে ফিরে এলো।

Their names were Billee and Joe, and they were brothers.
তাদের নাম ছিল বিলি এবং জো, এবং তারা ভাই ছিল।

They came from the same mother, but were not alike at all.
তারা একই মায়ের কাছ থেকে এসেছে, কিন্তু মোটেও এক রকম ছিল না।

Billee was sweet-natured and too friendly with everyone.
বিলি ছিল মিষ্টি স্বভাবের এবং সবার সাথে খুব বন্ধুত্বপূর্ণ।

Joe was the opposite—quiet, angry, and always snarling.
জো ছিল বিপরীত—নীরব, রাগান্বিত, এবং সর্বদা গর্জনকারী।

Buck greeted them in a friendly way and was calm with both.
বাক তাদের বন্ধুত্বপূর্ণভাবে অভ্যর্থনা জানালেন এবং উভয়ের সাথেই শান্ত ছিলেন।

Dave paid no attention to them and stayed silent as usual.
ডেভ তাদের দিকে কোন মনোযোগ দিল না এবং যথারীতি চুপ করে রইল।

Spitz attacked first Billee, then Joe, to show his dominance.
স্পিটজ তার আধিপত্য দেখানোর জন্য প্রথমে বিলিকে, তারপর জোকে আক্রমণ করেন।

Billee wagged his tail and tried to be friendly to Spitz.
বিলি তার লেজ নাড়ালো এবং স্পিটজের সাথে বন্ধুত্বপূর্ণ আচরণ করার চেষ্টা করলো।

When that didn't work, he tried to run away instead.
যখন তাতেও কাজ হলো না, তখন সে পালানোর চেষ্টা করলো।

He cried sadly when Spitz bit him hard on the side.

স্পিটজ যখন তাকে পাশে জোরে কামড় দিল, তখন সে দুঃখের সাথে কেঁদে উঠল।

But Joe was very different and refused to be bullied.

কিন্তু জো একেবারেই আলাদা ছিল এবং ধমক খেতে অস্বীকৃতি জানাত।

Every time Spitz came near, Joe spun to face him fast.

স্পিটজ যখনই কাছে আসত, জো তার মুখোমুখি হওয়ার জন্য দ্রুত ঘুরত।

His fur bristled, his lips curled, and his teeth snapped wildly.

তার পশম ঝাঁকুনি দিচ্ছিল, ঠোঁট কুঁচকে যাচ্ছিল, আর দাঁতগুলো ভীষণভাবে ছিঁড়ে যাচ্ছিল।

Joe's eyes gleamed with fear and rage, daring Spitz to strike.

জো'র চোখ দুটো ভয় আর ক্রোধে জ্বলজ্বল করছিল, স্পিটজকে আঘাত করার সাহস দেখাচ্ছিল।

Spitz gave up the fight and turned away, humiliated and angry.

স্পিটজ লড়াই ছেড়ে দিলেন এবং অপমানিত ও রাগান্বিত হয়ে মুখ ফিরিয়ে নিলেন।

He took out his frustration on poor Billee and chased him away.

সে বেচারা বিলির উপর তার বিরক্তি প্রকাশ করে তাকে তাড়িয়ে দিল।

That evening, Perrault added one more dog to the team.

সেই সন্ধ্যায়, পেরাল্ট দলে আরও একটি কুকুর যোগ করলেন।

This dog was old, lean, and covered in battle scars.

এই কুকুরটি ছিল বৃদ্ধ, রোগা এবং যুদ্ধের ক্ষতচিহ্নে ঢাকা।

One of his eyes was missing, but the other flashed with power.

তার একটি চোখ অনুপস্থিত ছিল, কিন্তু অন্যটি শক্তিতে ঝলমল করছিল।

The new dog's name was Solleks, which meant the Angry One.

নতুন কুকুরটির নাম ছিল সোলেক্স, যার অর্থ ছিল রাগান্বিত।

Like Dave, Solleks asked nothing from others, and gave nothing back.
ডেভের মতো, সোলেক্সও অন্যদের কাছ থেকে কিছুই চায়নি, এবং কিছুই ফেরত দেয়নি।

When Solleks walked slowly into camp, even Spitz stayed away.
যখন সোলেক্স ধীরে ধীরে ক্যাম্পে ঢুকে পড়ল, এমনকি স্পিটজও দূরে থাকল।

He had a strange habit that Buck was unlucky to discover.
তার একটা অদ্ভুত অভ্যাস ছিল যা বাকের দুর্ভাগ্যক্রমে আবিষ্কার হয়নি।

Solleks hated being approached on the side where he was blind.
সোলেক্স যে পাশে অন্ধ ছিল, সেই পাশে কেউ তাকে দেখতে পায়নি, সেটা তার কাছে অপছন্দের ছিল।

Buck did not know this and made that mistake by accident.
বাক এটা জানত না এবং দুর্ঘটনাক্রমে এই ভুলটি করে ফেলে।

Solleks spun around and slashed Buck's shoulder deep and fast.
সোলেক্স ঘুরে বাকের কাঁধে গভীর এবং দ্রুত আঘাত করল।

From that moment on, Buck never came near Solleks' blind side.
সেই মুহূর্ত থেকে, বাক আর কখনও সোলেক্সের অন্ধ পাশে আসেনি।

They never had trouble again for the rest of their time together.
বাকি সময়টা একসাথে কাটানোর সময় তাদের আর কখনও ঝামেলা হয়নি।

Solleks wanted only to be left alone, like quiet Dave.
সোলেক্স কেবল একা থাকতে চেয়েছিল, শান্ত ডেভের মতো।

But Buck would later learn they each had another secret goal.
কিন্তু বাক পরে জানতে পারে যে তাদের প্রত্যেকেরই আরেকটি গোপন লক্ষ্য ছিল।

That night Buck faced a new and troubling challenge—how to sleep.
সেই রাতে বাক একটি নতুন এবং ঝামেলাপূর্ণ চ্যালেঞ্জের মুখোমুখি হলেন - কীভাবে ঘুমাবেন।
The tent glowed warmly with candlelight in the snowy field.
তুষারাবৃত মাঠে মোমবাতির আলোয় তাঁবুটি উষ্ণভাবে জ্বলজ্বল করছিল।
Buck walked inside, thinking he could rest there like before.
বাক ভেতরে চলে গেল, ভাবলো সে আগের মতোই সেখানে বিশ্রাম নিতে পারবে।
But Perrault and François yelled at him and threw pans.
কিন্তু পেরোল এবং ফ্রাঁসোয়া তাকে চিৎকার করে এবং প্যান ছুঁড়ে মারে।
Shocked and confused, Buck ran out into the freezing cold.
হতবাক এবং বিভ্রান্ত হয়ে, বাক ঠান্ডার মধ্যে দৌড়ে বেরিয়ে গেল।
A bitter wind stung his wounded shoulder and froze his paws.
একটা তীব্র বাতাস তার আহত কাঁধে আঘাত করে এবং তার থাবা বরফ করে দেয়।
He lay down in the snow and tried to sleep out in the open.
সে বরফে শুয়ে পড়ল এবং খোলা আকাশের নিচে ঘুমানোর চেষ্টা করল।
But the cold soon forced him to get back up, shaking badly.
কিন্তু ঠান্ডার কারণে শীঘ্রই তাকে আবার উঠতে বাধ্য করা হল, প্রচণ্ড কাঁপতে লাগল।
He wandered through the camp, trying to find a warmer spot.
সে ক্যাম্পের মধ্যে দিয়ে ঘুরে বেড়ালো, একটা উষ্ণ জায়গা খুঁজে বের করার চেষ্টা করলো।
But every corner was just as cold as the one before.
কিন্তু প্রতিটি কোণ আগেরটির মতোই ঠান্ডা ছিল।
Sometimes savage dogs jumped at him from the darkness.
মাঝে মাঝে অন্ধকার থেকে হিংস্র কুকুরগুলো তার উপর ঝাঁপিয়ে পড়ত।

Buck bristled his fur, bared his teeth, and snarled with warning.
বাক তার পশম আঁচড়ালো, দাঁত বের করলো, এবং সতর্ক করে বললো।

He was learning fast, and the other dogs backed off quickly.
সে দ্রুত শিখছিল, এবং অন্যান্য কুকুরগুলি দ্রুত পিছিয়ে গেল।

Still, he had no place to sleep, and no idea what to do.
তবুও, তার ঘুমানোর কোন জায়গা ছিল না, আর কী করবে সেও বুঝতে পারছিল না।

At last, a thought came to him—check on his team-mates.
অবশেষে, তার মনে একটা বুদ্ধি এলো—তার সতীর্থদের খোঁজখবর নেওয়া।

He returned to their area and was surprised to find them gone.
সে তাদের এলাকায় ফিরে এসে তাদের চলে যেতে দেখে অবাক হয়ে গেল।

Again he searched the camp, but still could not find them.
আবার সে শিবিরে খোঁজ করল, কিন্তু এখনও তাদের খুঁজে পেল না।

He knew they could not be in the tent, or he would be too.
সে জানত যে তারা তাঁবুতে থাকতে পারবে না, অথবা সেও থাকবে।

So where had all the dogs gone in this frozen camp?
তাহলে এই হিমায়িত শিবিরের সব কুকুরগুলো কোথায় গেল?

Buck, cold and miserable, slowly circled around the tent.
বাক, ঠান্ডা এবং কৃপণ, ধীরে ধীরে তাঁবুর চারপাশে ঘুরে বেড়াল।

Suddenly, his front legs sank into soft snow and startled him.
হঠাৎ, তার সামনের পা নরম তুষারে ডুবে গেল এবং তাকে চমকে দিল।

Something wriggled under his feet, and he jumped back in fear.
তার পায়ের নিচে কিছু একটা নড়ে উঠল, আর সে ভয়ে লাফিয়ে পিছনে ফিরে গেল।

He growled and snarled, not knowing what lay beneath the snow.
সে গর্জন করতে লাগলো আর গর্জন করতে লাগলো, তুষারের নিচে কী লুকিয়ে আছে তা না জেনে।

Then he heard a friendly little bark that eased his fear.
তারপর সে একটা বন্ধুত্বপূর্ণ ছোট্ট ঘেউ ঘেউ শব্দ শুনতে পেল যা তার ভয় কমিয়ে দিল।

He sniffed the air and came closer to see what was hidden.
সে বাতাসের গন্ধ নিল এবং কাছে এসে দেখতে লাগল কী লুকানো আছে।

Under the snow, curled into a warm ball, was little Billee.
তুষারের নিচে, উষ্ণ বলের মতো কুঁচকে যাওয়া ছোট্ট বিলি ছিল।

Billee wagged his tail and licked Buck's face to greet him.
বিলি তার লেজ নাড়িয়ে বাকের মুখ চেটে তাকে অভ্যর্থনা জানালো।

Buck saw how Billee had made a sleeping place in the snow.
বাক দেখল কিভাবে বিলি বরফের মধ্যে ঘুমানোর জায়গা তৈরি করেছে।

He had dug down and used his own heat to stay warm.
সে মাটি খুঁড়ে নিজের তাপ ব্যবহার করে উষ্ণ ছিল।

Buck had learned another lesson—this was how the dogs slept.
বাক আরেকটি শিক্ষা পেয়েছিল—কুকুররা এভাবেই ঘুমাতো।

He picked a spot and started digging his own hole in the snow.
সে একটা জায়গা বেছে নিল এবং তুষারের মধ্যে নিজের গর্ত খুঁড়তে শুরু করল।

At first, he moved around too much and wasted energy.
প্রথমে, সে খুব বেশি ঘোরাফেরা করত এবং শক্তি অপচয় করত।

But soon his body warmed the space, and he felt safe.
কিন্তু শীঘ্রই তার শরীর স্থানটিকে উষ্ণ করে তুলল, এবং সে নিরাপদ বোধ করল।

He curled up tightly, and before long he was fast asleep.

সে শক্ত করে কুঁচকে গেল, আর কিছুক্ষণের মধ্যেই সে গভীর ঘুমে আচ্ছন্ন হয়ে গেল।

The day had been long and hard, and Buck was exhausted.
দিনটি দীর্ঘ এবং কঠিন ছিল, এবং বাক ক্লান্ত ছিল।

He slept deeply and comfortably, though his dreams were wild.
যদিও তার স্বপ্নগুলো ছিল বন্য, তবুও সে গভীর এবং আরামে ঘুমাচ্ছিল।

He growled and barked in his sleep, twisting as he dreamed.
সে ঘুমের মধ্যে গর্জন করতো এবং ঘেউ ঘেউ করতো, স্বপ্ন দেখার সময় মোচড় দিত।

Buck didn't wake up until the camp was already coming to life.
শিবিরটি ইতিমধ্যেই প্রাণবন্ত হয়ে ওঠার আগে বাক ঘুম থেকে ওঠেনি।

At first, he didn't know where he was or what had happened.
প্রথমে, সে জানত না সে কোথায় আছে বা কী ঘটেছে।

Snow had fallen overnight and completely buried his body.
রাতভর তুষারপাত হয়ে তার দেহ পুরোপুরি মাটিতে মিশে যায়।

The snow pressed in around him, tight on all sides.
তার চারপাশে তুষার চেপে ধরেছে, চারদিক থেকে শক্ত করে।

Suddenly a wave of fear rushed through Buck's entire body.
হঠাৎ করেই বাকের সারা শরীরে ভয়ের ঢেউ বয়ে গেল।

It was the fear of being trapped, a fear from deep instincts.
এটা ছিল আটকা পড়ার ভয়, গভীর প্রবৃত্তি থেকে আসা ভয়।

Though he had never seen a trap, the fear lived inside him.
যদিও সে কখনও ফাঁদ দেখেনি, তবুও তার ভেতরে ভয় বাস করত।

He was a tame dog, but now his old wild instincts were waking.
সে ছিল একটা পোষা কুকুর, কিন্তু এখন তার পুরনো বন্য প্রবৃত্তি জেগে উঠছিল।

Buck's muscles tensed, and his fur stood up all over his back.
বাকের পেশীগুলো টানটান হয়ে গেল, আর তার পশম পুরো পিঠে দাঁড়িয়ে গেল।

He snarled fiercely and sprang straight up through the snow.
সে প্রচণ্ডভাবে ঘেউ ঘেউ করে তুষারের উপর দিয়ে লাফিয়ে উঠে পড়ল।

Snow flew in every direction as he burst into the daylight.
দিনের আলো ফুটতে শুরু করলে তুষার চারদিকে উড়ে গেল।

Even before landing, Buck saw the camp spread out before him.
অবতরণের আগেই, বাক তার সামনে শিবিরটি ছড়িয়ে থাকতে দেখেন।

He remembered everything from the day before, all at once.
তার আগের দিনের সবকিছু একবারে মনে পড়ল।

He remembered strolling with Manuel and ending up in this place.
তার মনে আছে ম্যানুয়েলের সাথে হেঁটে এই জায়গায় এসে পৌঁছানোর কথা।

He remembered digging the hole and falling asleep in the cold.
তার মনে পড়ল গর্ত খুঁড়ে ঠান্ডায় ঘুমিয়ে পড়ার কথা।

Now he was awake, and the wild world around him was clear.
এখন সে জেগে আছে, আর তার চারপাশের বন্য জগৎ স্পষ্ট দেখা যাচ্ছে।

A shout from François hailed Buck's sudden appearance.
ফ্রাঁসোয়া চিৎকার করে বাকের আকস্মিক উপস্থিতিকে স্বাগত জানালেন।

"What did I say?" the dog-driver cried loudly to Perrault.
"আমি কি বলেছিলাম?" কুকুর চালক জোরে চিৎকার করে পেরাল্টকে বললেন।

"That Buck for sure learns quick as anything," François added.

"সেই বাক নিশ্চিতভাবেই যেকোনো কিছুর মতো দ্রুত শেখে," ফ্রাঁসোয়া আরও বলেন।

Perrault nodded gravely, clearly pleased with the result.
পেরাল্ট গম্ভীরভাবে মাথা নাড়লেন, ফলাফলে স্পষ্টতই খুশি।

As a courier for the Canadian Government, he carried dispatches.
কানাডিয়ান সরকারের কুরিয়ার হিসেবে তিনি বার্তা বহন করতেন।

He was eager to find the best dogs for his important mission.
সে তার গুরুত্বপূর্ণ মিশনের জন্য সেরা কুকুর খুঁজে পেতে আগ্রহী ছিল।

He felt especially pleased now that Buck was part of the team.
বাক দলের অংশ হওয়ায় সে এখন বিশেষভাবে খুশি বোধ করছে।

Three more huskies were added to the team within an hour.
এক ঘন্টার মধ্যে দলে আরও তিনটি হাস্কি যুক্ত হয়েছিল।

That brought the total number of dogs on the team to nine.
এর ফলে দলে মোট কুকুরের সংখ্যা নয়টিতে দাঁড়ালো।

Within fifteen minutes all the dogs were in their harnesses.
পনের মিনিটের মধ্যেই সব কুকুর তাদের বগিতে ঢুকে গেল।

The sled team was swinging up the trail toward Dyea Cañon.
স্লেজ দলটি ডাইয়া ক্যাননের দিকে পথ ধরে দুলছিল।

Buck felt glad to be leaving, even if the work ahead was hard.
সামনের কাজটা কঠিন হলেও, বাক চলে যেতে পেরে খুশি হল।

He found he did not particularly despise the labor or the cold.
সে দেখতে পেল যে সে শ্রম বা ঠান্ডাকে বিশেষভাবে ঘৃণা করে না।

He was surprised by the eagerness that filled the whole team.
পুরো দল যে আগ্রহে ভরে গিয়েছিল, তাতে তিনি অবাক হয়ে গেলেন।

Even more surprising was the change that had come over Dave and Solleks.
আরও অবাক করার মতো বিষয় ছিল ডেভ এবং সোলেক্সের মধ্যে যে পরিবর্তন এসেছিল।

These two dogs were entirely different when they were harnessed.
এই দুটি কুকুর যখন জোতায় নেওয়া হয়েছিল তখন তাদের চেহারা সম্পূর্ণ আলাদা ছিল।

Their passiveness and lack of concern had completely disappeared.
তাদের নিষ্ক্রিয়তা এবং উদ্বেগের অভাব সম্পূর্ণরূপে অদৃশ্য হয়ে গিয়েছিল।

They were alert and active, and eager to do their work well.
তারা সজাগ এবং সক্রিয় ছিল, এবং তাদের কাজ ভালোভাবে করতে আগ্রহী ছিল।

They grew fiercely irritated at anything that caused delay or confusion.
বিলম্ব বা বিভ্রান্তির কারণ হতে পারে এমন যেকোনো কিছুতে তারা প্রচণ্ড বিরক্ত হয়ে উঠত।

The hard work on the reins was the center of their entire being.
লাগামের উপর কঠোর পরিশ্রম ছিল তাদের সমগ্র সত্তার কেন্দ্রবিন্দু।

Sled pulling seemed to be the only thing they truly enjoyed.
স্লেজ টানাটাই তাদের সত্যিকার অর্থে উপভোগ করার একমাত্র জিনিস বলে মনে হচ্ছিল।

Dave was at the back of the group, closest to the sled itself.
ডেভ দলের পিছনে ছিল, স্লেজের সবচেয়ে কাছে।

Buck was placed in front of Dave, and Solleks pulled ahead of Buck.
বাককে ডেভের সামনে রাখা হয়েছিল, এবং সোলেক্স বাকের আগে এগিয়ে ছিল।

The rest of the dogs were strung out ahead in a single file.
বাকি কুকুরগুলোকে একটা ফাইলের মধ্যে সামনের দিকে ঝুলিয়ে রাখা হয়েছিল।

The lead position at the front was filled by Spitz.
সামনের দিকের প্রধান অবস্থানটি স্পিটজ দ্বারা পূর্ণ ছিল।

Buck had been placed between Dave and Solleks for instruction.
বাককে ডেভ এবং সোলেক্সের মাঝখানে নির্দেশনার জন্য রাখা হয়েছিল।

He was a quick learner, and they were firm and capable teachers.
তিনি দ্রুত শিখতে পারতেন, এবং তারা ছিলেন দৃঢ় এবং দক্ষ শিক্ষক।

They never allowed Buck to remain in error for long.
তারা বাককে বেশিদিন ভুলের মধ্যে থাকতে দেয়নি।

They taught their lessons with sharp teeth when needed.
প্রয়োজনে তারা ধারালো দাঁত দিয়ে তাদের পাঠ শেখানো হত।

Dave was fair and showed a quiet, serious kind of wisdom.
ডেভ ন্যায্য ছিলেন এবং এক ধরণের শান্ত, গম্ভীর প্রজ্ঞা দেখিয়েছিলেন।

He never bit Buck without a good reason to do so.
সে কখনোই বাককে কামড় দেয়নি কারণ ছাড়া।

But he never failed to bite when Buck needed correction.
কিন্তু যখন বাকের সংশোধনের প্রয়োজন হয়েছিল তখন তিনি কখনও কামড় দিতে ব্যর্থ হননি।

François's whip was always ready and backed up their authority.
ফ্রাঁসোয়াদের চাবুক সর্বদা প্রস্তুত ছিল এবং তাদের কর্তৃত্বকে সমর্থন করত।

Buck soon found it was better to obey than to fight back.
বাক শীঘ্রই বুঝতে পারলেন যে পাল্টা লড়াই করার চেয়ে আনুগত্য করা ভালো।

Once, during a short rest, Buck got tangled in the reins.
একবার, অল্প বিশ্রামের সময়, বাক লাগাম ধরে আটকে গেল।

He delayed the start and confused the team's movement.
তিনি শুরুটা বিলম্বিত করেছিলেন এবং দলের গতিবিধি বিভ্রান্ত করেছিলেন।

Dave and Solleks flew at him and gave him a rough beating.

ডেভ এবং সোলেক্স তার দিকে ঝাঁপিয়ে পড়ে এবং তাকে প্রচণ্ড মারধর করে।

The tangle only got worse, but Buck learned his lesson well.

জট আরও খারাপ হয়ে গেল, কিন্তু বাক তার শিক্ষা ভালোভাবে শিখে নিল।

From then on, he kept the reins taut, and worked carefully.

তারপর থেকে, তিনি লাগাম টানটান রেখেছিলেন, এবং সাবধানে কাজ করেছিলেন।

Before the day ended, Buck had mastered much of his task.

দিন শেষ হওয়ার আগেই, বাক তার কাজের অনেকটাই আয়ত্ত করে ফেলেছিল।

His teammates almost stopped correcting or biting him.

তার সতীর্থরা তাকে সংশোধন করা বা কামড়ানো প্রায় বন্ধ করে দিয়েছিল।

François's whip cracked through the air less and less often.

ফ্রাঁসোয়া'র চাবুক বাতাসে ক্রমশ ফেটে যাচ্ছিল।

Perrault even lifted Buck's feet and carefully examined each paw.

পেরাল্ট এমনকি বাকের পা তুলে প্রতিটি থাবা সাবধানে পরীক্ষা করলেন।

It had been a hard day's run, long and exhausting for them all.

দিনটি তাদের সকলের জন্যই ছিল কঠিন, দীর্ঘ এবং ক্লান্তিকর।

They travelled up the Cañon, through Sheep Camp, and past the Scales.

তারা ক্যাননন পর্বতমালার উপরে, ভেড়ার শিবিরের মধ্য দিয়ে এবং স্কেলসের পাশ দিয়ে ভ্রমণ করেছিল।

They crossed the timber line, then glaciers and snowdrifts many feet deep.

তারা কাঠের রেখা অতিক্রম করল, তারপর হিমবাহ এবং অনেক ফুট গভীর তুষারপাতের মধ্য দিয়ে গেল।

They climbed the great cold and forbidding Chilkoot Divide.

তারা প্রচণ্ড ঠান্ডা এবং চিলকুট ডিভাইড নিষিদ্ধ করার উপর আরোহণ করেছিল।

That high ridge stood between salt water and the frozen interior.
সেই উঁচু ঢালটি লবণাক্ত জল এবং হিমায়িত অভ্যন্তরের মাঝখানে দাঁড়িয়ে ছিল।

The mountains guarded the sad and lonely North with ice and steep climbs.
পাহাড়গুলো বরফ এবং খাড়া আরোহণের মাধ্যমে বিষণ্ণ ও নির্জন উত্তরকে রক্ষা করেছিল।

They made good time down a long chain of lakes below the divide.
তারা বিভাজনের নীচে দীর্ঘ হ্রদের শৃঙ্খলে ভালো সময় কাটাল।

Those lakes filled the ancient craters of extinct volcanoes.
সেই হ্রদগুলি বিলুপ্ত আগ্নেয়গিরির প্রাচীন গর্তগুলিকে পূর্ণ করে তুলেছিল।

Late that night, they reached a large camp at Lake Bennett.
সেই রাতেই তারা লেক বেনেটে একটি বড় ক্যাম্পে পৌঁছায়।

Thousands of gold seekers were there, building boats for spring.
হাজার হাজার সোনার সন্ধানী সেখানে ছিল, বসন্তের জন্য নৌকা তৈরি করছিল।

The ice was going break up soon, and they had to be ready.
বরফ শীঘ্রই ভেঙে যাচ্ছিল, এবং তাদের প্রস্তুত থাকতে হয়েছিল।

Buck dug his hole in the snow and fell into a deep sleep.
বাক তুষারে গর্ত খুঁড়ে গভীর ঘুমে তলিয়ে গেল।

He slept like a working man, exhausted from the harsh day of toil.
দিনের কঠোর পরিশ্রমের ক্লান্তিতে সে একজন শ্রমজীবী মানুষের মতো ঘুমিয়ে পড়ল।

But too early in the darkness, he was dragged from sleep.
কিন্তু অন্ধকারের খুব ভোরে, তাকে ঘুম থেকে টেনে তোলা হয়েছিল।

He was harnessed with his mates again and attached to the sled.
তাকে আবার তার সঙ্গীদের সাথে সংযুক্ত করা হয়েছিল এবং স্লেজের সাথে সংযুক্ত করা হয়েছিল।

That day they made forty miles, because the snow was well trodden.
সেদিন তারা চল্লিশ মাইল পথ পাড়ি দিয়েছিল, কারণ তুষার ভালোভাবে মাড়ানো হয়েছিল।

The next day, and for many days after, the snow was soft.
পরের দিন, এবং তার অনেক দিন পরেও, তুষার নরম ছিল।

They had to make the path themselves, working harder and moving slower.
তাদের নিজেরাই পথ তৈরি করতে হয়েছিল, আরও কঠোর পরিশ্রম করে এবং ধীর গতিতে এগিয়ে যেতে হয়েছিল।

Usually, Perrault walked ahead of the team with webbed snowshoes.
সাধারণত, পেরাল্ট জালযুক্ত স্নোশু নিয়ে দলের আগে আগে হাঁটতেন।

His steps packed the snow, making it easier for the sled to move.
তার পদক্ষেপ তুষারকে ঠাসা করে তুলেছিল, যার ফলে স্লেজটি চলাচল করা সহজ হয়ে গিয়েছিল।

François, who steered from the gee-pole, sometimes took over.
ফ্রাঁসোয়া, যিনি জি-পোল থেকে নেতৃত্ব দিতেন, মাঝে মাঝে দায়িত্ব নিতেন।

But it was rare that François took the lead
কিন্তু ফ্রাঁসোয়া নেতৃত্ব দেওয়ার ঘটনা বিরল ছিল।

because Perrault was in a rush to deliver the letters and parcels.
কারণ পেরেল্ট চিঠি এবং পার্সেলগুলি পৌঁছে দেওয়ার জন্য তাড়াহুড়ো করছিলেন।

Perrault was proud of his knowledge of snow, and especially ice.
তুষার সম্পর্কে, বিশেষ করে বরফ সম্পর্কে তার জ্ঞান নিয়ে পেরেল্ট গর্বিত ছিলেন।

That knowledge was essential, because fall ice was dangerously thin.

সেই জ্ঞান অপরিহার্য ছিল, কারণ শরতের বরফ বিপজ্জনকভাবে পাতলা ছিল।

Where water flowed fast beneath the surface, there was no ice at all.
যেখানে ভূপৃষ্ঠের নিচ দিয়ে জল দ্রুত প্রবাহিত হচ্ছিল, সেখানে কোনও বরফ ছিল না।

Day after day, the same routine repeated without end.
দিনের পর দিন, একই রুটিন অবিরাম পুনরাবৃত্তি হতে থাকল।

Buck toiled endlessly in the reins from dawn until night.
বাক ভোর থেকে রাত পর্যন্ত লাগাম টেনে ধরে অবিরাম পরিশ্রম করেছে।

They left camp in the dark, long before the sun had risen.
সূর্য ওঠার অনেক আগেই, অন্ধকারে তারা ক্যাম্প ত্যাগ করে।

By the time daylight came, many miles were already behind them.
যখন দিনের আলো ফুটে উঠল, ততক্ষণে অনেক মাইল পিছিয়ে গেছে।

They pitched camp after dark, eating fish and burrowing into snow.
তারা সন্ধ্যার পরে শিবির স্থাপন করেছিল, মাছ খেয়েছিল এবং তুষারে গর্ত করেছিল।

Buck was always hungry and never truly satisfied with his ration.
বাক সবসময় ক্ষুধার্ত থাকত এবং তার রেশনে কখনোই সত্যিকার অর্থে সন্তুষ্ট ছিল না।

He received a pound and a half of dried salmon each day.
তিনি প্রতিদিন দেড় পাউন্ড শুকনো স্যামন পেতেন।

But the food seemed to vanish inside him, leaving hunger behind.
কিন্তু খাবার যেন তার ভেতরে উধাও হয়ে গেল, ক্ষুধাও পেছনে ফেলে গেল।

He suffered from constant pangs of hunger, and dreamed of more food.

সে ক্রমাগত ক্ষুধার যন্ত্রণায় ভুগছিল, এবং আরও খাবারের স্বপ্ন দেখছিল।

The other dogs got only one pound of food, but they stayed strong.

অন্য কুকুরগুলো মাত্র এক পাউন্ড খাবার পেল, কিন্তু তারা শক্তিশালী রইল।

They were smaller, and had been born into the northern life.

তারা ছোট ছিল, এবং উত্তরাঞ্চলীয় জীবনে জন্মগ্রহণ করেছিল।

He swiftly lost the fastidiousness which had marked his old life.

সে দ্রুত তার পুরনো জীবনের সেই কপটতা হারিয়ে ফেলল।

He had been a dainty eater, but now that was no longer possible.

সে আগে খুব সুস্বাদু ভোজনরসিক ছিল, কিন্তু এখন আর তা সম্ভব ছিল না।

His mates finished first and robbed him of his unfinished ration.

তার বন্ধুরা প্রথমে কাজ শেষ করে এবং তার অসমাপ্ত রেশন লুট করে।

Once they began there was no way to defend his food from them.

একবার তারা শুরু করলে, তাদের হাত থেকে তার খাবার রক্ষা করার কোন উপায় ছিল না।

While he fought off two or three dogs, the others stole the rest.

সে যখন দুই বা তিনটি কুকুরকে তাড়ালো, অন্যরা বাকিগুলো চুরি করে নিল।

To fix this, he began eating as fast as the others ate.

এটি ঠিক করার জন্য, সে অন্যদের মতো দ্রুত খেতে শুরু করল।

Hunger pushed him so hard that he even took food not his own.

ক্ষুধা তাকে এতটাই তাড়িত করেছিল যে, সে নিজের খাবারও খায়নি।

He watched the others and learned quickly from their actions.
সে অন্যদের দেখত এবং তাদের কাজ থেকে দ্রুত শিখত।
He saw Pike, a new dog, steal a slice of bacon from Perrault.
সে দেখতে পেল পাইক, একটি নতুন কুকুর, পেরাল্টের কাছ থেকে এক টুকরো বেকন চুরি করছে।
Pike had waited until Perrault's back was turned to steal the bacon.
বেকন চুরি করার জন্য পেরাল্টের পিঠ ঘুরানো পর্যন্ত পাইক অপেক্ষা করেছিল।
The next day, Buck copied Pike and stole the whole chunk.
পরের দিন, বাক পাইককে নকল করে পুরো খণ্ডটি চুরি করে নিল।
A great uproar followed, but Buck was not suspected.
এরপর প্রচণ্ড হট্টগোল শুরু হয়, কিন্তু বাককে সন্দেহ করা হয়নি।
Dub, a clumsy dog who always got caught, was punished instead.
ডাব, একটা আনাড়ি কুকুর যে সবসময় ধরা পড়ত, তাকে শাস্তি দেওয়া হয়েছিল।
That first theft marked Buck as a dog fit to survive the North.
সেই প্রথম চুরিটিই বাককে উত্তরে বেঁচে থাকার জন্য উপযুক্ত কুকুর হিসেবে চিহ্নিত করেছিল।
He showed he could adapt to new conditions and learn quickly.
সে দেখিয়েছে যে সে নতুন পরিবেশের সাথে খাপ খাইয়ে নিতে পারে এবং দ্রুত শিখতে পারে।
Without such adaptability, he would have died swiftly and badly.
এই ধরনের অভিযোজন ক্ষমতা না থাকলে, সে দ্রুত এবং খারাপভাবে মারা যেত।
It also marked the breakdown of his moral nature and past values.

এটি তার নৈতিক স্বভাব এবং অতীত মূল্যবোধের ভাঙ্গনকেও চিহ্নিত করেছিল।

In the Southland, he had lived under the law of love and kindness.
সাউথল্যান্ডে, তিনি প্রেম এবং দয়ার আইনের অধীনে বাস করেছিলেন।

There it made sense to respect property and other dogs' feelings.
সেখানে সম্পত্তি এবং অন্যান্য কুকুরের অনুভূতিকে সম্মান করা যুক্তিসঙ্গত ছিল।

But the Northland followed the law of club and the law of fang.
কিন্তু নর্থল্যান্ড ক্লাবের আইন এবং ফ্যাংয়ের আইন অনুসরণ করত।

Whoever respected old values here was foolish and would fail.
এখানে যারা পুরনো মূল্যবোধকে সম্মান করত তারা বোকা ছিল এবং ব্যর্থ হত।

Buck did not reason all this out in his mind.
বাক মনে মনে এই সব যুক্তি তৈরি করেনি।

He was fit, and so he adjusted without needing to think.
সে ফিট ছিল, তাই সে চিন্তা না করেই মানিয়ে নিল।

All his life, he had never run away from a fight.
সারা জীবন, সে কখনও লড়াই থেকে পালিয়ে যায়নি।

But the wooden club of the man in the red sweater changed that rule.
কিন্তু লাল সোয়েটার পরা লোকটির কাঠের লাঠি সেই নিয়ম বদলে দিল।

Now he followed a deeper, older code written into his being.
এখন সে তার অস্তিত্বে লেখা একটি গভীর, পুরোনো কোড অনুসরণ করল।

He did not steal out of pleasure, but from the pain of hunger.
সে আনন্দ থেকে চুরি করেনি, বরং ক্ষুধার যন্ত্রণা থেকে চুরি করেছে।

He never robbed openly, but stole with cunning and care.

সে কখনো প্রকাশ্যে ডাকাতি করত না, বরং চালাকি ও যত্নের সাথে চুরি করত।

He acted out of respect for the wooden club and fear of the fang.

কাঠের লাঠির প্রতি শ্রদ্ধা এবং ঝাঁকের ভয়ে সে অভিনয় করেছিল।

In short, he did what was easier and safer than not doing it.

সংক্ষেপে, তিনি যা না করার চেয়ে সহজ এবং নিরাপদ ছিল তা করেছিলেন।

His development—or perhaps his return to old instincts—was fast.

তার বিকাশ—অথবা সম্ভবত তার পুরনো প্রবৃত্তিতে ফিরে আসা—দ্রুত ছিল।

His muscles hardened until they felt as strong as iron.

তার পেশীগুলো শক্ত হয়ে গেল যতক্ষণ না সেগুলো লোহার মতো শক্ত মনে হলো।

He no longer cared about pain, unless it was serious.

ব্যথা আর তার কাছে গুরুত্বপূর্ণ ছিল না, যদি না তা গুরুতর হয়।

He became efficient inside and out, wasting nothing at all.

সে ভেতরে ভেতরে দক্ষ হয়ে উঠল, কোনও কিছু নষ্ট করল না।

He could eat things that were vile, rotten, or hard to digest.

সে এমন জিনিস খেতে পারত যা খারাপ, পচা, অথবা হজম করা কঠিন।

Whatever he ate, his stomach used every last bit of value.

সে যাই খায় না কেন, তার পেট তার শেষ মূল্যটুকুও ব্যবহার করেছে।

His blood carried the nutrients far through his powerful body.

তার রক্ত তার শক্তিশালী শরীরের মধ্য দিয়ে পুষ্টি বহন করত।

This built strong tissues that gave him incredible endurance.

এটি শক্তিশালী টিস্যু তৈরি করেছিল যা তাকে অবিশ্বাস্য ধৈর্য দিয়েছে।

His sight and smell became much more sensitive than before.
তার দৃষ্টিশক্তি এবং গন্ধ আগের চেয়ে অনেক বেশি সংবেদনশীল হয়ে উঠল।

His hearing grew so sharp he could detect faint sounds in sleep.
তার শ্রবণশক্তি এতটাই তীব্র হয়ে উঠল যে সে ঘুমের মধ্যে হালকা শব্দও বুঝতে পারল।

He knew in his dreams whether the sounds meant safety or danger.
সে স্বপ্নে বুঝতে পারল যে শব্দগুলোর অর্থ নিরাপত্তা নাকি বিপদ।

He learned to bite the ice between his toes with his teeth.
সে দাঁত দিয়ে পায়ের আঙ্গুলের মাঝের বরফ কামড়াতে শিখেছে।

If a water hole froze over, he would break the ice with his legs.
যদি কোনও জলের গর্ত জমে যেত, সে তার পা দিয়ে বরফ ভাঙত।

He reared up and struck the ice hard with stiff front limbs.
সে উঠে দাঁড়ালো এবং শক্ত সামনের পা দিয়ে বরফের উপর জোরে আঘাত করলো।

His most striking ability was predicting wind changes overnight.
তার সবচেয়ে উল্লেখযোগ্য ক্ষমতা ছিল রাতারাতি বাতাসের পরিবর্তনের পূর্বাভাস দেওয়া।

Even when the air was still, he chose spots sheltered from wind.
এমনকি যখন বাতাস স্থির ছিল, তখনও সে বাতাস থেকে সুরক্ষিত জায়গা বেছে নিত।

Wherever he dug his nest, the next day's wind passed him by.
সে যেখানেই বাসা খুঁড়ত, পরের দিনের বাতাস তাকে পাশ কাটিয়ে যেত।

He always ended up snug and protected, to leeward of the breeze.
সে সবসময় আরামদায়ক এবং সুরক্ষিত থাকত, বাতাসের ধারে।

Buck not only learned by experience — his instincts returned too.
বাক কেবল অভিজ্ঞতার মাধ্যমেই শিখেনি - তার সহজাত প্রবৃত্তিও ফিরে এসেছে।

The habits of domesticated generations began to fall away.
গৃহপালিত প্রজন্মের অভ্যাসগুলি হারিয়ে যেতে শুরু করে।

In vague ways, he remembered the ancient times of his breed.
অস্পষ্টভাবে, সে তার প্রজাতির প্রাচীন সময়ের কথা মনে করল।

He thought back to when wild dogs ran in packs through forests.
সে তখনকার কথা ভাবলো যখন বন্য কুকুররা দলে দলে বনের মধ্য দিয়ে ছুটে বেড়াত।

They had chased and killed their prey while running it down.
তারা তাদের শিকারকে তাড়া করে মেরে ফেলেছিল, যখন তারা তাড়া করে ফেলেছিল।

It was easy for Buck to learn how to fight with tooth and speed.
দাঁত এবং দ্রুততার সাথে লড়াই করতে শেখা বাকের পক্ষে সহজ ছিল।

He used cuts, slashes, and quick snaps just like his ancestors.
তিনি তার পূর্বপুরুষদের মতোই কাট, স্ল্যাশ এবং দ্রুত স্ন্যাপ ব্যবহার করতেন।

Those ancestors stirred within him and awoke his wild nature.
সেই পূর্বপুরুষরা তার ভেতরে আলোড়ন তুলেছিল এবং তার বন্য প্রকৃতিকে জাগিয়ে তুলেছিল।

Their old skills had passed into him through the bloodline.
তাদের পুরনো দক্ষতা রক্তের মাধ্যমে তার মধ্যে চলে এসেছিল।

Their tricks were his now, with no need for practice or effort.
তাদের কৌশল এখন তার নিজের, অনুশীলন বা প্রচেষ্টার কোন প্রয়োজন ছিল না।

On still, cold nights, Buck lifted his nose and howled.
শান্ত, ঠান্ডা রাতে, বাক তার নাক তুলে চিৎকার করত।
He howled long and deep, the way wolves had done long ago.
সে দীর্ঘ এবং গভীরভাবে চিৎকার করল, যেমনটি অনেক আগে নেকড়েরা করেছিল।
Through him, his dead ancestors pointed their noses and howled.
তার মাধ্যমে, তার মৃত পূর্বপুরুষরা নাক ইশারা করে চিৎকার করে উঠলেন।
They howled down through the centuries in his voice and shape.
শতাব্দীর পর শতাব্দী ধরে তারা তার কন্ঠস্বর এবং আকৃতিতে চিৎকার করে উঠল।
His cadences were theirs, old cries that told of grief and cold.
তার ছন্দ ছিল তাদেরই মতো, পুরনো কান্না যা শোক এবং শীতের কথা বলে।
They sang of darkness, of hunger, and the meaning of winter.
তারা অন্ধকার, ক্ষুধা এবং শীতের অর্থের কথা গেয়েছিল।
Buck proved of how life is shaped by forces beyond oneself,
বাক প্রমাণ করেছেন যে জীবন কীভাবে নিজের বাইরের শক্তি দ্বারা গঠিত হয়,
the ancient song rose through Buck and took hold of his soul.
প্রাচীন গানটি বাকের মধ্য দিয়ে উঠে এসে তার আত্মাকে ধরে ফেলল।
He found himself because men had found gold in the North.
তিনি নিজেকে খুঁজে পেলেন কারণ মানুষ উত্তরে সোনা খুঁজে পেয়েছিল।
And he found himself because Manuel, the gardener's helper, needed money.
আর সে নিজেকে খুঁজে পেল কারণ মালীর সাহায্যকারী ম্যানুয়েলের টাকার প্রয়োজন ছিল।

The Dominant Primordial Beast
প্রধান আদিম জন্তু

The dominant primordial beast was as strong as ever in Buck.
বাকের ক্ষেত্রে, প্রভাবশালী আদিম জন্তুটি আগের মতোই শক্তিশালী ছিল।

But the dominant primordial beast had lain dormant in him.
কিন্তু প্রভাবশালী আদিম পশুটি তার মধ্যে সুপ্ত অবস্থায় ছিল।

Trail life was harsh, but it strengthened beast inside Buck.
পথের জীবন ছিল কঠোর, কিন্তু এটি বাকের ভেতরের প্রাণীটিকে শক্তিশালী করেছিল।

Secretly the beast grew stronger and stronger every day.
গোপনে জন্তুটি প্রতিদিন আরও শক্তিশালী হয়ে উঠল।

But that inner growth stayed hidden to the outside world.
কিন্তু সেই ভেতরের বিকাশ বাইরের জগতের কাছে লুকিয়ে রইল।

A quiet and calm primordial force was building inside Buck.
বাকের ভেতরে একটা শান্ত ও আদিম শক্তি তৈরি হচ্ছিল।

New cunning gave Buck balance, calm control, and poise.
নতুন চালাকি বাককে ভারসাম্য, শান্ত নিয়ন্ত্রণ এবং ভারসাম্য এনে দিয়েছে।

Buck focused hard on adapting, never feeling fully relaxed.
বাক খাপ খাইয়ে নেওয়ার উপর কঠোর মনোযোগ দিয়েছিলেন, কখনও পুরোপুরি স্বস্তি বোধ করেননি।

He avoided conflict, never starting fights, nor seeking trouble.
তিনি দ্বন্দ্ব এড়িয়ে চলতেন, কখনও মারামারি শুরু করতেন না, ঝামেলা খুঁজতেন না।

A slow, steady thoughtfulness shaped Buck's every move.
একটি ধীর, স্থির চিন্তাশীলতা বাকের প্রতিটি পদক্ষেপকে রূপ দিয়েছে।

He avoided rash choices and sudden, reckless decisions.
তিনি তাড়াহুড়ো করে নেওয়া সিদ্ধান্ত এবং আকস্মিক, বেপরোয়া সিদ্ধান্ত এড়িয়ে চলতেন।

Though Buck hated Spitz deeply, he showed him no aggression.
যদিও বাক স্পিটজকে গভীরভাবে ঘৃণা করতেন, তবুও তিনি তাকে কোনও আগ্রাসন দেখাননি।
Buck never provoked Spitz, and kept his actions restrained.
বাক কখনও স্পিটজকে উত্তেজিত করেননি, এবং তার কর্মকাণ্ড সংযত রেখেছিলেন।
Spitz, on the other hand, sensed the growing danger in Buck.
অন্যদিকে, স্পিটজ বাকের ক্রমবর্ধমান বিপদ টের পেয়েছিলেন।
He saw Buck as a threat and a serious challenge to his power.
তিনি বাককে তার ক্ষমতার জন্য হুমকি এবং একটি গুরুতর চ্যালেঞ্জ হিসেবে দেখেছিলেন।
He used every chance to snarl and show his sharp teeth.
সে তার ধারালো দাঁতগুলো দেখানোর জন্য প্রতিটি সুযোগ কাজে লাগালো।
He was trying to start the deadly fight that had to come.
সে আসন্ন মারাত্মক লড়াই শুরু করার চেষ্টা করছিল।
Early in the trip, a fight nearly broke out between them.
ভ্রমণের শুরুতে, তাদের মধ্যে প্রায় ঝগড়া শুরু হয়ে যায়।
But an unexpected accident stopped the fight from happening.
কিন্তু একটি অপ্রত্যাশিত দুর্ঘটনা লড়াই থামিয়ে দেয়।
That evening they set up camp on the bitterly cold Lake Le Barge.
সেই সন্ধ্যায় তারা তীব্র ঠান্ডা লেক লে বার্জে ক্যাম্প স্থাপন করে।
The snow was falling hard, and the wind cut like a knife.
তুষারপাত তীব্র হচ্ছিল, আর বাতাস ছুরির মতো আঘাত করছিল।
The night had come too fast, and darkness surrounded them.
রাত খুব তাড়াতাড়ি নেমে এসেছিল, আর অন্ধকার তাদের ঘিরে ধরেছিল।
They could hardly have chosen a worse place for rest.

বিশ্রামের জন্য এর চেয়ে খারাপ জায়গা তারা আর বেছে নিতে পারত না।

The dogs searched desperately for a place to lie down.

কুকুরগুলো মরিয়া হয়ে শোয়ার জায়গা খুঁজছিল।

A tall rock wall rose steeply behind the small group.

ছোট দলটির পিছনে খাড়াভাবে উঁচু একটি উঁচু পাথরের দেয়াল উঠে গেল।

The tent had been left behind in Dyea to lighten the load.

বোঝা হালকা করার জন্য তাঁবুটি ডাইয়ায় রেখে দেওয়া হয়েছিল।

They had no choice but to make the fire on the ice itself.

বরফের উপর আগুন জ্বালানো ছাড়া তাদের আর কোন উপায় ছিল না।

They spread their sleeping robes directly on the frozen lake.

তারা তাদের ঘুমের পোশাক সরাসরি হিমায়িত হ্রদের উপর বিছিয়ে দিল।

A few sticks of driftwood gave them a little bit of fire.

কয়েকটি কাঠের কাঠিতে আগুন লেগেছিল।

But the fire was built on the ice, and thawed through it.

কিন্তু আগুন বরফের উপর তৈরি হয়েছিল, এবং তা গলিয়ে নিভে গিয়েছিল।

Eventually they were eating their supper in darkness.

অবশেষে তারা অন্ধকারে তাদের রাতের খাবার খাচ্ছিল।

Buck curled up beside the rock, sheltered from the cold wind.

ঠান্ডা বাতাস থেকে বাক পাথরের পাশে কুঁকড়ে গেল।

The spot was so warm and safe that Buck hated to move away.

জায়গাটা এতটাই উষ্ণ এবং নিরাপদ ছিল যে বাক সরে যেতে ঘৃণা করত।

But François had warmed the fish and was handing out rations.

কিন্তু ফ্রাঁসোয়া মাছ গরম করে খাবার বিতরণ করছিলেন।

Buck finished eating quickly, and returned to his bed.

বাক তাড়াতাড়ি খাওয়া শেষ করে বিছানায় ফিরে এলো।

But Spitz was now laying where Buck had made his bed.
কিন্তু স্পিটজ এখন সেখানেই শুয়ে আছে যেখানে বাক তার বিছানা তৈরি করেছিল।

A low snarl warned Buck that Spitz refused to move.
একটা মৃদু শব্দে বাক সতর্ক হয়ে গেল যে স্পিটজ নড়তে রাজি নয়।

Until now, Buck had avoided this fight with Spitz.
এখন পর্যন্ত, বাক স্পিটজের সাথে এই লড়াই এড়িয়ে চলেছিলেন।

But deep inside Buck the beast finally broke loose.
কিন্তু বাকের ভেতরে জন্তুটি অবশেষে বেরিয়ে এলো।

The theft of his sleeping place was too much to tolerate.
তার ঘুমানোর জায়গা চুরি করাটা এতটাই কঠিন ছিল যে সহ্য করা যাচ্ছিল না।

Buck launched himself at Spitz, full of anger and rage.
বাক রাগ ও ক্রোধে ভরা স্পিটজের সাথে নিজেকে লড়লেন।

Up until not Spitz had thought Buck was just a big dog.
আগে স্পিটজ ভাবেনি বাক কেবল একটি বড় কুকুর।

He didn't think Buck had survived through his spirit.
সে ভাবেনি যে বাক তার আত্মার জোরে বেঁচে গেছে।

He was expecting fear and cowardice, not fury and revenge.
সে ভয় এবং কাপুরুষতা আশা করছিল, ক্রোধ এবং প্রতিশোধ নয়।

François stared as both dogs burst from the ruined nest.
ধ্বংসপ্রাপ্ত বাসা থেকে কুকুর দুটি বেরিয়ে আসার সময় ফ্রাঁসোয়া একদৃষ্টিতে তাকিয়ে রইল।

He understood at once what had started the wild struggle.
সে তৎক্ষণাৎ বুঝতে পারল যে, কী কারণে এই বর্বর সংগ্রাম শুরু হয়েছে।

"A-a-ah!" François cried out in support of the brown dog.
"আ-আ!" বাদামী কুকুরটির সমর্থনে ফ্রাঁসোয়া চিৎকার করে উঠল।

"Give him a beating! By God, punish that sneaky thief!"
"ওকে একটা মারধর করো! ঈশ্বরের কসম, ওই ছিঁচকে চোরকে শাস্তি দাও!"

Spitz showed equal readiness and wild eagerness to fight.

স্পিটজ লড়াই করার জন্য সমান প্রস্তুতি এবং তীব্র আগ্রহ দেখিয়েছিল।

He cried out in rage while circling fast, seeking an opening.
সে রাগে চিৎকার করে উঠল, দ্রুত চক্কর দিতে দিতে, একটা খোলা জায়গা খুঁজতে লাগল।

Buck showed the same hunger to fight, and the same caution.
বাকও লড়াই করার জন্য একই রকম ক্ষুধা এবং একই রকম সতর্কতা দেখিয়েছিল।

He circled his opponent as well, trying to gain the upper hand in battle.
যুদ্ধে প্রাধান্য লাভের চেষ্টায় সে তার প্রতিপক্ষকেও ঘিরে ফেলল।

Then something unexpected happened and changed everything.
তারপর অপ্রত্যাশিত কিছু ঘটে যা সবকিছু বদলে দেয়।

That moment delayed the eventual fight for the leadership.
সেই মুহূর্তটি নেতৃত্বের জন্য চূড়ান্ত লড়াই বিলম্বিত করেছিল।

Many miles of trail and struggle still waited before the end.
অনেক মাইল পথ এবং সংগ্রাম এখনও শেষের আগে অপেক্ষা করছিল।

Perrault shouted an oath as a club smacked against bone.
একটা লাঠি যখন হাড়ে আঘাত করছিল, তখন পেরাল্ট চিৎকার করে শপথ নিলেন।

A sharp yelp of pain followed, then chaos exploded all around.
যন্ত্রণার তীব্র চিৎকার, তারপর চারিদিকে বিশৃঙ্খলা ছড়িয়ে পড়ল।

Dark shapes moved in camp; wild huskies, starved and fierce.
ক্যাম্পে কালো আকৃতির প্রাণীরা ঘুরে বেড়াচ্ছিল; বন্য কুঁচি, ক্ষুধার্ত এবং হিংস্র।

Four or five dozen huskies had sniffed the camp from far away.
চার-পাঁচ ডজন হাস্কি দূর থেকে ক্যাম্পে শুঁকেছিল।

They had crept in quietly while the two dogs fought nearby.

কাছাকাছি দুটি কুকুর যখন লড়াই করছিল, তখন তারা চুপচাপ ভেতরে ঢুকে পড়েছিল।

François and Perrault charged, swinging clubs at the invaders.

ফ্রাঁসোয়া এবং পেরাল্ট আক্রমণকারীদের দিকে লাঠি চালাতে শুরু করে।

The starving huskies showed teeth and fought back in frenzy.

ক্ষুধার্ত হাস্কিরা দাঁত দেখিয়ে উন্মত্তভাবে পাল্টা লড়াই করল।

The smell of meat and bread had driven them past all fear.

মাংস আর রুটির গন্ধ তাদের সমস্ত ভয় কাটিয়ে তুলেছিল।

Perrault beat a dog that had buried its head in the grub-box.

পেরাল্ট একটা কুকুরকে মারধর করল যেটার মাথাটা লাউয়ের বাক্সে পুঁতে রাখা ছিল।

The blow hit hard, and the box flipped, food spilling out.

জোরে আঘাত লাগলো, আর বাক্সটা উল্টে গেল, খাবার বেরিয়ে পড়লো।

In seconds, a score of wild beasts tore into the bread and meat.

কয়েক সেকেন্ডের মধ্যেই, কয়েকটা বন্য জন্তু রুটি আর মাংস ছিঁড়ে ফেলল।

The men's clubs landed blow after blow, but no dog turned away.

পুরুষদের ক্লাবগুলো একের পর এক আঘাত হানলো, কিন্তু কোন কুকুরই পিছু হটল না।

They howled in pain, but fought until no food remained.

তারা যন্ত্রণায় চিৎকার করছিল, কিন্তু খাবার না থাকা পর্যন্ত লড়াই করছিল।

Meanwhile, the sled-dogs had jumped from their snowy beds.

ইতিমধ্যে, স্লেজ-কুকুরগুলো তাদের তুষারাবৃত বিছানা থেকে লাফিয়ে উঠেছিল।

They were instantly attacked by the vicious hungry huskies.

তারা তৎক্ষণাৎ ক্ষুধার্ত হিংস্র ক্ষুধার্ত পাখিদের আক্রমণের শিকার হল।

Buck had never seen such wild and starved creatures before.
বাক আগে কখনও এত বন্য এবং ক্ষুধার্ত প্রাণী দেখেনি।

Their skin hung loose, barely hiding their skeletons.
তাদের চামড়া আলগা হয়ে ঝুলছিল, কঙ্কালগুলো সবেমাত্র লুকিয়ে রেখেছিল।

There was a fire in their eyes, from hunger and madness
তাদের চোখে আগুন ছিল, ক্ষুধা আর উন্মাদনার আগুন।

There was no stopping them; no resisting their savage rush.
তাদের থামানো যাচ্ছিল না; তাদের বর্বর তাড়াহুড়ো প্রতিরোধ করারও কোনও উপায় ছিল না।

The sled-dogs were shoved back, pressed against the cliff wall.
স্লেজ-কুকুরগুলোকে পিছনে ঠেলে পাহাড়ের দেয়ালে চেপে ধরা হল।

Three huskies attacked Buck at once, tearing into his flesh.
তিনটি হাস্কি একসাথে বাককে আক্রমণ করে, তার মাংস ছিঁড়ে ফেলে।

Blood poured from his head and shoulders, where he'd been cut.
তার মাথা এবং কাঁধ থেকে রক্ত ঝরছিল, যেখানে তাকে কেটে ফেলা হয়েছিল।

The noise filled the camp; growling, yelps, and cries of pain.
শিবিরজুড়ে আওয়াজ, গর্জন, আর যন্ত্রণার আর্তনাদ।

Billee cried loudly, as usual, caught in the fray and panic.
বিলি যথারীতি জোরে কেঁদে উঠল, আতঙ্কে আটকে গেল।

Dave and Solleks stood side by side, bleeding but defiant.
ডেভ এবং সোলেক্স পাশাপাশি দাঁড়িয়ে ছিল, রক্তাক্ত কিন্তু অবাধ্য।

Joe fought like a demon, biting anything that came close.
জো একটা দানবের মতো লড়াই করত, কাছে যা আসত তাকেই কামড়াত।

He crushed a husky's leg with one brutal snap of his jaws.
সে তার চোয়ালের এক নিষ্ঠুর আঘাতে একটি হাস্কির পা পিষে দিল।

Pike jumped on the wounded husky and broke its neck instantly.
পাইক আহত হাস্কির উপর ঝাঁপিয়ে পড়ে এবং সাথে সাথে তার ঘাড় ভেঙে দেয়।
Buck caught a husky by the throat and ripped through the vein.
বাক একটা হাস্কি গলা ধরে শিরা ছিঁড়ে ফেলল।
Blood sprayed, and the warm taste drove Buck into a frenzy.
রক্তের ছিটা পড়ল, আর উষ্ণ স্বাদ বাককে উন্মাদনায় ফেলে দিল।
He hurled himself at another attacker without hesitation.
সে দ্বিধা না করেই অন্য আক্রমণকারীর দিকে নিজেকে ছুঁড়ে মারল।
At the same moment, sharp teeth dug into Buck's own throat.
ঠিক সেই মুহূর্তে, ধারালো দাঁত বাকের নিজের গলায় ঢুকে গেল।
Spitz had struck from the side, attacking without warning.
স্পিটজ পাশ থেকে আঘাত করেছিল, কোনও সতর্কতা ছাড়াই আক্রমণ করেছিল।
Perrault and François had defeated the dogs stealing the food.
পেরোল এবং ফ্রাঁসোয়া খাবার চুরি করা কুকুরদের পরাজিত করেছিলেন।
Now they rushed to help their dogs fight back the attackers.
এবার তারা তাদের কুকুরদের আক্রমণকারীদের প্রতিহত করতে সাহায্য করার জন্য ছুটে গেল।
The starving dogs retreated as the men swung their clubs.
ক্ষুধার্ত কুকুরগুলো পিছু হটতে শুরু করলে, লোকগুলো তাদের লাঠিগুলো দোলাতে থাকে।
Buck broke free from the attack, but the escape was brief.
বাক আক্রমণ থেকে মুক্ত হন, কিন্তু পালানো ছিল সংক্ষিপ্ত।
The men ran to save their dogs, and the huskies swarmed again.
পুরুষরা তাদের কুকুরদের বাঁচাতে দৌড়ে গেল, আর হাস্কিরা আবার ঝাঁক বেঁধে এল।

Billee, frightened into bravery, leapt into the pack of dogs.
বিলি, ভীত সাহসে, কুকুরের দলে ঝাঁপিয়ে পড়ল।

But then he fled across the ice, in raw terror and panic.
কিন্তু তারপর সে বরফের উপর দিয়ে পালিয়ে গেল, তীব্র আতঙ্ক আর আতঙ্কে।

Pike and Dub followed close behind, running for their lives.
পাইক আর ডাব খুব কাছ থেকে তাদের অনুসরণ করল, প্রাণ বাঁচাতে দৌড়াতে লাগল।

The rest of the team broke and scattered, following after them.
দলের বাকিরা ভেঙে পড়ে এবং ছত্রভঙ্গ হয়ে তাদের পিছু পিছু ছুটে যায়।

Buck gathered his strength to run, but then saw a flash.
বাক দৌড়ানোর জন্য তার শক্তি সঞ্চয় করল, কিন্তু তারপর একটা ঝলক দেখতে পেল।

Spitz lunged at Buck's side, trying to knock him to the ground.
স্পিটজ বাকের দিকে ঝাঁপিয়ে পড়ল, তাকে মাটিতে ফেলে দেওয়ার চেষ্টা করল।

Under that mob of huskies, Buck would have had no escape.
ওই হাস্কিদের ভিড়ে, বাকের আর পালানোর সুযোগ থাকত না।

But Buck stood firm and braced for the blow from Spitz.
কিন্তু বাক দৃঢ়ভাবে দাঁড়িয়ে রইলেন এবং স্পিটজের আঘাতের জন্য প্রস্তুত হলেন।

Then he turned and ran out onto the ice with the fleeing team.
তারপর সে ঘুরে পলাতক দলের সাথে বরফের দিকে দৌড়ে গেল।

Later, the nine sled-dogs gathered in the shelter of the woods.
পরে, নয়টি স্লেজ-কুকুর বনের আশ্রয়ে জড়ো হল।

No one chased them anymore, but they were battered and wounded.

কেউ আর তাদের তাড়া করেনি, কিন্তু তারা পিটিয়ে আহত হয়েছিল।

Each dog had wounds; four or five deep cuts on every body.

প্রতিটি কুকুরের শরীরে চার-পাঁচটি করে গভীর ক্ষতের চিহ্ন ছিল।

Dub had an injured hind leg and struggled to walk now.

ডাবের পেছনের পায়ে আঘাত লেগেছে এবং এখন হাঁটতেও কষ্ট হচ্ছে।

Dolly, the newest dog from Dyea, had a slashed throat.

ডাইয়ার নতুন কুকুর ডলির গলা কাটা ছিল।

Joe had lost an eye, and Billee's ear was cut to pieces

জো একটি চোখ হারিয়েছিল, এবং বিলির কান টুকরো টুকরো করে কেটে ফেলা হয়েছিল।

All the dogs cried in pain and defeat through the night.

সমস্ত কুকুর রাতভর যন্ত্রণা আর পরাজয়ে কেঁদেছিল।

At dawn they crept back to camp, sore and broken.

ভোরবেলা তারা বেদনাহত ও ভেঙে পড়া অবস্থায় ক্যাম্পে ফিরে এলো।

The huskies had vanished, but the damage had been done.

হাস্কিগুলো উধাও হয়ে গিয়েছিল, কিন্তু ক্ষতি হয়ে গিয়েছিল।

Perrault and François stood in foul moods over the ruin.

ধ্বংসস্তূপের উপর পেরেল্ট এবং ফ্রাঁসোয়া খুব বিরক্ত ছিলেন।

Half of the food was gone, snatched by the hungry thieves.

খাবারের অর্ধেক শেষ হয়ে গেল, ক্ষুধার্ত চোরেরা ছিনিয়ে নিল।

The huskies had torn through sled bindings and canvas.

স্লেজ বাইন্ডিং এবং ক্যানভাস ছিঁড়ে ফেলেছিল হাস্কিগুলো।

Anything with a smell of food had been devoured completely.

খাবারের গন্ধযুক্ত যেকোনো জিনিসই পুরোপুরি গিলে ফেলা হয়েছিল।

They ate a pair of Perrault's moose-hide traveling boots.

তারা পেরোল্টের মুস-চামড়ার তৈরি একজোড়া ভ্রমণ বুট খেয়ে ফেলে।

They chewed leather reis and ruined straps beyond use.

তারা চামড়ার রিজ চিবিয়ে খেয়ে ফেলে এবং ব্যবহারের অযোগ্য স্ট্র্যাপ নষ্ট করে দেয়।

François stopped staring at the torn lash to check the dogs.

কুকুরগুলোকে পরীক্ষা করার জন্য ফ্রাঁসোয়া ছেঁড়া দোররাটার দিকে তাকানো বন্ধ করে দিল।

"Ah, my friends," he said, his voice low and filled with worry.

"আহ, আমার বন্ধুরা," সে বলল, তার কন্ঠস্বর নিচু এবং উদ্বেগে ভরা।

"Maybe all these bites will turn you into mad beasts."

"হয়তো এই সব কামড় তোমাকে পাগল পশুতে পরিণত করবে।"

"Maybe all mad dogs, sacredam! What do you think, Perrault?"

"হয়তো সব পাগলা কুকুর, স্যাক্রেডাম! তোমার কী মনে হয়, পেরাল্ট?"

Perrault shook his head, eyes dark with concern and fear.

পেরাল্ট মাথা নাড়লেন, উদ্বেগ আর ভয়ে চোখ কালো।

Four hundred miles still lay between them and Dawson.

তাদের আর ডসনের মধ্যে এখনও চারশো মাইল দূরত্ব।

Dog madness now could destroy any chance of survival.

কুকুরের উন্মাদনা এখন বেঁচে থাকার যেকোনো সম্ভাবনাকে ধ্বংস করে দিতে পারে।

They spent two hours swearing and trying to fix the gear.

তারা দুই ঘন্টা ধরে গালিগালাজ করে এবং সরঞ্জাম ঠিক করার চেষ্টা করে।

The wounded team finally left the camp, broken and defeated.

আহত দলটি অবশেষে ভেঙে ও পরাজিত হয়ে ক্যাম্প ত্যাগ করে।

This was the hardest trail yet, and each step was painful.

এটি ছিল এখনও পর্যন্ত সবচেয়ে কঠিন পথ, এবং প্রতিটি পদক্ষেপই ছিল বেদনাদায়ক।

The Thirty Mile River had not frozen, and was rushing wildly.

থার্টি মাইল নদী জমে যায়নি, এবং তীব্র বেগে ছুটে যাচ্ছিল।

Only in calm spots and swirling eddies did ice manage to hold.

কেবল শান্ত জায়গা এবং ঘূর্ণিঝড়ের ঢেউয়েই বরফ ধরে রাখতে পেরেছিল।

Six days of hard labor passed until the thirty miles were done.

ত্রিশ মাইল শেষ করতে ছয় দিন কঠোর পরিশ্রম করতে হয়েছে।

Each mile of the trail brought danger and the threat of death.

পথের প্রতিটি মাইল বিপদ এবং মৃত্যুর হুমকি নিয়ে এসেছিল।

The men and dogs risked their lives with every painful step.

প্রতিটি বেদনাদায়ক পদক্ষেপে মানুষ এবং কুকুররা তাদের জীবনের ঝুঁকি নিয়েছিল।

Perrault broke through thin ice bridges a dozen different times.

পেরোল্ট এক ডজন বিভিন্ন বার পাতলা বরফের সেতু ভেঙেছেন।

He carried a pole and let it fall across the hole his body made.

সে একটা লাঠি বহন করল এবং তার শরীরের তৈরি গর্তের উপর দিয়ে সেটাকে পড়তে দিল।

More than once did that pole save Perrault from drowning.

একাধিকবার সেই খুঁটি পেরেল্টকে ডুবে যাওয়া থেকে বাঁচিয়েছিল।

The cold snap held firm, the air was fifty degrees below zero.

ঠান্ডার তীব্রতা দৃঢ় ছিল, বাতাস শূন্যের পঞ্চাশ ডিগ্রি নিচে ছিল।

Every time he fell in, Perrault had to light a fire to survive.

যতবার সে ভেতরে পড়ে যেত, পেরেল্টকে বেঁচে থাকার জন্য আগুন জ্বালাতে হত।

Wet clothing froze fast, so he dried them near blazing heat.

ভেজা কাপড় দ্রুত জমে যেত, তাই সে প্রচণ্ড তাপের কাছে সেগুলো শুকাতেন।

No fear ever touched Perrault, and that made him a courier.

কোনও ভয় পেরাল্টকে কখনও স্পর্শ করেনি, এবং এটি তাকে একজন কুরিয়ার করে তুলেছে।

He was chosen for danger, and he met it with quiet resolve.

তাকে বিপদের জন্য বেছে নেওয়া হয়েছিল, এবং সে শান্ত সংকল্পের সাথে তা মোকাবেলা করেছিল।

He pressed forward into wind, his shriveled face frostbitten.
সে বাতাসের দিকে এগিয়ে গেল, তার কুঁচকে যাওয়া মুখ হিমে কামড়ে গেল।

From faint dawn to nightfall, Perrault led them onward.
ভোর থেকে রাত পর্যন্ত, পেরাল্ট তাদের এগিয়ে নিয়ে গেলেন।

He walked on narrow rim ice that cracked with every step.
সে সরু বরফের উপর দিয়ে হেঁটে গেল যা প্রতিটি পদক্ষেপের সাথে সাথে ফেটে যাচ্ছিল।

They dared not stop—each pause risked a deadly collapse.
তারা থামার সাহস করেনি—প্রতিটি বিরতি মারাত্মক পতনের ঝুঁকি নিয়েছিল।

One time the sled broke through, pulling Dave and Buck in.
একবার স্লেজটি ভেঙে গেল, ডেভ এবং বাককে টেনে ভেতরে নিয়ে গেল।

By the time they were dragged free, both were near frozen.
যখন তাদের টেনে বের করা হয়, তখন দুজনেই প্রায় জমে গিয়েছিল।

The men built a fire quickly to keep Buck and Dave alive.
বাক এবং ডেভকে বাঁচিয়ে রাখার জন্য লোকেরা দ্রুত আগুন জ্বালালো।

The dogs were coated in ice from nose to tail, stiff as carved wood.
কুকুরগুলো নাক থেকে লেজ পর্যন্ত বরফে ঢাকা ছিল, খোদাই করা কাঠের মতো শক্ত।

The men ran them in circles near the fire to thaw their bodies.
পুরুষরা তাদের দেহ গলানোর জন্য আগুনের কাছে বৃত্তাকারে দৌড়াচ্ছিল।

They came so close to the flames that their fur was singed.
তারা আগুনের এত কাছে এসে পড়েছিল যে তাদের পশম পুড়ে গিয়েছিল।

Spitz broke through the ice next, dragging in the team behind him.

স্পিটজ এরপর বরফ ভেঙে দলটিকে টেনে নিয়ে তার পিছনে ঢুকে পড়ে।

The break reached all the way up to where Buck was pulling.
বিরতিটা বাক যেখানে টানছিল সেখানে পর্যন্ত পৌঁছে গেল।

Buck leaned back hard, paws slipping and trembling on the edge.
বাক শক্ত করে পিছনে ঝুঁকে পড়ল, তার থাবা পিছলে গেল এবং কিনারায় কাঁপতে লাগল।

Dave also strained backward, just behind Buck on the line.
ডেভও পিছনের দিকে ঝুঁকে পড়ল, লাইনে বাকের ঠিক পিছনে।

François hauled on the sled, his muscles cracking with effort.
ফ্রাঁসোয়া স্লেজে করে টেনে তুলছিল, তার পেশীগুলো জোরে ফাটছিল।

Another time, rim ice cracked before and behind the sled.
আরেকবার, স্লেজের আগে এবং পিছনে রিমের বরফ ফেটে গেল।

They had no way out except to climb a frozen cliff wall.
জমে থাকা খাড়া পাহাড়ের দেয়ালে ওঠা ছাড়া তাদের আর কোন উপায় ছিল না।

Perrault somehow climbed the wall; a miracle kept him alive.
পেরাল্ট কোনওভাবে দেয়াল বেয়ে উঠে গেলেন; একটি অলৌকিক ঘটনা তাকে জীবিত রাখল।

François stayed below, praying for the same kind of luck.
ফ্রাঁসোয়া নীচেই রইলেন, একই ধরণের ভাগ্যের জন্য প্রার্থনা করলেন।

They tied every strap, lashing, and trace into one long rope.
তারা প্রতিটি দড়ি, চাবুক এবং ট্রেসকে একটি লম্বা দড়িতে বেঁধে রাখল।

The men hauled each dog up, one at a time to the top.
পুরুষরা প্রতিটি কুকুরকে এক এক করে উপরে টেনে নিয়ে গেল।

François climbed last, after the sled and the entire load.
স্লেজ এবং পুরো বোঝার পরে, ফ্রাঁসোয়া শেষের দিকে উঠেছিলেন।

Then began a long search for a path down from the cliffs.
তারপর শুরু হলো পাহাড় থেকে নেমে আসার পথের জন্য দীর্ঘ অনুসন্ধান।

They finally descended using the same rope they had made.
অবশেষে তারা যে দড়িটি তৈরি করেছিল সেই দড়িটি ব্যবহার করেই তারা নেমে এলো।

Night fell as they returned to the riverbed, exhausted and sore.
ক্লান্ত ও বেদনার্ত অবস্থায় তারা নদীর তলদেশে ফিরে আসতেই রাত নেমে এলো।

They had taken a full day to cover only a quarter of a mile.
মাত্র এক-চতুর্থাংশ মাইল অতিক্রম করতে তাদের পুরো দিন লেগেছিল।

By the time they reached the Hootalinqua, Buck was worn out.
যখন তারা হুটালিনকোয়ায় পৌঁছালো, তখন বাক ক্লান্ত হয়ে পড়েছিল।

The other dogs suffered just as badly from the trail conditions.
অন্যান্য কুকুরগুলোও পথের অবস্থায় ঠিক ততটাই খারাপভাবে ভুগছিল।

But Perrault needed to recover time, and pushed them on each day.
কিন্তু পেরাল্টের সময় পুনরুদ্ধারের প্রয়োজন ছিল, এবং প্রতিদিনই তা এগিয়ে যেতেন।

The first day they traveled thirty miles to Big Salmon.
প্রথম দিন তারা ত্রিশ মাইল ভ্রমণ করে বিগ স্যালমনে পৌঁছেছিল।

The next day they travelled thirty-five miles to Little Salmon.
পরের দিন তারা পঁয়ত্রিশ মাইল ভ্রমণ করে লিটল স্যামনের উদ্দেশ্যে রওনা দিল।

On the third day they pushed through forty long frozen miles.

তৃতীয় দিনে তারা চল্লিশ মাইল দীর্ঘ হিমায়িত পথ অতিক্রম করল।

By then, they were nearing the settlement of Five Fingers.
ততক্ষণে, তারা ফাইভ ফিঙ্গার্সের বসতি স্থাপনের কাছাকাছি পৌঁছে গিয়েছিল।

Buck's feet were softer than the hard feet of native huskies.
বাকের পা দেশি হাস্কির শক্ত পায়ের চেয়ে নরম ছিল।

His paws had grown tender over many civilized generations.
বহু সভ্য প্রজন্ম ধরে তার থাবা কোমল হয়ে উঠেছে।

Long ago, his ancestors had been tamed by river men or hunters.
অনেক আগে, তার পূর্বপুরুষদের নদীর মানুষ বা শিকারিরা পোষ মানিয়েছিল।

Every day Buck limped in pain, walking on raw, aching paws.
প্রতিদিন বাক ব্যথায় খুঁড়িয়ে খুঁড়িয়ে হাঁটত, কাঁচা, ব্যথাযুক্ত পায়ের উপর ভর দিয়ে।

At camp, Buck dropped like a lifeless form upon the snow.
ক্যাম্পে, বাক তুষারের উপর প্রাণহীন অবস্থায় পড়ে রইল।

Though starving, Buck did not rise to eat his evening meal.
ক্ষুধার্ত থাকা সত্ত্বেও, বাক তার রাতের খাবার খেতে ওঠেনি।

François brought Buck his ration, laying fish by his muzzle.
ফ্রাঁসোয়া বাককে তার খাবার এনে দিল, তার মুখের কাছে মাছ রাখল।

Each night the driver rubbed Buck's feet for half an hour.
প্রতি রাতে ড্রাইভার আধা ঘন্টা ধরে বাকের পা ঘষে।

François even cut up his own moccasins to make dog footwear.
ফ্রাঁসোয়া এমনকি কুকুরের জুতা তৈরির জন্য নিজের মোকাসিন কেটেছিলেন।

Four warm shoes gave Buck a great and welcome relief.
চারটি উষ্ণ জুতা বাককে দারুণ এবং স্বাগত স্বস্তি দিয়েছে।

One morning, François forgot the shoes, and Buck refused to rise.

একদিন সকালে, ফ্রাঁসোয়া জুতা ভুলে গেল, এবং বাক উঠতে অস্বীকৃতি জানাল।

Buck lay on his back, feet in the air, waving them pitifully.
বাক তার পিঠের উপর শুয়ে ছিল, পা বাতাসে তুলেছিল, করুণার সাথে তাদের নাড়ছিল।

Even Perrault grinned at the sight of Buck's dramatic plea.
বাকের নাটকীয় আবেদন দেখে পেরাল্টও হেসে ফেললেন।

Soon Buck's feet grew hard, and the shoes could be discarded.
শীঘ্রই বাকের পা শক্ত হয়ে গেল, এবং জুতাগুলো ফেলে দেওয়া যেতে পারে।

At Pelly, during harness time, Dolly let out a dreadful howl.
পেলিতে, জোতা বাঁধার সময়, ডলি এক ভয়াবহ চিৎকার করে উঠল।

The cry was long and filled with madness, shaking every dog.
কান্নাটা দীর্ঘ এবং উন্মাদনায় ভরা ছিল, যা প্রতিটি কুকুরকে কাঁপিয়ে দিচ্ছিল।

Each dog bristled in fear without knowing the reason.
প্রতিটি কুকুরই কারণ না জেনে ভয়ে কেঁপে উঠল।

Dolly had gone mad and hurled herself straight at Buck.
ডলি রেগে গিয়েছিল এবং সোজা বাকের দিকে ঝাঁপিয়ে পড়ল।

Buck had never seen madness, but horror filled his heart.
বাক কখনও পাগলামি দেখেনি, কিন্তু তার হৃদয় ভরা ছিল আতঙ্কে।

With no thought, he turned and fled in absolute panic.
কোনও চিন্তা না করেই, সে ঘুরে দাঁড়াল এবং চরম আতঙ্কে পালিয়ে গেল।

Dolly chased him, her eyes wild, saliva flying from her jaws.
ডলি তাকে তাড়া করল, তার চোখ দুটো বন্য, তার চোয়াল থেকে লালা ঝরছে।

She kept right behind Buck, never gaining and never falling back.
সে বাকের ঠিক পিছনেই ছিল, কখনও লাভ করেনি এবং কখনও পিছিয়ে পড়েনি।

Buck ran through woods, down the island, across jagged ice.
বাক দ্বীপের নিচে, জঙ্গলের মধ্য দিয়ে, খাঁজকাটা বরফের উপর দিয়ে দৌড়ে গেল।

He crossed to an island, then another, circling back to the river.
সে একটা দ্বীপ পার হয়ে গেল, তারপর আরেকটা দ্বীপ পার হয়ে, আবার চক্কর দিয়ে নদীর দিকে ফিরে গেল।

Still Dolly chased him, her growl close behind at every step.
তবুও ডলি তাকে তাড়া করছিল, প্রতিটি পদক্ষেপে তার গর্জন পিছনে পিছনে।

Buck could hear her breath and rage, though he dared not look back.
বাক তার নিঃশ্বাস এবং রাগ শুনতে পেল, যদিও সে পিছনে ফিরে তাকাতে সাহস পেল না।

François shouted from afar, and Buck turned toward the voice.
ফ্রাঁসোয়া দূর থেকে চিৎকার করে উঠল, আর বাক কন্ঠের দিকে মুখ ফিরিয়ে নিল।

Still gasping for air, Buck ran past, placing all hope in François.
বাক তখনও হাঁপাতে হাঁপাতে পাশ কাটিয়ে চলে গেল, ফ্রাঁসোয়াকে সব আশা দিয়ে।

The dog-driver raised an axe and waited as Buck flew past.
কুকুরচালক কুড়াল তুলে অপেক্ষা করতে লাগলো যখন বাক পাশ দিয়ে উড়ে গেল।

The axe came down fast and struck Dolly's head with deadly force.
কুঠারটি দ্রুত নেমে এসে ডলির মাথায় মারাত্মক জোরে আঘাত করল।

Buck collapsed near the sled, wheezing and unable to move.
বাক স্লেজের কাছে পড়ে গেল, শ্বাসকষ্ট হচ্ছিল এবং নড়াচড়া করতে পারছিল না।

That moment gave Spitz his chance to strike an exhausted foe.

সেই মুহূর্তটি স্পিটজকে ক্লান্ত শত্রুকে আঘাত করার সুযোগ দিয়েছিল।

Twice he bit Buck, ripping flesh down to the white bone.

দুবার সে বাককে কামড় দিয়েছিল, মাংস ছিঁড়ে সাদা হাড় পর্যন্ত।

François's whip cracked, striking Spitz with full, furious force.

ফ্রাঁসোয়া'র চাবুক ফেটে গেল, পুরো, প্রচণ্ড শক্তি দিয়ে স্পিটজকে আঘাত করল।

Buck watched with joy as Spitz received his harshest beating yet.

স্পিটজ যখন তার সবচেয়ে কঠোর প্রহারের শিকার হচ্ছিল, তখন বাক আনন্দের সাথে তাকাল।

"He's a devil, that Spitz," Perrault muttered darkly to himself.

"সে একটা শয়তান, ওই স্পিটজ," পেরাল্ট নিজের মনে বিড়বিড় করে বলল।

"Someday soon, that cursed dog will kill Buck—I swear it."

"কোন একদিন, সেই অভিশপ্ত কুকুরটি বাককে মেরে ফেলবে—আমি শপথ করছি।"

"That Buck has two devils in him," François replied with a nod.

"ওই বাকের ভেতরে দুটি শয়তান আছে," ফ্রাঁসোয়া মাথা নাড়িয়ে উত্তর দিল।

"When I watch Buck, I know something fierce waits in him."

"যখন আমি বাককে দেখি, আমি বুঝতে পারি তার মধ্যে ভয়ঙ্কর কিছু অপেক্ষা করছে।"

"One day, he'll get mad as fire and tear Spitz to pieces."

"একদিন, সে আগুনের মতো রেগে যাবে এবং স্পিটজকে টুকরো টুকরো করে ফেলবে।"

"He'll chew that dog up and spit him on the frozen snow."

"সে কুকুরটিকে চিবিয়ে খাবে এবং জমে থাকা তুষারের উপর থুতু দেবে।"

"Sure as anything, I know this deep in my bones."

"অবশ্যই, আমি এটা আমার হাড়ের গভীরে জানি।"

From that moment forward, the two dogs were locked in war.
সেই মুহূর্ত থেকে, দুটি কুকুর যুদ্ধে লিপ্ত হয়।
Spitz led the team and held power, but Buck challenged that.
স্পিটজ দলকে নেতৃত্ব দিয়েছিলেন এবং ক্ষমতা ধরে রেখেছিলেন, কিন্তু বাক তা চ্যালেঞ্জ করেছিলেন।
Spitz saw his rank threatened by this odd Southland stranger.
স্পিটজ দেখতে পেলেন সাউথল্যান্ডের এই অদ্ভুত অপরিচিত ব্যক্তির দ্বারা তার পদমর্যাদা হুমকির মুখে।
Buck was unlike any southern dog Spitz had known before.
বাক ছিল দক্ষিণাঞ্চলের যেকোনো কুকুরের মতো নয় যা স্পিটজ আগে জানত।
Most of them failed—too weak to live through cold and hunger.
তাদের বেশিরভাগই ব্যর্থ হয়েছিল—ঠান্ডা আর ক্ষুধার মধ্যে বেঁচে থাকার জন্য এত দুর্বল ছিল যে।
They died fast under labor, frost, and the slow burn of famine.
প্রসব যন্ত্রণা, তুষারপাত এবং দুর্ভিক্ষের ধীরগতির জ্বালায় তারা দ্রুত মারা গেল।
Buck stood apart—stronger, smarter, and more savage each day.
বাক আলাদা হয়ে দাঁড়ালো—দিন দিন আরও শক্তিশালী, বুদ্ধিমান এবং আরও বর্বর।
He thrived on hardship, growing to match the northern huskies.
সে কষ্টের মধ্যেও উন্নতি লাভ করেছিল, উত্তরের হাস্কিদের সাথে তাল মিলিয়ে বেড়ে উঠেছিল।
Buck had strength, wild skill, and a patient, deadly instinct.
বাকের শক্তি, বন্য দক্ষতা এবং ধৈর্যশীল, মারাত্মক প্রবৃত্তি ছিল।
The man with the club had beaten rashness out of Buck.
ক্লাবওয়ালা লোকটি বাকের অহংকার কাটিয়ে উঠেছিল।
Blind fury was gone, replaced by quiet cunning and control.

অন্ধ ক্রোধ চলে গেল, তার জায়গায় এসে গেল নীরব চালাকি এবং নিয়ন্ত্রণ।

He waited, calm and primal, watching for the right moment.
সে অপেক্ষা করছিল, শান্ত এবং আদিম, সঠিক মুহূর্তের জন্য অপেক্ষা করছিল।

Their fight for command became unavoidable and clear.
তাদের কর্তৃত্বের লড়াই অনিবার্য এবং স্পষ্ট হয়ে ওঠে।

Buck desired leadership because his spirit demanded it.
বাক নেতৃত্ব চেয়েছিলেন কারণ তার আত্মা এটি দাবি করেছিল।

He was driven by the strange pride born of trail and harness.
ট্রেইল এবং জোতা থেকে জন্ম নেওয়া অদ্ভুত গর্ব তাকে চালিত করেছিল।

That pride made dogs pull till they collapsed on the snow.
সেই গর্বের কারণে কুকুরগুলো তুষারের উপর পড়ে যাওয়ার আগ পর্যন্ত টানতে থাকে।

Pride lured them into giving all the strength they had.
অহংকার তাদের সমস্ত শক্তি বিলিয়ে দিতে প্রলুব্ধ করেছিল।

Pride can lure a sled-dog even to the point of death.
অহংকার একটি স্লেজ-কুকুরকে মৃত্যুর দিকেও ঠেলে দিতে পারে।

Losing the harness left dogs broken and without purpose.
জোতা হারানোর ফলে কুকুরগুলো ভেঙে পড়ে এবং উদ্দেশ্যহীন হয়ে পড়ে।

The heart of a sled-dog can be crushed by shame when they retire.
একটি স্লেজ-কুকুর যখন অবসর নেয়, তখন লজ্জায় তাদের হৃদয় ভেঙে যেতে পারে।

Dave lived by that pride as he dragged the sled from behind.
ডেভ সেই গর্বের সাথে বেঁচে ছিল যখন সে পিছন থেকে স্লেজটি টেনে নিয়ে যাচ্ছিল।

Solleks, too, gave his all with grim strength and loyalty.
সোলেক্সও তার সর্বস্ব দিয়ে দিয়েছিলেন তীব্র শক্তি এবং আনুগত্যের সাথে।

Each morning, pride turned them from bitter to determined.

প্রতিদিন সকালে, অহংকার তাদের তিক্ততা থেকে দৃঢ়প্রতিজ্ঞ করে তুলত।

They pushed all day, then dropped silent at the camp's end.
তারা সারাদিন ধাক্কাধাক্কি করেছে, তারপর ক্যাম্পের শেষে চুপ করে গেছে।

That pride gave Spitz the strength to beat shirkers into line.
সেই গর্ব স্পিটজকে শিরকারদের পরাজিত করে লাইনে দাঁড় করানোর শক্তি দিয়েছিল।

Spitz feared Buck because Buck carried that same deep pride.
স্পিটজ বাককে ভয় পেত কারণ বাক একই গভীর অহংকার বহন করত।

Buck's pride now stirred against Spitz, and he did not stop.
বাকের গর্ব এখন স্পিটজের উপর জেগে উঠল, এবং সে থামল না।

Buck defied Spitz's power and blocked him from punishing dogs.
বাক স্পিটজের ক্ষমতাকে অমান্য করে এবং তাকে কুকুরদের শাস্তি দেওয়া থেকে বিরত রাখে।

When others failed, Buck stepped between them and their leader.
যখন অন্যরা ব্যর্থ হয়, বাক তাদের এবং তাদের নেতার মাঝখানে চলে আসে।

He did this with intent, making his challenge open and clear.
তিনি উদ্দেশ্যপ্রণোদিতভাবে এটি করেছিলেন, তার চ্যালেঞ্জটি উন্মুক্ত এবং স্পষ্ট করে তুলেছিলেন।

On one night heavy snow blanketed the world in deep silence.
এক রাতে ভারী তুষার পৃথিবীকে গভীর নীরবতায় ঢেকে ফেলেছিল।

The next morning, Pike, lazy as ever, did not rise for work.
পরের দিন সকালে, পাইক, আগের মতোই অলস, কাজে উঠল না।

He stayed hidden in his nest beneath a thick layer of snow.

সে তার বাসায় পুরু তুষারের আস্তরণের নিচে লুকিয়ে রইল।
François called out and searched, but could not find the dog.
ফ্রাঁসোয়া ডাকলেন এবং অনেক খোঁজাখুঁজি করলেন, কিন্তু কুকুরটিকে খুঁজে পেলেন না।
Spitz grew furious and stormed through the snow-covered camp.
স্পিটজ রেগে গেল এবং তুষারাবৃত শিবিরের মধ্য দিয়ে ছুটে গেল।
He growled and sniffed, digging madly with blazing eyes.
সে গর্জন করল আর শুঁকে নিল, জ্বলন্ত চোখে পাগলের মতো খুঁড়তে লাগল।
His rage was so fierce that Pike shook under the snow in fear.
তার রাগ এতটাই তীব্র ছিল যে পাইক ভয়ে তুষারের নীচে কাঁপতে লাগল।
When Pike was finally found, Spitz lunged to punish the hiding dog.
অবশেষে যখন পাইককে খুঁজে পাওয়া গেল, তখন স্পিটজ লুকিয়ে থাকা কুকুরটিকে শাস্তি দেওয়ার জন্য ঝাঁপিয়ে পড়ল।
But Buck sprang between them with a fury equal to Spitz's own.
কিন্তু বাক স্পিটজের মতোই ক্রোধ নিয়ে তাদের মধ্যে ঝগড়া করতে লাগল।
The attack was so sudden and clever that Spitz fell off his feet.
আক্রমণটি এতটাই আকস্মিক এবং চতুর ছিল যে স্পিটজ তার পা থেকে পড়ে গেল।
Pike, who had been shaking, took courage from this defiance.
পাইক, যিনি কাঁপছিলেন, এই অবাধ্যতা থেকে সাহস পেলেন।
He leapt on the fallen Spitz, following Buck's bold example.
বাকের সাহসী উদাহরণ অনুসরণ করে সে পড়ে যাওয়া স্পিটজের উপর লাফিয়ে পড়ল।
Buck, no longer bound by fairness, joined the strike on Spitz.

বাক, আর ন্যায্যতার দ্বারা আবদ্ধ না হয়ে, স্পিটজের ধর্মঘটে যোগ দিলেন।

François, amused yet firm in discipline, swung his heavy lash.
ফ্রাঁসোয়া, মজাদার কিন্তু শৃঙ্খলায় দৃঢ়, তার ভারী চাবুকটি ঘুরিয়ে দিল।

He struck Buck with all his strength to break up the fight.
সে তার সমস্ত শক্তি দিয়ে বাককে আঘাত করে লড়াই ভেঙে দেয়।

Buck refused to move and stayed atop the fallen leader.
বাক নড়তে অস্বীকৃতি জানালেন এবং পতিত নেতার উপরেই রইলেন।

François then used the whip's handle, hitting Buck hard.
ফ্রাঁসোয়া তখন চাবুকের হাতল ব্যবহার করে বাককে জোরে আঘাত করেন।

Staggering from the blow, Buck fell back under the assault.
আঘাতে হতবাক হয়ে, বাক আক্রমণের কবলে পড়ে গেল।

François struck again and again while Spitz punished Pike.
স্পিটজ যখন পাইককে শাস্তি দিচ্ছিলেন, তখন ফ্রাঁসোয়া বারবার আঘাত করছিলেন।

Days passed, and Dawson City grew nearer and nearer.
দিন কেটে গেল, আর ডসন সিটি আরও কাছে আসতে লাগল।

Buck kept interfering, slipping between Spitz and other dogs.
বাক বারবার হস্তক্ষেপ করতে থাকল, স্পিটজ এবং অন্যান্য কুকুরের মাঝখানে পিছলে গেল।

He chose his moments well, always waiting for François to leave.
সে তার মুহূর্তগুলো ভালোভাবে বেছে নিত, সবসময় ফ্রাঁসোয়া চলে যাওয়ার জন্য অপেক্ষা করত।

Buck's quiet rebellion spread, and disorder took root in the team.
বাকের নীরব বিদ্রোহ ছড়িয়ে পড়ে এবং দলে বিশৃঙ্খলা শিকড় গেড়ে বসে।

Dave and Solleks stayed loyal, but others grew unruly.
ডেভ এবং সোলেক্স অনুগত ছিলেন, কিন্তু অন্যরা অবাধ্য হয়ে ওঠেন।

The team grew worse—restless, quarrelsome, and out of line.
দলটি আরও খারাপ হয়ে উঠল—অস্থির, ঝগড়াটে এবং নিয়মের বাইরে।

Nothing worked smoothly anymore, and fights became common.
আর কোনও কিছুই সুষ্ঠুভাবে কাজ করছিল না, এবং মারামারি সাধারণ হয়ে উঠল।

Buck stayed at the heart of the trouble, always provoking unrest.
বাক সমস্যার মূলে থেকে গেল, সবসময় অস্থিরতা উস্কে দিত।

François stayed alert, afraid of the fight between Buck and Spitz.
ফ্রাঁসোয়া সতর্ক ছিলেন, বাক এবং স্পিটজের মধ্যে লড়াইয়ের ভয়ে।

Each night, scuffles woke him, fearing the beginning finally arrived.
প্রতি রাতে, ঝগড়া তাকে জাগিয়ে তুলত, ভয় পেত যে অবশেষে শুরুটা এসে গেছে।

He leapt from his robe, ready to break up the fight.
সে তার পোশাক থেকে লাফিয়ে পড়ল, লড়াই ভাঙার জন্য প্রস্তুত।

But the moment never came, and they reached Dawson at last.
কিন্তু সেই মুহূর্তটি আর আসেনি, এবং অবশেষে তারা ডসনের কাছে পৌঁছেছে।

The team entered the town one bleak afternoon, tense and quiet.
দলটি এক বিষণ্ণ বিকেলে শহরে প্রবেশ করল, উত্তেজনাপূর্ণ এবং নীরব।

The great battle for leadership still hung in the frozen air.
নেতৃত্বের জন্য মহান লড়াই এখনও স্থির ছিল।

Dawson was full of men and sled-dogs, all busy with work.
ডসনে মানুষ আর স্লেজ-কুকুর ছিল, সবাই কাজে ব্যস্ত।
Buck watched the dogs pull loads from morning until night.
বাক সকাল থেকে রাত পর্যন্ত কুকুরদের বোঝা টেনে তুলতে দেখত।
They hauled logs and firewood, freighted supplies to the mines.
তারা কাঠ এবং জ্বালানি কাঠ পরিবহন করত, খনিতে সরবরাহ করত।
Where horses once worked in the Southland, dogs now labored.
সাউথল্যান্ডে যেখানে একসময় ঘোড়া কাজ করত, এখন সেখানে কুকুররা কাজ করে।
Buck saw some dogs from the South, but most were wolf-like huskies.
বাক দক্ষিণ থেকে আসা কিছু কুকুর দেখেছিল, কিন্তু বেশিরভাগই ছিল নেকড়ে-সদৃশ হুসি।
At night, like clockwork, the dogs raised their voices in song.
রাতে, ঘড়ির কাঁটার মতো, কুকুরগুলো গানের সুরে তাদের কন্ঠস্বর উচ্চস্বরে তুলত।
At nine, at midnight, and again at three, the singing began.
নয়টায়, মধ্যরাতে, এবং আবার তিনটায়, গান শুরু হয়।
Buck loved joining their eerie chant, wild and ancient in sound.
বাক তাদের অদ্ভুত গানের সাথে যোগ দিতে ভালোবাসত, শব্দে বন্য এবং প্রাচীন।
The aurora flamed, stars danced, and snow blanketed the land.
অরোরা জ্বলে উঠল, তারারা নাচল, আর তুষারে ঢাকা পড়ল পৃথিবী।
The dogs' song rose as a cry against silence and bitter cold.
কুকুরের গান নীরবতা এবং তীব্র ঠান্ডার বিরুদ্ধে আর্তনাদ হিসেবে উঠে এল।
But their howl held sorrow, not defiance, in every long note.

কিন্তু তাদের আর্তনাদ প্রতিটি লম্বা সুরে অবাধ্যতা নয়, দুঃখ ধারণ করেছিল।

Each wailing cry was full of pleading; the burden of life itself.

প্রতিটি কান্না ছিল অনুনয়-বিনয়ে পরিপূর্ণ; জীবনের বোঝা।

That song was old—older than towns, and older than fires

সেই গানটি পুরনো ছিল—শহরের চেয়েও পুরনো, আগুনের চেয়েও পুরনো

That song was more ancient even than the voices of men.

সেই গানটি মানুষের কন্ঠের চেয়েও প্রাচীন ছিল।

It was a song from the young world, when all songs were sad.

এটি ছিল তরুণ জগতের একটি গান, যখন সব গানই ছিল বিষণ্ণ।

The song carried sorrow from countless generations of dogs.

গানটি অসংখ্য প্রজন্মের কুকুরের দুঃখ বহন করেছিল।

Buck felt the melody deeply, moaning from pain rooted in the ages.

বাক সুরটি গভীরভাবে অনুভব করলেন, যুগ যুগ ধরে প্রোথিত যন্ত্রণায় কাতরাতে কাতরাতে।

He sobbed from a grief as old as the wild blood in his veins.

তার শিরায় বন্য রক্তের মতো পুরনো শোকে সে কেঁদে উঠল।

The cold, the dark, and the mystery touched Buck's soul.

ঠান্ডা, অন্ধকার, আর রহস্য বাকের আত্মাকে স্পর্শ করল।

That song proved how far Buck had returned to his origins.

সেই গানটি প্রমাণ করেছিল যে বাক তার উৎপত্তিস্থলে কতটা ফিরে এসেছিলেন।

Through snow and howling he had found the start of his own life.

তুষার আর আর্তনাদ ভেদ করে সে তার নিজের জীবনের সূচনা খুঁজে পেয়েছিল।

Seven days after arriving in Dawson, they set off once again.

ডসনে পৌঁছানোর সাত দিন পর, তারা আবার রওনা দিল।

The team dropped from the Barracks down to the Yukon Trail.
দলটি ব্যারাক থেকে ইউকন ট্রেইলে নেমে গেল।

They began the journey back toward Dyea and Salt Water.
তারা ডাইয়া এবং লবণাক্ত জলের দিকে ফিরে যাত্রা শুরু করল।

Perrault carried dispatches even more urgent than before.
পেরোল আগের চেয়েও বেশি জরুরি বার্তা পাঠাতেন।

He was also seized by trail pride and aimed to set a record.
তিনি ট্রেইল প্রাইডে আচ্ছন্ন হয়ে পড়েছিলেন এবং একটি রেকর্ড গড়ার লক্ষ্যে ছিলেন।

This time, several advantages were on Perrault's side.
এবার, বেশ কিছু সুবিধা পেরাল্টের পক্ষে ছিল।

The dogs had rested for a full week and regained their strength.
কুকুরগুলো পুরো এক সপ্তাহ বিশ্রাম নিয়েছিল এবং তাদের শক্তি ফিরে পেয়েছিল।

The trail they had broken was now hard-packed by others.
তারা যে পথটি ভেঙে ফেলেছিল তা এখন অন্যদের দ্বারা শক্ত হয়ে গেছে।

In places, police had stored food for dogs and men alike.
কোথাও কোথাও পুলিশ কুকুর এবং পুরুষ উভয়ের জন্যই খাবার মজুদ করেছিল।

Perrault traveled light, moving fast with little to weigh him down.
পেরাল্ট হালকা ভ্রমণ করতেন, খুব দ্রুত চলতেন, কিন্তু তাকে চাপে রাখার মতো খুব কম জিনিস ছিল।

They reached Sixty-Mile, a fifty-mile run, by the first night.
প্রথম রাতের মধ্যেই তারা পঞ্চাশ মাইল দৌড়ে ষাট মাইল দৌড়ে পৌঁছে গেল।

On the second day, they rushed up the Yukon toward Pelly.
দ্বিতীয় দিনে, তারা ইউকন ধরে পেলির দিকে দ্রুত এগিয়ে গেল।

But such fine progress came with much strain for François.
কিন্তু এত সূক্ষ্ম অগ্রগতি ফ্রাঁসোয়াদের জন্য অনেক চাপের সাথে এসেছিল।

Buck's quiet rebellion had shattered the team's discipline.

বাকের নীরব বিদ্রোহ দলের শৃঙ্খলা ভেঙে দিয়েছিল।

They no longer pulled together like one beast in the reins.

তারা আর লাগাম ধরে থাকা এক পশুর মতো একসাথে টানছিল না।

Buck had led others into defiance through his bold example.

বাক তার সাহসী উদাহরণের মাধ্যমে অন্যদেরকে অবাধ্যতার দিকে ঠেলে দিয়েছিলেন।

Spitz's command was no longer met with fear or respect.

স্পিটজের আদেশ আর ভয় বা শ্রদ্ধার সাথে পূরণ করা হয়নি।

The others lost their awe of him and dared to resist his rule.

অন্যরা তার প্রতি তাদের বিস্ময় হারিয়ে ফেলে এবং তার শাসন প্রতিরোধ করার সাহস করে।

One night, Pike stole half a fish and ate it under Buck's eye.

এক রাতে, পাইক অর্ধেক মাছ চুরি করে বাকের চোখের সামনে দিয়ে খেয়ে ফেলল।

Another night, Dub and Joe fought Spitz and went unpunished.

আরেক রাতে, ডাব এবং জো স্পিটজের সাথে লড়াই করেছিল এবং শাস্তি ছাড়াই রয়ে গিয়েছিল।

Even Billee whined less sweetly and showed new sharpness.

এমনকি বিলিও কম মিষ্টি করে কাঁদল এবং নতুন তীক্ষ্ণতা দেখাল।

Buck snarled at Spitz every time they crossed paths.

স্পিটজ যখনই রাস্তা পার হতো, বাক তখনই তাকে বকবক করত।

Buck's attitude grew bold and threatening, nearly like a bully.

বাকের মনোভাব সাহসী এবং হুমকিস্বরূপ হয়ে উঠল, প্রায় একজন ধর্ষকের মতো।

He paced before Spitz with a swagger, full of mocking menace.

সে স্পিটজের সামনে দৌড়ে গেল, ঠাট্টা-বিদ্রুপে ভরা।

That collapse of order also spread among the sled-dogs.

সেই শৃঙ্খলার পতন স্লেজ-কুকুরদের মধ্যেও ছড়িয়ে পড়ে।

They fought and argued more than ever, filling camp with noise.
তারা আগের চেয়েও বেশি মারামারি এবং তর্ক শুরু করে, পুরো ক্যাম্প কোলাহলে ভরে যায়।

Camp life turned into a wild, howling chaos each night.
ক্যাম্পের জীবন প্রতি রাতে এক বন্য, চিৎকার-চেঁচামেচিপূর্ণ বিশৃঙ্খলায় পরিণত হয়েছিল।

Only Dave and Solleks remained steady and focused.
কেবল ডেভ এবং সোলেক্সই স্থির এবং মনোযোগী ছিলেন।

But even they became short-tempered from the constant brawls.
কিন্তু ক্রমাগত ঝগড়ার কারণে তারাও রেগে গেল।

François cursed in strange tongues and stomped in frustration.
ফ্রাঁসোয়া অদ্ভুত ভাষায় অভিশাপ দিলেন এবং হতাশায় পা টিপে ধরলেন।

He tore at his hair and shouted while snow flew underfoot.
পায়ের তলা দিয়ে তুষার উড়ে যাওয়ার সময় সে তার চুল ছিঁড়ে চিৎকার করে উঠল।

His whip snapped across the pack but barely kept them in line.
তার চাবুকটি দলটির উপর দিয়ে ঝাঁপিয়ে পড়ল কিন্তু তাদের সবেমাত্র লাইনে রাখতে পারল না।

Whenever his back was turned, the fighting broke out again.
যখনই তার পিঠ ঘুরিয়ে দেওয়া হতো, আবার লড়াই শুরু হতো।

François used the lash for Spitz, while Buck led the rebels.
ফ্রাঁসোয়া স্পিটজের জন্য দোররা ব্যবহার করেছিলেন, যখন বাক বিদ্রোহীদের নেতৃত্ব দিয়েছিলেন।

Each knew the other's role, but Buck avoided any blame.
প্রত্যেকেই একে অপরের ভূমিকা জানত, কিন্তু বাক কোনও দোষ এড়িয়ে গেল।

François never caught Buck starting a fight or shirking his job.

ফ্রাঁসোয়া কখনোই বাককে ঝগড়া শুরু করতে বা তার কাজ এড়িয়ে যেতে দেখেননি।

Buck worked hard in harness—the toil now thrilled his spirit.
বাক জোতায় কঠোর পরিশ্রম করত—শ্রম এখন তার মনোবলকে রোমাঞ্চিত করছিল।

But he found even more joy in stirring fights and chaos in camp.
কিন্তু ক্যাম্পে মারামারি এবং বিশৃঙ্খলা সৃষ্টি করার মধ্যে সে আরও বেশি আনন্দ খুঁজে পেত।

At the Tahkeena's mouth one evening, Dub startled a rabbit.
এক সন্ধ্যায় তাহকিনার মুখে, ডাব একটি খরগোশকে চমকে দিল।

He missed the catch, and the snowshoe rabbit sprang away.
সে ধরা মিস করল, আর স্নোশু খরগোশটা লাফিয়ে পালিয়ে গেল।

In seconds, the entire sled team gave chase with wild cries.
কয়েক সেকেন্ডের মধ্যেই, পুরো স্লেজ দলটি বন্য চিৎকার দিয়ে তাড়া করে।

Nearby, a Northwest Police camp housed fifty husky dogs.
কাছাকাছি, একটি উত্তর-পশ্চিম পুলিশ ক্যাম্পে পঞ্চাশটি ভুষি কুকুর ছিল।

They joined the hunt, surging down the frozen river together.
তারা শিকারে যোগ দিল, একসাথে হিমায়িত নদীর ধারে লাফিয়ে লাফিয়ে নেমে গেল।

The rabbit turned off the river, fleeing up a frozen creek bed.
খরগোশটি নদী ছেড়ে বরফের মতো খালের ধারে পালিয়ে গেল।

The rabbit skipped lightly over snow while the dogs struggled through.
কুকুরগুলো যখন তুষারের উপর দিয়ে লড়াই করছিল, তখন খরগোশটি তুষারের উপর দিয়ে হালকা লাফিয়ে

Buck led the massive pack of sixty dogs around each twisting bend.

বাক প্রতিটি বাঁকের চারপাশে ষাটটি কুকুরের বিশাল দলকে নেতৃত্ব দিচ্ছিল।

He pushed forward, low and eager, but could not gain ground.

সে সামনের দিকে এগিয়ে গেল, নিচু স্বরে এবং উৎসুকভাবে, কিন্তু স্থির থাকতে পারল না।

His body flashed under the pale moon with each powerful leap.

প্রতিটি শক্তিশালী লাফের সাথে ফ্যাকাশে চাঁদের নীচে তার শরীর ঝলমল করছিল।

Ahead, the rabbit moved like a ghost, silent and too fast to catch.

সামনের দিকে, খরগোশটি ভূতের মতো এগিয়ে চলল, নীরব এবং ধরার জন্য খুব দ্রুত।

All those old instincts—the hunger, the thrill—rushed through Buck.

সেই সমস্ত পুরনো প্রবৃত্তি—ক্ষুধা, রোমাঞ্চ—বাকের মধ্যে ছুটে গেল।

Humans feel this instinct at times, driven to hunt with gun and bullet.

মানুষ মাঝে মাঝে এই প্রবৃত্তি অনুভব করে, বন্দুক এবং গুলি নিয়ে শিকার করতে প্ররোচিত হয়।

But Buck felt this feeling on a deeper and more personal level.

কিন্তু বাক এই অনুভূতিটি আরও গভীর এবং ব্যক্তিগত স্তরে অনুভব করেছিলেন।

They could not feel the wild in their blood the way Buck could feel it.

বাক যেভাবে অনুভব করতে পেরেছিল, তারা তাদের রক্তের মধ্যে বন্যতা অনুভব করতে পারেনি।

He chased living meat, ready to kill with his teeth and taste blood.

সে জীবন্ত মাংসের পিছনে ছুটছিল, দাঁত দিয়ে হত্যা করতে এবং রক্তের স্বাদ নিতে প্রস্তুত ছিল।

His body strained with joy, wanting to bathe in warm red life.
তার শরীর আনন্দে কেঁপে উঠল, উষ্ণ লাল জীবনে স্নান করতে চাইল।

A strange joy marks the highest point life can ever reach.
এক অদ্ভুত আনন্দ জীবনের সর্বোচ্চ বিন্দুতে পৌঁছাতে পারে।

The feeling of a peak where the living forget they are even alive.
এমন এক শিখরের অনুভূতি যেখানে জীবিতরা ভুলে যায় যে তারা বেঁচে আছে।

This deep joy touches the artist lost in blazing inspiration.
এই গভীর আনন্দ জ্বলন্ত অনুপ্রেরণায় হারিয়ে যাওয়া শিল্পীকে স্পর্শ করে।

This joy seizes the soldier who fights wildly and spares no foe.
এই আনন্দ সেই সৈনিককে আকৃষ্ট করে যে বর্বরভাবে লড়াই করে এবং কোনও শত্রুকে রেহাই দেয় না।

This joy now claimed Buck as he led the pack in primal hunger.
এই আনন্দ এখন বাককে দাবি করে, যখন সে আদিম ক্ষুধার মধ্যে দলকে নেতৃত্ব দিচ্ছিল।

He howled with the ancient wolf-cry, thrilled by the living chase.
জীবন্ত তাড়া দেখে রোমাঞ্চিত হয়ে সে প্রাচীন নেকড়েদের ডাকে চিৎকার করে উঠল।

Buck tapped into the oldest part of himself, lost in the wild.
বাক নিজের সবচেয়ে পুরনো অংশে টোকা দিল, বনের মধ্যে হারিয়ে গেল।

He reached deep within, past memory, into raw, ancient time.
সে অতীত স্মৃতির গভীরে, কাঁচা, প্রাচীন সময়ে পৌঁছে গেল।

A wave of pure life surged through every muscle and tendon.

প্রতিটি পেশী এবং টেন্ডনের মধ্য দিয়ে বিশুদ্ধ জীবনের এক ঢেউ বয়ে গেল।

Each leap shouted that he lived, that he moved through death.

প্রতিটি লাফ চিৎকার করে বলছিল যে সে বেঁচে আছে, মৃত্যুর মধ্য দিয়ে গেছে।

His body soared joyfully over still, cold land that never stirred.

তার শরীর আনন্দে উড়ে গেল শান্ত, ঠান্ডা জমির উপর যা কখনও নড়েনি।

Spitz stayed cold and cunning, even in his wildest moments.

স্পিটজ তার সবচেয়ে বর্বর মুহূর্তগুলিতেও ঠান্ডা এবং ধূর্ত ছিলেন।

He left the trail and crossed land where the creek curved wide.

সে পথ ছেড়ে সেই জমি পার হল যেখানে খালটি বাঁকা হয়ে প্রশস্ত ছিল।

Buck, unaware of this, stayed on the rabbit's winding path.

বাক, এই বিষয়ে অজান্তেই, খরগোশের আঁকাবাঁকা পথেই রইল।

Then, as Buck rounded a bend, the ghost-like rabbit was before him.

তারপর, বাক যখন একটা বাঁক ঘুরিয়ে ঘুরিয়ে এগিয়ে গেল, তখন ভূতের মতো খরগোশটি তার সামনে এসে দাঁড়াল।

He saw a second figure leap from the bank ahead of the prey.

সে দেখতে পেল শিকারের সামনে থেকে দ্বিতীয় একটি চিত্র তীর থেকে লাফিয়ে উঠছে।

The figure was Spitz, landing right in the path of the fleeing rabbit.

সেই মূর্তিটি ছিল স্পিটজ, পালিয়ে যাওয়া খরগোশের পথেই অবতরণ করছিল।

The rabbit could not turn and met Spitz's jaws in mid-air.

খরগোশটি আর ঘুরে দাঁড়াতে পারল না এবং মাঝ আকাশে স্পিটজের চোয়ালে আঘাত করল।

The rabbit's spine broke with a shriek as sharp as a dying human's cry.
খরগোশের মেরুদণ্ড ভেঙে গেল, মৃতপ্রায় মানুষের কান্নার মতো তীব্র চিৎকারে।

At that sound—the fall from life to death—the pack howled loud.
জীবন থেকে মৃত্যুর দিকে পতনের সেই শব্দে, দলটি জোরে চিৎকার করে উঠল।

A savage chorus rose from behind Buck, full of dark delight.
বাকের পেছন থেকে একটা বর্বর কোরাস ভেসে এলো, অন্ধকার আনন্দে ভরা।

Buck gave no cry, no sound, and charged straight into Spitz.
বাক কোন চিৎকার করল না, কোন শব্দ করল না, এবং সোজা স্পিটজের উপর ঝাঁপিয়ে পড়ল।

He aimed for the throat, but struck the shoulder instead.
সে গলার দিকে তাক করল, কিন্তু তার বদলে কাঁধে আঘাত করল।

They tumbled through soft snow; their bodies locked in combat.
তারা নরম তুষার ভেদ করে গড়িয়ে পড়ল; তাদের দেহ যুদ্ধে আটকে গেল।

Spitz sprang up quickly, as if never knocked down at all.
স্পিটজ দ্রুত লাফিয়ে উঠল, যেন কখনও পড়ে যায়নি।

He slashed Buck's shoulder, then leaped clear of the fight.
সে বাকের কাঁধ কেটে ফেলল, তারপর লড়াই থেকে লাফিয়ে বেরিয়ে গেল।

Twice his teeth snapped like steel traps, lips curled and fierce.
দুবার তার দাঁত ইস্পাতের ফাঁদের মতো ভেঙে পড়ল, ঠোঁট কুঁচকে গেল এবং হিংস্র হয়ে উঠল।

He backed away slowly, seeking firm ground under his feet.
সে ধীরে ধীরে পিছিয়ে গেল, পায়ের তলায় শক্ত মাটি খুঁজতে।

Buck understood the moment instantly and fully.
বাক তাৎক্ষণিকভাবে এবং সম্পূর্ণরূপে মুহূর্তটি বুঝতে পারলেন।

The time had come; the fight was going to be a fight to the death.
সময় এসে গেছে; লড়াইটা হবে মৃত্যু পর্যন্ত লড়াই।
The two dogs circled, growling, ears flat, eyes narrowed.
কুকুর দুটি চক্কর দিচ্ছিল, গর্জন করছিল, কান সমতল, চোখ সরু।
Each dog waited for the other to show weakness or misstep.
প্রতিটি কুকুর অন্যটির দুর্বলতা বা ভুল দেখানোর জন্য অপেক্ষা করছিল।
To Buck, the scene felt eerily known and deeply remembered.
বাকের কাছে দৃশ্যটি অদ্ভুতভাবে পরিচিত এবং গভীরভাবে স্মরণীয় মনে হয়েছিল।
The white woods, the cold earth, the battle under moonlight.
সাদা বন, ঠান্ডা মাটি, চাঁদের আলোয় যুদ্ধ।
A heavy silence filled the land, deep and unnatural.
একটা ভারী নীরবতা পুরো দেশ জুড়ে, গভীর এবং অস্বাভাবিক।
No wind stirred, no leaf moved, no sound broke the stillness.
কোন বাতাস নড়েনি, কোন পাতা নড়েনি, কোন শব্দও সেই নীরবতা ভাঙেনি।
The dogs' breaths rose like smoke in the frozen, quiet air.
হিমায়িত, শান্ত বাতাসে কুকুরের নিঃশ্বাস ধোঁয়ার মতো উপরে উঠছিল।
The rabbit was long forgotten by the pack of wild beasts.
বন্য পশুদের দল খরগোশটিকে অনেক আগেই ভুলে গিয়েছিল।
These half-tamed wolves now stood still in a wide circle.
এই অর্ধ-নিয়ন্ত্রিত নেকড়েরা এখন একটি বিস্তৃত বৃত্তে স্থির হয়ে দাঁড়িয়ে আছে।
They were quiet, only their glowing eyes revealed their hunger.
তারা চুপচাপ ছিল, কেবল তাদের জ্বলন্ত চোখ তাদের ক্ষুধা প্রকাশ করছিল।
Their breath drifted upward, watching the final fight begin.

চূড়ান্ত লড়াই শুরু হতে দেখে তাদের নিঃশ্বাস উপরের দিকে ভেসে উঠল।

To Buck, this battle was old and expected, not strange at all.
বাকের কাছে, এই যুদ্ধটি পুরনো এবং প্রত্যাশিত ছিল, মোটেও অদ্ভুত নয়।

It felt like a memory of something always meant to happen.
এটা এমন একটা স্মৃতির মতো মনে হচ্ছিল যা সবসময় ঘটবে।

Spitz was a trained fighting dog, honed by countless wild brawls.
স্পিটজ ছিল একজন প্রশিক্ষিত যোদ্ধা কুকুর, যা অসংখ্য বন্য ঝগড়ার শিকার হয়েছিল।

From Spitzbergen to Canada, he had mastered many foes.
স্পিটজবার্গেন থেকে কানাডা পর্যন্ত, তিনি অনেক শত্রুকে পরাজিত করেছিলেন।

He was filled with fury, but never gave control to rage.
তিনি ক্রোধে ভরা ছিলেন, কিন্তু কখনও রাগ নিয়ন্ত্রণ করেননি।

His passion was sharp, but always tempered by hard instinct.
তার আবেগ ছিল তীক্ষ্ণ, কিন্তু সর্বদা কঠোর প্রবৃত্তি দ্বারা দমিত।

He never attacked until his own defense was in place.
নিজের প্রতিরক্ষা ঠিক না হওয়া পর্যন্ত তিনি কখনও আক্রমণ করেননি।

Buck tried again and again to reach Spitz's vulnerable neck.
বাক বারবার স্পিটজের দুর্বল ঘাড়ে পৌঁছানোর চেষ্টা করল।

But every strike was met by a slash from Spitz's sharp teeth.
কিন্তু প্রতিটি আঘাতই স্পিটজের ধারালো দাঁতের আঘাতে ঘটত।

Their fangs clashed, and both dogs bled from torn lips.
তাদের দাঁতগুলো সংঘর্ষে লিপ্ত হলো, এবং দুটি কুকুরের ঠোঁট ছিঁড়ে রক্ত ঝরতে লাগল।

No matter how Buck lunged, he couldn't break the defense.
বাক যতই লাফালাফি করুক না কেন, সে প্রতিরক্ষা ভাঙতে পারেনি।

He grew more furious, rushing in with wild bursts of power.
সে আরও রেগে গেল, তীব্র শক্তির সাথে ছুটে গেল।

Again and again, Buck struck for the white throat of Spitz.

বারবার, বাক স্পিটজের সাদা গলায় আঘাত করলো।

Each time Spitz evaded and struck back with a slicing bite.
প্রতিবারই স্পিটজ এড়িয়ে যেত এবং একটা কাটা কামড় দিয়ে পাল্টা আঘাত করত।

Then Buck shifted tactics, rushing as if for the throat again.
তারপর বাক কৌশল বদলালো, যেন আবার গলার দিকে ছুটে গেল।

But he pulled back mid-attack, turning to strike from the side.
কিন্তু সে আক্রমণের মাঝপথে ফিরে আসে, পাশ থেকে স্ট্রাইকে মোড় নেয়।

He threw his shoulder into Spitz, aiming to knock him down.
সে স্পিটজকে ছিটকে ফেলার লক্ষ্যে তার কাঁধ ছুঁড়ে মারল।

Each time he tried, Spitz dodged and countered with a slash.
প্রতিবার চেষ্টা করার সময়, স্পিটজ এড়িয়ে যেত এবং এক লাঠি দিয়ে পাল্টা আক্রমণ করত।

Buck's shoulder grew raw as Spitz leapt clear after every hit.
প্রতিটি আঘাতের পর স্পিটজ যখন লাফিয়ে লাফিয়ে বেরিয়ে আসছিলেন, তখন বাকের কাঁধে ব্যথা হচ্ছিল।

Spitz had not been touched, while Buck bled from many wounds.
স্পিটজকে স্পর্শ করা হয়নি, আর বাক অনেক ক্ষত থেকে রক্তক্ষরণ করছিল।

Buck's breath came fast and heavy, his body slick with blood.
বাকের নিঃশ্বাস দ্রুত এবং ভারী হয়ে উঠল, তার শরীর রক্তে ভিজে গেল।

The fight turned more brutal with each bite and charge.
প্রতিটি কামড় এবং আক্রমণের সাথে সাথে লড়াই আরও নিষ্ঠুর হয়ে ওঠে।

Around them, sixty silent dogs waited for the first to fall.
তাদের চারপাশে, ষাটটি নীরব কুকুর প্রথমটি পড়ার জন্য অপেক্ষা করছিল।

If one dog dropped, the pack were going to finish the fight.

যদি একটি কুকুর পড়ে যায়, তাহলে দলটি লড়াই শেষ করে দেবে।

Spitz saw Buck weakening, and began to press the attack.
স্পিটজ বাককে দুর্বল হতে দেখলেন, এবং আক্রমণে চাপ দিতে শুরু করলেন।

He kept Buck off balance, forcing him to fight for footing.
সে বাককে ভারসাম্যহীন করে রেখেছিল, তাকে পা রাখার জন্য লড়াই করতে বাধ্য করেছিল।

Once Buck stumbled and fell, and all the dogs rose up.
একবার বাক হোঁচট খেয়ে পড়ে গেল, আর সব কুকুর উঠে পড়ল।

But Buck righted himself mid-fall, and everyone sank back down.
কিন্তু বাক শরতের মাঝামাঝি নিজেকে ঠিক করে নিল, এবং সবাই আবার ডুবে গেল।

Buck had something rare—imagination born from deep instinct.
বাকের কিছু বিরল ছিল—গভীর প্রবৃত্তি থেকে জন্ম নেওয়া কল্পনা।

He fought by natural drive, but he also fought with cunning.
তিনি স্বাভাবিকভাবেই লড়াই করেছিলেন, কিন্তু তিনি ধূর্ততার সাথেও লড়াই করেছিলেন।

He charged again as if repeating his shoulder attack trick.
সে আবার আক্রমণ করল যেন তার কাঁধে আক্রমণের কৌশলটি পুনরাবৃত্তি করছে।

But at the last second, he dropped low and swept beneath Spitz.
কিন্তু শেষ মুহূর্তে, সে নীচে নেমে স্পিটজের নিচে নেমে গেল।

His teeth locked on Spitz's front left leg with a snap.
স্পিটজের সামনের বাম পায়ে এক ধাক্কায় তার দাঁত আটকে গেল।

Spitz now stood unsteady, his weight on only three legs.
স্পিটজ এখন অস্থিরভাবে দাঁড়িয়ে আছে, তার ওজন মাত্র তিনটি পায়ে।

Buck struck again, tried three times to bring him down.

বাক আবার আঘাত করল, তিনবার চেষ্টা করল তাকে নামানোর জন্য।

On the fourth attempt he used the same move with success
চতুর্থ প্রচেষ্টায় তিনি একই চাল ব্যবহার করে সফল হন।

This time Buck managed to bite the right leg of Spitz.
এবার বাক স্পিটজের ডান পা কামড়ে ধরতে সক্ষম হল।

Spitz, though crippled and in agony, kept struggling to survive.
স্পিটজ, যদিও পঙ্গু এবং যন্ত্রণায় ভুগছিলেন, তবুও বেঁচে থাকার জন্য সংগ্রাম চালিয়ে যাচ্ছিলেন।

He saw the circle of huskies tighten, tongues out, eyes glowing.
সে দেখতে পেল ভুষির বৃত্তটি শক্ত হয়ে গেছে, জিভ বের করে আনা হয়েছে, চোখ জ্বলছে।

They waited to devour him, just as they had done to others.
তারা তাকে গ্রাস করার জন্য অপেক্ষা করছিল, ঠিক যেমন তারা অন্যদের সাথে করেছিল।

This time, he stood in the center; defeated and doomed.
এবার, তিনি কেন্দ্রে দাঁড়িয়েছিলেন; পরাজিত এবং ধ্বংসপ্রাপ্ত।

There was no option to escape for the white dog now.
সাদা কুকুরটির জন্য এখন পালানোর আর কোন বিকল্প ছিল না।

Buck showed no mercy, for mercy did not belong in the wild.
বাক কোন করুণা দেখায়নি, কারণ করুণা বন্যের অধিকারে ছিল না।

Buck moved carefully, setting up for the final charge.
বাক সাবধানে নড়াচড়া করল, চূড়ান্ত চার্জের জন্য প্রস্তুত হল।

The circle of huskies closed in; he felt their warm breaths.
হাস্কির বৃত্তটি বন্ধ হয়ে গেল; সে তাদের উষ্ণ নিঃশ্বাস অনুভব করল।

They crouched low, prepared to spring when the moment came.
তারা নিচু হয়ে বসন্তের জন্য প্রস্তুত ছিল, যখন মুহূর্তটি আসবে।

Spitz quivered in the snow, snarling and shifting his stance.

স্পিটজ তুষারে কাঁপতে লাগলো, ঘেউ ঘেউ করে তার অবস্থান পরিবর্তন করলো।

His eyes glared, lips curled, teeth flashing in desperate threat.

তার চোখ জ্বলজ্বল করছিল, ঠোঁট কুঁচকে যাচ্ছিল, মরিয়া হুমকিতে দাঁত ঝিকিমিকি করছিল।

He staggered, still trying to hold off the cold bite of death.

সে টলমল করে উঠল, মৃত্যুর ঠান্ডা কামড় আটকানোর চেষ্টা করছিল।

He had seen this before, but always from the winning side.

সে এটা আগেও দেখেছে, কিন্তু সবসময় বিজয়ী পক্ষ থেকে।

Now he was on the losing side; the defeated; the prey; death.

এখন সে হেরে যাওয়ার পক্ষে ছিল; পরাজিত; শিকার; মৃত্যু।

Buck circled for the final blow, the ring of dogs pressed closer.

বাক শেষ আঘাতের জন্য চক্কর দিল, কুকুরের দলটি আরও কাছে এসে দাঁড়াল।

He could feel their hot breaths; ready for the kill.

সে তাদের গরম নিঃশ্বাস অনুভব করতে পারছিল; হত্যার জন্য প্রস্তুত।

A stillness fell; all was in its place; time had stopped.

একটা নীরবতা নেমে এলো; সবকিছু তার জায়গায় ছিল; সময় থেমে গেছে।

Even the cold air between them froze for one last moment.

এমনকি তাদের মধ্যেকার ঠান্ডা বাতাসও শেষ মুহূর্তের জন্য স্থবির হয়ে গেল।

Only Spitz moved, trying to hold off his bitter end.

কেবল স্পিটজ নড়েচড়ে বসল, তার তিক্ত পরিণতি ঠেকানোর চেষ্টা করে।

The circle of dogs was closing in around him, as was his destiny.

কুকুরের বৃত্ত তার চারপাশে ঘনিয়ে আসছিল, ঠিক যেমন তার নিয়তিও ছিল।

He was desperate now, knowing what was about to happen.

সে এখন মরিয়া হয়ে উঠল, জানত কী ঘটতে চলেছে।

Buck sprang in, shoulder met shoulder one last time.
বাক লাফিয়ে ভেতরে এলো, শেষবারের মতো কাঁধের মুখোমুখি হলো।

The dogs surged forward, covering Spitz in the snowy dark.
কুকুরগুলো তুষারময় অন্ধকারে স্পিটজকে ঢেকে সামনের দিকে এগিয়ে গেল।

Buck watched, standing tall; the victor in a savage world.
বাক দাঁড়িয়ে তাকিয়ে রইল; এক বর্বর জগতের বিজয়ী।

The dominant primordial beast had made its kill, and it was good.
প্রভাবশালী আদিম জন্তুটি তার হত্যা করেছে, এবং এটি ভালো ছিল।

He, Who Has Won to Mastership
যিনি প্রভুত্ব অর্জন করেছেন

"Eh? What did I say? I speak true when I say Buck is a devil."
"এহ? আমি কি বলেছিলাম? আমি যখন বলি বাক একটা শয়তান, তখন আমি সত্যি বলি।"

François said this the next morning after finding Spitz missing.
পরের দিন সকালে স্পিটজকে নিখোঁজ দেখে ফ্রাঁসোয়া এই কথা বলেন।

Buck stood there, covered with wounds from the vicious fight.
বাক সেখানে দাঁড়িয়ে ছিল, ভয়াবহ লড়াইয়ের ক্ষত দিয়ে ঢাকা।

François pulled Buck near the fire and pointed at the injuries.
ফ্রাঁসোয়া বাককে আগুনের কাছে টেনে নিলেন এবং আঘাতের দিকে আঙুল তুলে দেখালেন।

"That Spitz fought like the Devik," said Perrault, eyeing the deep gashes.
"সেই স্পিটজ দেবিকের মতোই লড়াই করেছিল," গভীর ক্ষতের দিকে তাকিয়ে পেরাল্ট বলল।

"And that Buck fought like two devils," François replied at once.
"আর সেই বাক দুটি শয়তানের মতো লড়াই করেছিল," ফ্রাঁসোয়া তৎক্ষণাৎ উত্তর দিল।

"Now we will make good time; no more Spitz, no more trouble."
"এখন আমরা ভালো সময় কাটাবো; আর কোন স্পিটজ নেই, আর কোন ঝামেলা নেই।"

Perrault was packing the gear and loaded the sled with care.
পেরোল্ট সরঞ্জাম গুছিয়ে নিচ্ছিলেন এবং স্লেজটি সাবধানে লোড করছিলেন।

François harnessed the dogs in preparation for the day's run.

দিনের দৌড়ের প্রস্তুতি হিসেবে ফ্রাঁসোয়া কুকুরগুলোকে কাজে লাগিয়েছিলেন।

Buck trotted straight to the lead position once held by Spitz.

বাক সোজা এগিয়ে গেলেন স্পিটজের দখলে থাকা শীর্ষস্থানে।

But François, not noticing, led Solleks forward to the front.

কিন্তু ফ্রাঁসোয়া, খেয়াল না করে, সোলেক্সকে সামনের দিকে এগিয়ে নিয়ে গেলেন।

In François's judgment, Solleks was now the best lead-dog.

ফ্রাঁসোয়াদের মতে, সোলেক্স এখন সেরা লিড-ডগ ছিলেন।

Buck sprang at Solleks in fury and drove him back in protest.

বাক ক্রোধে সোলেক্সের উপর ঝাঁপিয়ে পড়ে এবং প্রতিবাদে তাকে তাড়িয়ে দেয়।

He stood where Spitz once had stood, claiming the lead position.

স্পিটজ যেখানে একসময় দাঁড়িয়েছিলেন, তিনি সেখানেই দাঁড়িয়েছিলেন, নেতৃত্বের পদ দাবি করেছিলেন।

"Eh? Eh?" cried François, slapping his thighs in amusement.

"এহ? এহ?" ফ্রাঁসোয়া চিৎকার করে উঠল, আনন্দে তার উরুতে থাপ্পড় মারল।

"Look at Buck—he killed Spitz, now he wants to take the job!"

"বাককে দেখো—সে স্পিটজকে মেরে ফেলেছে, এখন সে চাকরিটা নিতে চায়!"

"Go away, Chook!" he shouted, trying to drive Buck away.

"চলে যাও, চুক!" সে চিৎকার করে বলল, বাককে তাড়িয়ে দেওয়ার চেষ্টা করছে।

But Buck refused to move and stood firm in the snow.

কিন্তু বাক নড়তে অস্বীকৃতি জানালেন এবং তুষারের উপর দৃঢ়ভাবে দাঁড়িয়ে রইলেন।

François grabbed Buck by the scruff, dragging him aside.

ফ্রাঁসোয়া বাককে হাতের মুঠোয় ধরে একপাশে টেনে নিয়ে গেল।

Buck growled low and threateningly but did not attack.

বাক নিচু স্বরে এবং হুমকিস্বরূপ গর্জন করল কিন্তু আক্রমণ করল না।

François put Solleks back in the lead, trying to settle the dispute
ফ্রাঁসোয়া সোলেকসকে আবারও নেতৃত্ব দেন, বিরোধ নিষ্পত্তির চেষ্টা করেন।

The old dog showed fear of Buck and didn't want to stay.
বুড়ো কুকুরটি বাককে ভয় পেল এবং থাকতে চাইল না।

When François turned his back, Buck drove Solleks out again.
ফ্রাঁসোয়া যখন মুখ ফিরিয়ে নিলেন, বাক আবার সোলেক্সকে তাড়িয়ে দিলেন।

Solleks did not resist and quietly stepped aside once more.
সোলেক্স আর প্রতিরোধ করলেন না এবং আবারও চুপচাপ সরে গেলেন।

François grew angry and shouted, "By God, I fix you!"
ফ্রাঁসোয়া রেগে গেলেন এবং চিৎকার করে বললেন, "ঈশ্বরের কসম, আমি তোমাকে ঠিক করে দিচ্ছি!"

He came toward Buck holding a heavy club in his hand.
সে একটা ভারী লাঠি হাতে নিয়ে বাকের দিকে এগিয়ে এলো।

Buck remembered the man in the red sweater well.
বাকের লাল সোয়েটার পরা লোকটির কথা ভালো করে মনে আছে।

He retreated slowly, watching François, but growling deeply.
সে ধীরে ধীরে পিছু হটল, ফ্রাঁসোয়াকে দেখছিল, কিন্তু গভীরভাবে গর্জন করছিল।

He did not rush back, even when Solleks stood in his place.
সোলেক্স যখন তার জায়গায় দাঁড়িয়েছিল, তখনও সে তাড়াহুড়ো করে পিছু হটেনি।

Buck circled just beyond reach, snarling in fury and protest.
বাক নাগালের বাইরে ঘুরতে ঘুরতে রাগে আর প্রতিবাদে চিৎকার করতে লাগল।

He kept his eyes on the club, ready to dodge if François threw.
সে ক্লাবের দিকে চোখ রেখেছিল, ফ্রাঁসোয়া যদি ছুড়ে মারে তাহলে তা এড়াতে প্রস্তুত ছিল।

He had grown wise and wary in the ways of men with weapons.
অস্ত্রধারী মানুষের আচরণে সে জ্ঞানী এবং সতর্ক হয়ে উঠেছিল।
François gave up and called Buck to his former place again.
ফ্রাঁসোয়া হাল ছেড়ে দিলেন এবং বাককে আবার তার আগের জায়গায় ডেকে পাঠালেন।
But Buck stepped back cautiously, refusing to obey the order.
কিন্তু বাক সাবধানে পিছিয়ে গেলেন, আদেশ মানতে অস্বীকৃতি জানালেন।
François followed, but Buck only retreated a few steps more.
ফ্রাঁসোয়া পিছু পিছু এলেন, কিন্তু বাক আরও কয়েক ধাপ পিছিয়ে গেলেন।
After some time, François threw the weapon down in frustration.
কিছুক্ষণ পর, ফ্রাঁসোয়া হতাশায় অস্ত্রটি নিচে ছুঁড়ে ফেলে দিল।
He thought Buck feared a beating and was going to come quietly.
সে ভেবেছিল বাক মারধরের ভয় পাচ্ছে এবং চুপচাপ চলে আসবে।
But Buck wasn't avoiding punishment — he was fighting for rank.
কিন্তু বাক শাস্তি এড়াচ্ছিলেন না – তিনি পদমর্যাদার জন্য লড়াই করছিলেন।
He had earned the lead-dog spot through a fight to the death
মৃত্যুর সাথে লড়াই করে সে লিড-ডগ স্থান অর্জন করেছিল।
he was not going to settle for anything less than being the leader.
তিনি নেতা হওয়ার চেয়ে কম কিছুতেই সন্তুষ্ট থাকতে রাজি ছিলেন না।

Perrault took a hand in the chase to help catch the rebellious Buck.
বিদ্রোহী বাককে ধরতে পেরেল্ট তাড়া করতে সাহায্য করেছিলেন।
Together, they ran him around the camp for nearly an hour.

একসাথে, তারা তাকে প্রায় এক ঘন্টা ধরে ক্যাম্পে ঘুরিয়ে বেড়ায়।

They hurled clubs at him, but Buck dodged each one skillfully.

তারা তার দিকে লাঠি ছুঁড়ে মারল, কিন্তু বাক দক্ষতার সাথে প্রতিটি লাঠি এড়িয়ে গেল।

They cursed him, his ancestors, his descendants, and every hair on him.

তারা তাকে, তার পূর্বপুরুষদের, তার বংশধরদের এবং তার শরীরের প্রতিটি চুলকে অভিশাপ দিল।

But Buck only snarled back and stayed just out of their reach.

কিন্তু বাক কেবল পিছু হটল এবং তাদের নাগালের বাইরেই রইল।

He never tried to run away but circled the camp deliberately.

সে কখনও পালানোর চেষ্টা করেনি বরং ইচ্ছাকৃতভাবে শিবিরের চারপাশে ঘুরেছে।

He made it clear he was going to obey once they gave him what he wanted.

সে স্পষ্ট করে দিয়েছিল যে, যখন সে যা চাইবে তা তাকে দেওয়া হবে, তখন সে তা মেনে চলবে।

François finally sat down and scratched his head in frustration.

ফ্রাঁসোয়া অবশেষে বসে পড়লেন এবং হতাশায় মাথা চুলকালেন।

Perrault checked his watch, swore, and muttered about lost time.

পেরাল্ট তার ঘড়িটা দেখল, শপথ করল, আর হারিয়ে যাওয়া সময়ের কথা বিড়বিড় করল।

An hour had already passed when they should have been on the trail.

যখন তাদের পথ চলার কথা ছিল, তখন এক ঘন্টা পেরিয়ে গেছে।

François shrugged sheepishly at the courier, who sighed in defeat.

ফ্রাঁসোয়া লজ্জায় কুরিয়ারের দিকে কাঁধ ঝাঁকিয়ে বললেন, যিনি পরাজয়ের দীর্ঘশ্বাস ফেললেন।

Then François walked to Solleks and called out to Buck once more.
তারপর ফ্রাঁসোয়া সোলেক্সের কাছে গেলেন এবং আবারও বাককে ডাকলেন।

Buck laughed like a dog laughs, but kept his cautious distance.
বাক কুকুরের মতো হেসে উঠল, কিন্তু সাবধানে দূরত্ব বজায় রাখল।

François removed Solleks's harness and returned him to his spot.
ফ্রাঁসোয়া সোলেক্সের জোতা খুলে ফেলে তাকে তার জায়গায় ফিরিয়ে আনেন।

The sled team stood fully harnessed, with only one spot unfilled.
স্লেজ দলটি সম্পূর্ণরূপে প্রস্তুত ছিল, কেবল একটি জায়গা খালি ছিল।

The lead position remained empty, clearly meant for Buck alone.
লিড পজিশনটি খালিই রয়ে গেল, স্পষ্টতই কেবল বাকের জন্যই।

François called again, and again Buck laughed and held his ground.
ফ্রাঁসোয়া আবার ফোন করলেন, এবং আবারও হেসে নিজের অবস্থান ধরে রাখলেন।

"Throw down the club," Perrault ordered without hesitation.
"ক্লাবটি ফেলে দাও," পেরাল্ট দ্বিধা ছাড়াই আদেশ দিলেন।

François obeyed, and Buck immediately trotted forward proudly.
ফ্রাঁসোয়া কথা মানলেন, এবং বাক তৎক্ষণাৎ গর্বের সাথে সামনের দিকে এগিয়ে গেলেন।

He laughed triumphantly and stepped into the lead position.
সে জয়ধ্বনি করে হেসে উঠল এবং প্রধান অবস্থানে পা রাখল।

François secured his traces, and the sled was broken loose.

ফ্রাঁসোয়া তার চিহ্নগুলো সুরক্ষিত করল, এবং স্লেজটি ভেঙে ফেলা হল।

Both men ran alongside as the team raced onto the river trail.
দলটি নদীর ধারে দৌড়ে যাওয়ার সময় দুজনেই পাশাপাশি দৌড়েছিল।

François had thought highly of Buck's "two devils,"
ফ্রাঁসোয়া বাকের "দুই শয়তান" সম্পর্কে খুব ভালোভাবে চিন্তা করেছিলেন,

but he soon realized he had actually underestimated the dog.
কিন্তু শীঘ্রই সে বুঝতে পারল যে সে আসলে কুকুরটিকে অবমূল্যায়ন করেছে।

Buck quickly assumed leadership and performed with excellence.
বাক দ্রুত নেতৃত্ব গ্রহণ করেন এবং উৎকৃষ্টতার সাথে কাজ করেন।

In judgment, quick thinking, and fast action, Buck surpassed Spitz.
বিচারবুদ্ধি, দ্রুত চিন্তাভাবনা এবং দ্রুত পদক্ষেপের ক্ষেত্রে, বাক স্পিটজকে ছাড়িয়ে গেছেন।

François had never seen a dog equal to what Buck now displayed.
বাক এখন যা দেখাচ্ছে, তার সমান কুকুর ফ্রাঁসোয়া কখনও দেখেনি।

But Buck truly excelled in enforcing order and commanding respect.
কিন্তু বাক সত্যিই শৃঙ্খলা রক্ষা এবং সম্মান অর্জনে অসাধারণ ছিলেন।

Dave and Solleks accepted the change without concern or protest.
ডেভ এবং সোলেক্স কোনও উদ্বেগ বা প্রতিবাদ ছাড়াই পরিবর্তনটি মেনে নিয়েছিলেন।

They focused only on work and pulling hard in the reins.
তারা কেবল কাজ এবং কঠোর পরিশ্রমের উপর মনোনিবেশ করেছিল।

They cared little who led, so long as the sled kept moving.

যতক্ষণ স্লেজটি চলতে থাকে, ততক্ষণ কে নেতৃত্ব দিচ্ছে তা নিয়ে তাদের খুব একটা মাথাব্যথা ছিল না।

Billee, the cheerful one, could have led for all they cared.
বিলি, সেই হাসিখুশি, তাদের যতটুকু প্রয়োজন ছিল, নেতৃত্ব দিতে পারত।

What mattered to them was peace and order in the ranks.
তাদের কাছে যা গুরুত্বপূর্ণ ছিল তা হল সৈন্যদের মধ্যে শান্তি ও শৃঙ্খলা।

The rest of the team had grown unruly during Spitz's decline.
স্পিটজের পতনের সময় দলের বাকিরা অশান্ত হয়ে উঠেছিল।

They were shocked when Buck immediately brought them to order.
বাক যখন তাৎক্ষণিকভাবে সেগুলো অর্ডার করে আনলেন, তখন তারা হতবাক হয়ে গেলেন।

Pike had always been lazy and dragging his feet behind Buck.
পাইক সবসময় অলস ছিল এবং বাকের পিছনে পা টেনে নিয়ে যেত।

But now was sharply disciplined by the new leadership.
কিন্তু এখন নতুন নেতৃত্ব তাকে কঠোরভাবে শাসিত করেছে।

And he quickly learned to pull his weight in the team.
এবং সে দ্রুত দলে নিজের ওজন কমাতে শিখে গেল।

By the end of the day, Pike worked harder than ever before.
দিনের শেষে, পাইক আগের চেয়েও বেশি পরিশ্রম করল।

That night in camp, Joe, the sour dog, was finally subdued.
ক্যাম্পে সেই রাতে, জো, টক কুকুর, অবশেষে পরাজিত হয়েছিল।

Spitz had failed to discipline him, but Buck did not fail.
স্পিটজ তাকে শাসন করতে ব্যর্থ হয়েছিল, কিন্তু বাক ব্যর্থ হয়নি।

Using his greater weight, Buck overwhelmed Joe in seconds.
তার বেশি ওজন ব্যবহার করে, বাক কয়েক সেকেন্ডের মধ্যেই জোকে পরাজিত করে।

He bit and battered Joe until he whimpered and ceased resisting.
সে জোকে কামড় দিয়ে মারধর করে যতক্ষণ না সে ফিসফিস করে এবং প্রতিরোধ বন্ধ করে দেয়।

The whole team improved from that moment on.
সেই মুহূর্ত থেকে পুরো দল উন্নতি করতে থাকে।

The dogs regained their old unity and discipline.
কুকুরগুলো তাদের পুরনো ঐক্য এবং শৃঙ্খলা ফিরে পেল।

At Rink Rapids, two new native huskies, Teek and Koona, joined.
রিঙ্ক র্যাপিডসে, দুটি নতুন দেশীয় হাস্কি, টিক এবং কুনা, যোগ দিয়েছে।

Buck's swift training of them astonished even François.
বাকের দ্রুত প্রশিক্ষণ ফ্রাঁসোয়াকেও অবাক করে দিয়েছিল।

"Never was there such a dog as that Buck!" he cried in amazement.
"ওই বাকের মতো কুকুর আর কখনও ছিল না!" সে অবাক হয়ে চিৎকার করে উঠল।

"No, never! He's worth one thousand dollars, by God!"
"না, কখনোই না! ঈশ্বরের কসম, সে এক হাজার ডলারেরও মূল্যবান!"

"Eh? What do you say, Perrault?" he asked with pride.
"এহ? তুমি কী বলো, পেরাল্ট?" সে গর্বের সাথে জিজ্ঞাসা করল।

Perrault nodded in agreement and checked his notes.
পেরাল্ট সম্মতিতে মাথা নাড়লেন এবং তার নোটগুলি পরীক্ষা করলেন।

We're already ahead of schedule and gaining more each day.
আমরা ইতিমধ্যেই নির্ধারিত সময়ের চেয়ে এগিয়ে আছি এবং প্রতিদিন আরও বেশি লাভ করছি।

The trail was hard-packed and smooth, with no fresh snow.
পথটি ছিল কঠিন এবং মসৃণ, কোনও নতুন তুষারপাত হয়নি।

The cold was steady, hovering at fifty below zero throughout.
ঠান্ডা স্থির ছিল, সর্বত্র শূন্যের নিচে পঞ্চাশে।

The men rode and ran in turns to keep warm and make time.

পুরুষরা পালাক্রমে ঘোড়ায় চড়ে এবং দৌড়াতে লাগলো উষ্ণ থাকার জন্য এবং সময় কাটানোর জন্য।

The dogs ran fast with few stops, always pushing forward.

কুকুরগুলো খুব দ্রুত দৌড়াচ্ছিল, কয়েকবার থামলেও, সবসময় সামনের দিকে ঠেলে দৌড়াচ্ছিল।

The Thirty Mile River was mostly frozen and easy to travel across.

থার্টি মাইল নদীর বেশিরভাগ অংশই হিমায়িত ছিল এবং সহজেই পারাপারের উপযোগী ছিল।

They went out in one day what had taken ten days coming in.

যেদিন আসতে দশ দিন লেগেছিল, সেদিন তারা একদিনেই বেরিয়ে গেল।

They made a sixty-mile dash from Lake Le Barge to White Horse.

তারা লেক লে বার্জ থেকে হোয়াইট হর্স পর্যন্ত ষাট মাইল দৌড়েছিল।

Across Marsh, Tagish, and Bennett Lakes they moved incredibly fast.

মার্শ, ট্যাগিশ এবং বেনেট লেক জুড়ে তারা অবিশ্বাস্যভাবে দ্রুত এগিয়ে গেল।

The running man towed behind the sled on a rope.

দৌড়ে থাকা লোকটি দড়ির উপর দিয়ে স্লেজের পেছনে টেনে নিল।

On the last night of week two they got to their destination.

দ্বিতীয় সপ্তাহের শেষ রাতে তারা তাদের গন্তব্যে পৌঁছে গেল।

They had reached the top of White Pass together.

তারা একসাথে হোয়াইট পাসের চূড়ায় পৌঁছেছিল।

They dropped down to sea level with Skaguay's lights below them.

তারা সমুদ্রপৃষ্ঠে নেমে গেল, স্কাগুয়ের আলো তাদের নীচে।

It had been a record-setting run across miles of cold wilderness.

এটি ছিল মাইলের পর মাইল ঠান্ডা প্রান্তরের মধ্য দিয়ে একটি রেকর্ড-স্থাপনকারী দৌড়।

For fourteen days straight, they averaged a strong forty miles.
টানা চৌদ্দ দিন ধরে, তারা গড়ে চল্লিশ মাইল শক্তিশালী পথ পাড়ি দিয়েছিল।

In Skaguay, Perrault and François moved cargo through town.
স্কাগুয়েতে, পেরাল্ট এবং ফ্রাঁসোয়া শহরের মধ্য দিয়ে পণ্য পরিবহন করতেন।

They were cheered and offered many drinks by admiring crowds.
জনতা তাদের উল্লাসিত করে এবং প্রচুর পানীয় পরিবেশন করে।

Dog-busters and workers gathered around the famous dog team.
কুকুর-নিধনকারী এবং শ্রমিকরা বিখ্যাত কুকুর দলের চারপাশে জড়ো হয়েছিল।

Then western outlaws came to town and met violent defeat.
তারপর পশ্চিমা দস্যুরা শহরে এসে সহিংস পরাজয়ের সম্মুখীন হয়।

The people soon forgot the team and focused on new drama.
লোকেরা শীঘ্রই দলটিকে ভুলে গেল এবং নতুন নাটকের দিকে মনোনিবেশ করল।

Then came the new orders that changed everything at once.
তারপর নতুন আদেশ এল যা মুহূর্তের মধ্যে সবকিছু বদলে দিল।

François called Buck to him and hugged him with tearful pride.
ফ্রাঁসোয়া বাককে কাছে ডেকে অশ্রুসিক্ত গর্বের সাথে জড়িয়ে ধরলেন।

That moment was the last time Buck ever saw François again.
সেই মুহূর্তটিই ছিল বাক ফ্রাঁসোয়াকে আবার শেষবারের মতো দেখেছিলেন।

Like many men before, both François and Perrault were gone.

আগের অনেক পুরুষের মতো, ফ্রাঁসোয়া এবং পেরাও দুজনেই চলে গেলেন।

A Scotch half-breed took charge of Buck and his sled dog teammates.

একটি স্কচ অর্ধ-জাত কুকুর বাক এবং তার স্লেজ কুকুরের সতীর্থদের দায়িত্ব নিয়েছিল।

With a dozen other dog teams, they returned along the trail to Dawson.

আরও এক ডজন কুকুরের দল নিয়ে, তারা পথ ধরে ডসনের দিকে ফিরে গেল।

It was no fast run now—just heavy toil with a heavy load each day.

এখন আর দ্রুত দৌড় ছিল না—শুধু প্রতিদিন ভারী বোঝা সহ ভারী পরিশ্রম।

This was the mail train, bringing word to gold hunters near the Pole.

এটি ছিল মেইল ট্রেন, যা মেরুর কাছে সোনা শিকারিদের কাছে খবর পৌঁছে দিচ্ছিল।

Buck disliked the work but bore it well, taking pride in his effort.

বাক কাজটি অপছন্দ করতেন কিন্তু তিনি কাজটি ভালোভাবেই সামলে নিতেন, নিজের প্রচেষ্টায় গর্বিত ছিলেন।

Like Dave and Solleks, Buck showed devotion to every daily task.

ডেভ এবং সোলেক্সের মতো, বাকও প্রতিদিনের প্রতিটি কাজে নিষ্ঠা দেখিয়েছিলেন।

He made sure his teammates each pulled their fair weight.

তিনি নিশ্চিত করেছিলেন যে তার সতীর্থরা প্রত্যেকেই তাদের ন্যায্য ওজন টেনেছে।

Trail life became dull, repeated with the precision of a machine.

পথের জীবন একঘেয়ে হয়ে উঠল, যন্ত্রের নির্ভুলতার সাথে পুনরাবৃত্তি হল।

Each day felt the same, one morning blending into the next.

প্রতিটি দিন একই রকম অনুভূত হচ্ছিল, একটা সকাল অন্যটার সাথে মিশে যাচ্ছিল।

At the same hour, the cooks rose to build fires and prepare food.
একই সময়ে, রাঁধুনিরা আগুন জ্বালাতে এবং খাবার তৈরি করতে উঠে পড়ল।

After breakfast, some left camp while others harnessed the dogs.
নাস্তার পর, কেউ কেউ ক্যাম্প ছেড়ে চলে গেল, আবার কেউ কেউ কুকুরগুলোকে কাজে লাগাল।

They hit the trail before the dim warning of dawn touched the sky.
ভোরের মৃদু সতর্কীকরণ আকাশ স্পর্শ করার আগেই তারা পথ ধরে এগিয়ে গেল।

At night, they stopped to make camp, each man with a set duty.
রাতে, তারা ক্যাম্প করার জন্য থামল, প্রত্যেকেরই নির্দিষ্ট দায়িত্ব ছিল।

Some pitched the tents, others cut firewood and gathered pine boughs.
কেউ তাঁবু খাটালো, কেউ জ্বালানি কাঠ কাটলো আর পাইন গাছের ডাল কুড়ালো।

Water or ice was carried back to the cooks for the evening meal.
রাতের খাবারের জন্য রাঁধুনিদের কাছে জল বা বরফ ফিরিয়ে আনা হত।

The dogs were fed, and this was the best part of the day for them.
কুকুরগুলোকে খাওয়ানো হয়েছিল, আর এটাই ছিল তাদের জন্য দিনের সেরা সময়।

After eating fish, the dogs relaxed and lounged near the fire.
মাছ খাওয়ার পর, কুকুরগুলো আরাম করে আগুনের কাছে শুয়ে পড়ল।

There were a hundred other dogs in the convoy to mingle with.

কনভয়ে আরও একশটি কুকুর ছিল যাদের সাথে মিশতে হয়েছিল।

Many of those dogs were fierce and quick to fight without warning.

সেই কুকুরগুলির মধ্যে অনেকগুলিই ছিল হিংস্র এবং সতর্কতা ছাড়াই দ্রুত লড়াই করত।

But after three wins, Buck mastered even the fiercest fighters.

কিন্তু তিনটি জয়ের পর, বাক সবচেয়ে ভয়ঙ্কর যোদ্ধাদেরও আয়ত্ত করতে সক্ষম হন।

Now when Buck growled and showed his teeth, they stepped aside.

এখন যখন বাক গর্জন করে দাঁত দেখালো, তখন তারা সরে গেল।

Perhaps best of all, Buck loved lying near the flickering campfire.

সম্ভবত সবচেয়ে ভালো কথা, বাক জ্বলন্ত ক্যাম্প ফায়ারের কাছে শুয়ে থাকতে ভালোবাসত।

He crouched with hind legs tucked and front legs stretched ahead.

সে পিছনের পা দুটো আটকে রেখে এবং সামনের পা দুটো সামনের দিকে প্রসারিত করে কুঁচকে গেল।

His head was raised as he blinked softly at the glowing flames.

জ্বলন্ত আগুনের দিকে তাকিয়ে মৃদুভাবে পলক ফেলতে পড়তেই তার মাথা উঁচু হয়ে গেল।

Sometimes he recalled Judge Miller's big house in Santa Clara.

মাঝে মাঝে তার সান্তা ক্লারায় জজ মিলারের বড় বাড়ির কথা মনে পড়ত।

He thought of the cement pool, of Ysabel, and the pug called Toots.

সে সিমেন্টের পুলের কথা ভাবল, ইসাবেলের কথা, আর টুটস নামক পাগের কথা।

But more often he remembered the man with the red sweater's club.
কিন্তু তার বেশি মনে পড়ত লাল সোয়েটার ক্লাব পরা লোকটির কথা।

He remembered Curly's death and his fierce battle with Spitz.
সে কার্লির মৃত্যু এবং স্পিটজের সাথে তার তীব্র যুদ্ধের কথা মনে রাখল।

He also recalled the good food he had eaten or still dreamed of.
সে সেই সুস্বাদু খাবারের কথাও মনে করলো যেগুলো সে খেয়েছিল অথবা এখনও স্বপ্নে দেখেছে।

Buck was not homesick—the warm valley was distant and unreal.
বাকের বাড়ির জন্য খুব একটা মন খারাপ ছিল না—উষ্ণ উপত্যকাটি ছিল অনেক দূরে এবং অবাস্তব।

Memories of California no longer held any real pull over him.
ক্যালিফোর্নিয়ার স্মৃতি আর তাকে আর টানতে পারেনি।

Stronger than memory were instincts deep in his bloodline.
স্মৃতির চেয়েও শক্তিশালী ছিল তার রক্তধারার গভীরে প্রবৃত্তি।

Habits once lost had returned, revived by the trail and the wild.
একবার হারিয়ে যাওয়া অভ্যাসগুলো আবার ফিরে এসেছিল, পথ আর বন্য পরিবেশের কারণে আবার নতুন করে সঞ্জীবিত হয়েছিল।

As Buck watched the firelight, it sometimes became something else.
বাক যখন আগুনের আলো দেখত, তখন মাঝে মাঝে এটি অন্যরকম হয়ে যেত।

He saw in the firelight another fire, older and deeper than the present one.
আগুনের আলোয় সে আরেকটি আগুন দেখতে পেল, বর্তমানের চেয়েও পুরোনো এবং গভীর।

Beside that other fire crouched a man unlike the half-breed cook.
সেই আগুনের পাশেই আরেকজন লোক বসে ছিল, যে অর্ধ-জাতের রাঁধুনির মতো নয়।

This figure had short legs, long arms, and hard, knotted muscles.
এই মূর্তিটির পা ছোট, বাহু লম্বা এবং শক্ত, গিঁটে বাঁধা পেশী ছিল।

His hair was long and matted, sloping backward from the eyes.
তার চুল লম্বা এবং জট পাকানো ছিল, চোখ থেকে পিছনের দিকে ঢালু ছিল।

He made strange sounds and stared out in fear at the darkness.
সে অদ্ভুত শব্দ করল এবং ভয়ে অন্ধকারের দিকে তাকিয়ে রইল।

He held a stone club low, gripped tightly in his long rough hand.
সে একটা পাথরের গদা নিচু করে ধরেছিল, তার লম্বা রুক্ষ হাতে শক্ত করে ধরেছিল।

The man wore little; just a charred skin that hung down his back.
লোকটি খুব কম পোশাক পরেছিল; কেবল একটি পোড়া চামড়া যা তার পিঠে ঝুলছিল।

His body was covered with thick hair across arms, chest, and thighs.
তার শরীর বাহু, বুক এবং উরু জুড়ে ঘন লোমে ঢাকা ছিল।

Some parts of the hair were tangled into patches of rough fur.
চুলের কিছু অংশ রুক্ষ পশমের টুকরোয় জট পাকিয়ে গিয়েছিল।

He did not stand straight but bent forward from the hips to knees.
সে সোজা হয়ে দাঁড়ালো না বরং কোমর থেকে হাঁটু পর্যন্ত সামনের দিকে ঝুঁকে রইলো।

His steps were springy and catlike, as if always ready to leap.

তার পদক্ষেপগুলি ছিল বসন্তের মতো এবং বিড়ালের মতো, যেন সর্বদা লাফ দেওয়ার জন্য প্রস্তুত।

There was a sharp alertness, like he lived in constant fear.
একটা তীব্র সতর্কতা ছিল, যেন সে ক্রমাগত ভয়ের মধ্যে বাস করছিল।

This ancient man seemed to expect danger, whether the danger was seen or not.
এই প্রাচীন মানুষটি বিপদের আশা করেছিলেন বলে মনে হচ্ছিল, বিপদ দেখা যাক বা না যাক।

At times the hairy man slept by the fire, head tucked between legs.
মাঝে মাঝে লোমশ লোকটি আগুনের ধারে ঘুমাতো, মাথাটা তার দুই পায়ের মাঝখানে লুকিয়ে রাখতো।

His elbows rested on his knees, hands clasped above his head.
তার কনুই হাঁটুর উপর রাখা ছিল, হাত মাথার উপরে আঁকড়ে ধরে ছিল।

Like a dog he used his hairy arms to shed off the falling rain.
কুকুরের মতো সে তার লোমশ বাহু ব্যবহার করে বৃষ্টি ঝরালো।

Beyond the firelight, Buck saw twin coals glowing in the dark.
আগুনের আলোর ওপারে, বাক অন্ধকারে জোড়া কয়লা জ্বলতে দেখল।

Always two by two, they were the eyes of stalking beasts of prey.
সর্বদা দুই একজন করে, তারা ছিল শিকারী পশুদের চোখ।

He heard bodies crash through brush and sounds made in the night.
সে শুনতে পেল ঝোপঝাড়ের মধ্য দিয়ে মৃতদেহগুলো ভেঙে পড়ার শব্দ এবং রাতে তৈরি হওয়া শব্দ।

Lying on the Yukon bank, blinking, Buck dreamed by the fire.
ইউকন নদীর তীরে শুয়ে, পলক ফেলতে ফেলতে, বাক আগুনের ধারে স্বপ্ন দেখল।

The sights and sounds of that wild world made his hair stand up.
সেই বন্য পৃথিবীর দৃশ্য এবং শব্দ তার লোম দাঁড়িয়ে দিল।

The fur rose along his back, his shoulders, and up his neck.
পশমটি তার পিঠ, কাঁধ এবং ঘাড় পর্যন্ত উঠে গেল।

He whimpered softly or gave a low growl deep in his chest.
সে মৃদুভাবে ফিসফিস করে বলল অথবা বুকের গভীরে একটা নিচু গর্জন করল।

Then the half-breed cook shouted, "Hey, you Buck, wake up!"
তারপর অর্ধ-জাত রাঁধুনি চিৎকার করে বলল, "এই, তুমি বাক, জেগে ওঠো!"

The dream world vanished, and real life returned to Buck's eyes.
স্বপ্নের জগৎ অদৃশ্য হয়ে গেল, এবং বাস্তব জীবন বাকের চোখে ফিরে এল।

He was going to get up, stretch, and yawn, as if woken from a nap.
সে উঠে দাঁড়াবে, হাত-পা ঝাড়বে, আর হাই তুলবে, যেন ঘুম থেকে জেগে উঠেছে।

The trip was hard, with the mail sled dragging behind them.
যাত্রাটা কঠিন ছিল, মেইল স্লেজটা তাদের পিছনে টেনে নিয়ে যাচ্ছিল।

Heavy loads and tough work wore down the dogs each long day.
ভারী বোঝা এবং কঠোর পরিশ্রম কুকুরগুলিকে প্রতিদিন ক্লান্ত করে তুলত।

They reached Dawson thin, tired, and needing over a week's rest.
তারা ডসনে পৌঁছেছিল, রোগা, ক্লান্ত এবং এক সপ্তাহেরও বেশি সময় বিশ্রামের প্রয়োজন ছিল।

But only two days later, they set out down the Yukon again.
কিন্তু মাত্র দুই দিন পরে, তারা আবার ইউকন দ্বীপে যাত্রা শুরু করে।

They were loaded with more letters bound for the outside world.
বাইরের জগতের জন্য আরও চিঠিপত্রে ভরপুর ছিল।
The dogs were exhausted and the men were complaining constantly.
কুকুরগুলো ক্লান্ত ছিল এবং পুরুষরা ক্রমাগত অভিযোগ করছিল।
Snow fell every day, softening the trail and slowing the sleds.
প্রতিদিন তুষারপাত হচ্ছিল, পথ নরম করছিল এবং স্লেজ চালানোর গতি কমিয়ে দিচ্ছিল।
This made for harder pulling and more drag on the runners.
এর ফলে দৌড়বিদদের টানাটানি আরও কঠিন হয়ে পড়ে এবং তাদের টেনে আনা আরও কঠিন হয়ে পড়ে।
Despite that, the drivers were fair and cared for their teams.
তা সত্ত্বেও, চালকরা সৎ ছিলেন এবং তাদের দলের প্রতি যত্নবান ছিলেন।
Each night, the dogs were fed before the men got to eat.
প্রতি রাতে, পুরুষরা খেতে পাওয়ার আগে কুকুরগুলোকে খাওয়ানো হত।
No man slept before checking the feet of his own dog's.
নিজের কুকুরের পা পরীক্ষা না করে কেউ ঘুমায়নি।
Still, the dogs grew weaker as the miles wore on their bodies.
তবুও, মাইলগুলো তাদের শরীরে লাগার সাথে সাথে কুকুরগুলো দুর্বল হয়ে পড়ল।
They had traveled eighteen hundred miles through the winter.
শীতকালে তারা আঠারোশো মাইল ভ্রমণ করেছিল।
They pulled sleds across every mile of that brutal distance.
তারা সেই নির্মম দূরত্বের প্রতি মাইল জুড়ে স্লেজ টেনেছে।
Even the toughest sled dogs feel strain after so many miles.
এমনকি সবচেয়ে শক্তিশালী স্লেজ কুকুরগুলিও এত মাইল চালানোর পরে চাপ অনুভব করে।
Buck held on, kept his team working, and maintained discipline.

বাক ধরে রেখেছিলেন, তার দলকে কাজ চালিয়ে গেছেন এবং শৃঙ্খলা বজায় রেখেছিলেন।

But Buck was tired, just like the others on the long journey.

কিন্তু বাক ক্লান্ত ছিল, ঠিক দীর্ঘ যাত্রার অন্যদের মতো।

Billee whimpered and cried in his sleep each night without fail.

বিলি প্রতি রাতে ঘুমের মধ্যে ফিসফিস করে কাঁদত এবং ব্যর্থ হত না।

Joe grew even more bitter, and Solleks stayed cold and distant.

জো আরও তিক্ত হয়ে উঠল, এবং সোলেক্স ঠান্ডা এবং দূরে রইল।

But it was Dave who suffered the worst out of the entire team.

কিন্তু পুরো দলের মধ্যে ডেভই সবচেয়ে বেশি ক্ষতিগ্রস্থ হয়েছিল।

Something had gone wrong inside him, though no one knew what.

তার ভেতরে কিছু একটা সমস্যা হয়েছে, যদিও কেউ জানত না কী।

He became moodier and snapped at others with growing anger.

সে আরও মেজাজ খারাপ করে ফেলল এবং ক্রমশ রাগের সাথে অন্যদের দিকে ঝাপিয়ে পড়ল।

Each night he went straight to his nest, waiting to be fed.

প্রতি রাতে সে সরাসরি তার নীড়ে যেত, খাবারের জন্য অপেক্ষা করত।

Once he was down, Dave did not get up again till morning.

একবার ঘুম থেকে ওঠার পর, ডেভ সকাল পর্যন্ত আর ওঠেনি।

On the reins, sudden jerks or starts made him cry out in pain.

লাগামের উপর হঠাৎ ঝাঁকুনি বা স্টার্টের ফলে সে ব্যথায় চিৎকার করে উঠল।

His driver searched for the cause, but found no injury on him.

তার ড্রাইভার কারণ অনুসন্ধান করেছিল, কিন্তু তার শরীরে কোনও আঘাত পায়নি।

All the drivers began watching Dave and discussed his case.
সমস্ত ড্রাইভার ডেভের দিকে নজর রাখতে শুরু করল এবং তার কেস নিয়ে আলোচনা করতে লাগল।

They talked at meals and during their final smoke of the day.
খাবারের সময় এবং দিনের শেষ ধূমপানের সময় তারা কথা বলত।

One night they held a meeting and brought Dave to the fire.
এক রাতে তারা একটি সভা করে এবং ডেভকে আগুনে পুড়িয়ে দেয়।

They pressed and probed his body, and he cried out often.
তারা তার শরীর টিপে টিপে পরীক্ষা করল, আর সে প্রায়ই চিৎকার করত।

Clearly, something was wrong, though no bones seemed broken.
স্পষ্টতই, কিছু একটা সমস্যা ছিল, যদিও কোনও হাড় ভাঙা মনে হয়নি।

By the time they reached Cassiar Bar, Dave was falling down.
যখন তারা ক্যাসিয়ার বারে পৌঁছালো, তখন ডেভ পড়ে যাচ্ছিল।

The Scotch half-breed called a halt and removed Dave from the team.
স্কচ হাফ-ব্রিড থামিয়ে ডেভকে দল থেকে সরিয়ে দিল।

He fastened Solleks in Dave's place, closest to the sled's front.
সে ডেভের জায়গায় সোলেক্সকে বেঁধে দিল, স্লেজের সামনের দিকের সবচেয়ে কাছে।

He meant to let Dave rest and run free behind the moving sled.
সে ডেভকে বিশ্রাম দিতে এবং চলন্ত স্লেজের পিছনে মুক্তভাবে দৌড়াতে দিতে চেয়েছিল।

But even sick, Dave hated being taken from the job he had owned.

কিন্তু অসুস্থ থাকা সত্ত্বেও, ডেভ তার মালিকানাধীন চাকরি থেকে বরখাস্ত হওয়াকে ঘৃণা করত।

He growled and whimpered as the reins were pulled from his body.

তার শরীর থেকে লাগাম টেনে নেওয়ার সাথে সাথে সে গর্জন করে উঠল এবং ফিসফিস করে উঠল।

When he saw Solleks in his place, he cried with broken-hearted pain.

যখন সে সোলেক্সকে তার জায়গায় দেখতে পেল, তখন সে ভগ্নহৃদয় ব্যথায় কেঁদে উঠল।

The pride of trail work was deep in Dave, even as death approached.

মৃত্যুর সময় ঘনিয়ে আসার পরেও, ডেভের মনে ট্রেইল কাজের গর্ব গভীরভাবে কাজ করছিল।

As the sled moved, Dave floundered through soft snow near the trail.

স্লেজটি যখন নড়াচড়া করছিল, তখন ডেভ পথের কাছে নরম তুষারের মধ্য দিয়ে হেঁটে যাচ্ছিল।

He attacked Solleks, biting and pushing him from the sled's side.

সে সোলেক্সকে আক্রমণ করে, স্লেজের পাশ থেকে কামড় দিয়ে ধাক্কা দেয়।

Dave tried to leap into the harness and reclaim his working spot.

ডেভ জোতায় লাফিয়ে ঢুকে তার কাজের জায়গা ফিরে পেতে চেষ্টা করল।

He yelped, whined, and cried, torn between pain and pride in labor.

সে চিৎকার করল, কান্নাকাটি করল, প্রসব যন্ত্রণা আর গর্বের মাঝে ছিঁড়ে গেল।

The half-breed used his whip to try driving Dave away from the team.

অর্ধ-জাতটি তার চাবুক ব্যবহার করে ডেভকে দল থেকে দূরে সরিয়ে দেওয়ার চেষ্টা করেছিল।

But Dave ignored the lash, and the man couldn't strike him harder.
কিন্তু ডেভ চাবুকটি উপেক্ষা করল, এবং লোকটি তাকে আরও জোরে আঘাত করতে পারল না।

Dave refused the easier path behind the sled, where snow was packed.
ডেভ স্লেজের পিছনের সহজ পথটি প্রত্যাখ্যান করেছিল, যেখানে তুষার জমে ছিল।

Instead, he struggled in the deep snow beside the trail, in misery.
বরং, সে পথের পাশে গভীর তুষারে কষ্টের মধ্যে লড়াই করেছিল।

Eventually, Dave collapsed, lying in the snow and howling in pain.
অবশেষে, ডেভ বরফের মধ্যে শুয়ে যন্ত্রণায় চিৎকার করতে করতে ভেঙে পড়ে।

He cried out as the long train of sleds passed him one by one.
স্লেজের লম্বা ট্রেন একে একে তাকে অতিক্রম করার সময় সে চিৎকার করে উঠল।

Still, with what strength remained, he rose and stumbled after them.
তবুও, যতটুকু শক্তি অবশিষ্ট ছিল, সে উঠে পড়ল এবং তাদের পিছনে হোঁচট খেল।

He caught up when the train stopped again and found his old sled.
ট্রেন আবার থামলে সে ধরে ফেলল এবং তার পুরনো স্লেজটি খুঁজে পেল।

He floundered past the other teams and stood beside Solleks again.
সে অন্য দলগুলোকে পেছনে ফেলে আবার সোলেক্সের পাশে দাঁড়ালো।

As the driver paused to light his pipe, Dave took his last chance.

ড্রাইভার যখন তার পাইপ জ্বালানোর জন্য থামল, ডেভ তার শেষ সুযোগটি নিল।

When the driver returned and shouted, the team didn't move forward.

যখন ড্রাইভার ফিরে এসে চিৎকার করল, দলটি আর এগোল না।

The dogs had turned their heads, confused by the sudden stoppage.

হঠাৎ থেমে যাওয়ার কারণে কুকুরগুলো মাথা ঘুরিয়ে ফেলেছিল, বিভ্রান্তিতে।

The driver was shocked too—the sled hadn't moved an inch forward.

ড্রাইভারও হতবাক হয়ে গেল—স্লেজটি এক ইঞ্চিও এগোয়নি।

He called out to the others to come and see what had happened.

সে অন্যদের ডাকল, এসে দেখতে যাওয়ার জন্য।

Dave had chewed through Solleks's reins, breaking both apart.

ডেভ সোলেক্সের লাগাম চিবিয়ে খেয়ে ফেলেছিল, দুটোই ভেঙে ফেলেছিল।

Now he stood in front of the sled, back in his rightful position.

এবার সে স্লেজের সামনে দাঁড়িয়ে, তার সঠিক অবস্থানে ফিরে।

Dave looked up at the driver, silently pleading to stay in the traces.

ডেভ ড্রাইভারের দিকে তাকালো, নীরবে ট্রেইলে থাকার জন্য অনুরোধ করলো।

The driver was puzzled, unsure of what to do for the struggling dog.

ড্রাইভার হতবাক হয়ে গেল, সংগ্রামরত কুকুরটির জন্য কী করবে তা বুঝতে পারছিল না।

The other men spoke of dogs who had died from being taken out.

অন্যরা কুকুরগুলোকে বাইরে বের করে মারা যাওয়ার কথা বলল।

They told of old or injured dogs whose hearts broke when left behind.
তারা বৃদ্ধ বা আহত কুকুরদের কথা বলল যাদের ফেলে গেলে হৃদয় ভেঙে যায়।

They agreed it was mercy to let Dave die while still in his harness.
তারা একমত হলো যে ডেভকে তার জোতায় থাকা অবস্থায় মরতে দেওয়াটা করুণা।

He was fastened back onto the sled, and Dave pulled with pride.
তাকে স্লেজের উপর আবার বেঁধে রাখা হয়েছিল, এবং ডেভ গর্বের সাথে টানছিল।

Though he cried out at times, he worked as if pain could be ignored.
যদিও সে মাঝে মাঝে চিৎকার করত, তবুও সে এমনভাবে কাজ করত যেন ব্যথা উপেক্ষা করা যায়।

More than once he fell and was dragged before rising again.
একাধিকবার সে পড়ে গিয়েছিল এবং আবার উঠে দাঁড়ানোর আগে তাকে টেনে নিয়ে যাওয়া হয়েছিল।

Once, the sled rolled over him, and he limped from that moment on.
একবার, স্লেজটি তার উপর দিয়ে গড়িয়ে পড়ল, এবং সেই মুহূর্ত থেকে সে খোঁড়াতে লাগল।

Still, he worked until camp was reached, and then lay by the fire.
তবুও, ক্যাম্পে পৌঁছানো পর্যন্ত সে কাজ করেছিল, এবং তারপর আগুনের পাশে শুয়েছিল।

By morning, Dave was too weak to travel or even stand upright.
সকালের দিকে, ডেভ এতটাই দুর্বল হয়ে পড়েছিল যে সে ভ্রমণ করতে বা সোজা হয়ে দাঁড়াতেও পারছিল না।

At harness-up time, he tried to reach his driver with trembling effort.
জোতা বাঁধার সময়, সে কাঁপা কাঁপা শক্তিতে তার ড্রাইভারের কাছে পৌঁছানোর চেষ্টা করল।

He forced himself up, staggered, and collapsed onto the snowy ground.
সে জোর করে উঠে দাঁড়ালো, টলমল করলো, এবং তুষারাবৃত মাটিতে লুটিয়ে পড়লো।

Using his front legs, he dragged his body toward the harnessing area.
তার সামনের পা ব্যবহার করে, সে তার শরীরকে টেনে নিয়ে গেল জোতা লাগানোর জায়গার দিকে।

He hitched himself forward, inch by inch, toward the working dogs.
সে নিজেকে ইঞ্চি ইঞ্চি করে এগিয়ে দিল, কর্মরত কুকুরগুলোর দিকে।

His strength gave out, but he kept moving in his last desperate push.
তার শক্তি ক্ষীণ হয়ে গেল, কিন্তু শেষ মরিয়া ধাক্কায় সে এগিয়ে যেতে থাকল।

His teammates saw him gasping in the snow, still longing to join them.
তার সতীর্থরা তাকে তুষারে হাঁপাতে দেখেছে, তবুও তাদের সাথে যোগ দিতে আগ্রহী।

They heard him howling with sorrow as they left the camp behind.
শিবির ছেড়ে যাওয়ার সময় তারা তাকে দুঃখে চিৎকার করতে শুনতে পেল।

As the team vanished into trees, Dave's cry echoed behind them.
দলটি যখন গাছে অদৃশ্য হয়ে গেল, তখন ডেভের কান্না তাদের পিছনে প্রতিধ্বনিত হল।

The sled train halted briefly after crossing a stretch of river timber.
নদীর কাঠের এক প্রান্ত অতিক্রম করার পর স্লেজ ট্রেনটি কিছুক্ষণের জন্য থামল।

The Scotch half-breed walked slowly back toward the camp behind.
স্কচ হাফ-ব্রিডটি ধীরে ধীরে পিছনের ক্যাম্পের দিকে হেঁটে গেল।

The men stopped speaking when they saw him leave the sled train.
তাকে স্লেজ ট্রেন থেকে নামতে দেখে লোকগুলো কথা বলা বন্ধ করে দিল।

Then a single gunshot rang out clear and sharp across the trail.
তারপর পথ জুড়ে স্পষ্ট এবং ধারালো একটি গুলির শব্দ শোনা গেল।

The man returned quickly and took up his place without a word.
লোকটি দ্রুত ফিরে এলো এবং কোন কথা না বলে নিজের জায়গায় চলে গেল।

Whips cracked, bells jingled, and the sleds rolled on through snow.
চাবুক বাজছিল, ঘন্টাধ্বনি হচ্ছিল, আর স্লেজগুলো তুষারের মধ্য দিয়ে গড়িয়ে যাচ্ছিল।

But Buck knew what had happened—and so did every other dog.
কিন্তু বাক জানত কী ঘটেছে—আর অন্য সব কুকুরও তাই জানত।

The Toil of Reins and Trail
লাগাম এবং পথের পরিশ্রম

Thirty days after leaving Dawson, the Salt Water Mail reached Skaguay.
ডসন ছেড়ে যাওয়ার ত্রিশ দিন পর, সল্ট ওয়াটার মেইল স্কাগুয়েতে পৌঁছে।

Buck and his teammates pulled the lead, arriving in pitiful condition.
বাক এবং তার সতীর্থরা করুণ অবস্থায় পৌঁছে লিড টেনে আনেন।

Buck had dropped from one hundred forty to one hundred fifteen pounds.
বাকের ওজন একশ চল্লিশ পাউন্ড থেকে একশ পনেরো পাউন্ডে নেমে এসেছিল।

The other dogs, though smaller, had lost even more body weight.
অন্যান্য কুকুরগুলো, যদিও ছোট, তাদের শরীরের ওজন আরও বেশি কমে গিয়েছিল।

Pike, once a fake limper, now dragged a truly injured leg behind him.
পাইক, একসময় ভুয়া লম্পার, এখন তার সত্যিকারের আহত পা টেনে নিয়ে যাচ্ছে।

Solleks was limping badly, and Dub had a wrenched shoulder blade.
সোলেক্স খুব খুঁড়িয়ে খুঁড়িয়ে হাঁটছিল, আর ডাবের কাঁধে একটা মুচড়ে গিয়েছিল।

Every dog in the team was footsore from weeks on the frozen trail.
দলের প্রতিটি কুকুরের পায়ে ব্যথা হচ্ছিল কয়েক সপ্তাহ ধরে হিমায়িত পথে থাকার কারণে।

They had no spring left in their steps, only slow, dragging motion.
তাদের পদক্ষেপে কোন স্প্রিং অবশিষ্ট ছিল না, কেবল ধীর, টানা গতি ছিল।

Their feet hit the trail hard, each step adding more strain to their bodies.
তাদের পা দুটো পথের ধারে জোরে ধাক্কা খাচ্ছিল, প্রতিটি পদক্ষেপ তাদের শরীরে আরও চাপ যোগ করছিল।

They were not sick, only drained beyond all natural recovery.
তারা অসুস্থ ছিল না, কেবল স্বাভাবিকভাবে আরোগ্য লাভের বাইরে ক্লান্ত ছিল।

This was not tiredness from one hard day, cured with a night's rest.
এটা এক কঠিন দিনের ক্লান্তি ছিল না, রাতের বিশ্রামে সেরে গেছে।

It was exhaustion built slowly through months of grueling effort.
মাসের পর মাস কঠোর পরিশ্রমের ফলে ধীরে ধীরে তৈরি হওয়া ক্লান্তিই ছিল এর মূল কারণ।

No reserve strength remained—they had used up every bit they had.
আর কোন রিজার্ভ শক্তি অবশিষ্ট ছিল না—তাদের যা কিছু ছিল সব শেষ হয়ে গেছে।

Every muscle, fiber, and cell in their bodies was spent and worn.
তাদের শরীরের প্রতিটি পেশী, তন্তু এবং কোষ ক্ষয়প্রাপ্ত এবং জীর্ণ হয়ে গিয়েছিল।

And there was a reason—they had covered twenty-five hundred miles.
আর এর একটা কারণ ছিল—তারা পঁচিশশো মাইল পথ পাড়ি দিয়েছিল।

They had rested only five days during the last eighteen hundred miles.
গত আঠারোশো মাইল চলাকালীন তারা মাত্র পাঁচ দিন বিশ্রাম নিয়েছিল।

When they reached Skaguay, they looked barely able to stand upright.

যখন তারা স্কাগুয়েতে পৌঁছালো, তখন তাদের সোজা হয়ে দাঁড়াতে খুব একটা অসুবিধা হচ্ছিল না।

They struggled to keep the reins tight and stay ahead of the sled.

তারা লাগাম শক্ত করে ধরে রাখতে এবং স্লেজের আগে থাকতে লড়াই করেছিল।

On downhill slopes, they only managed to avoid being run over.

উতরাইয়ের ঢালে, তারা কেবল ধাক্কা খেয়ে মারা যাওয়া এড়াতে পেরেছিল।

"March on, poor sore feet," the driver said as they limped along.

"এগিয়ে যাও, বেচারা ব্যথা পায়ে যাও," ড্রাইভার বললো, তারা খুঁড়ে হেঁটে যাচ্ছিল।

"This is the last stretch, then we all get one long rest, for sure."

"এটা শেষ ধাপ, তারপর আমরা সবাই একটা দীর্ঘ বিশ্রাম পাবো, নিশ্চিত।"

"One truly long rest," he promised, watching them stagger forward.

"একটা সত্যিকারের দীর্ঘ বিশ্রাম," তিনি প্রতিশ্রুতি দিলেন, তাদের টলমল করে এগিয়ে যেতে দেখলেন।

The drivers expected they were going to now get a long, needed break.

চালকরা আশা করেছিলেন যে তারা এখন একটি দীর্ঘ, প্রয়োজনীয় বিরতি পাবেন।

They had traveled twelve hundred miles with only two days' rest.

মাত্র দুই দিনের বিশ্রাম নিয়ে তারা বারোশো মাইল ভ্রমণ করেছিল।

By fairness and reason, they felt they had earned time to relax.

ন্যায্যতা এবং যুক্তির দ্বারা, তারা অনুভব করেছিল যে তারা বিশ্রামের জন্য সময় অর্জন করেছে।

But too many had come to the Klondike, and too few had stayed home.
কিন্তু ক্লোনডাইকে অনেক লোক এসেছিল, এবং খুব কম লোকই বাড়িতে থেকেছিল।

Letters from families flooded in, creating piles of delayed mail.
পরিবারগুলি থেকে চিঠি এসে জমেছে, বিলম্বিত চিঠির স্তূপ তৈরি করেছে।

Official orders arrived—new Hudson Bay dogs were going to take over.
অফিসিয়াল অর্ডার এসে গেছে—নতুন হাডসন বে কুকুররা দায়িত্ব নিতে চলেছে।

The exhausted dogs, now called worthless, were to be disposed of.
ক্লান্ত কুকুর, যাদের এখন অকেজো বলা হচ্ছে, তাদের ফেলে দিতে হবে।

Since money mattered more than dogs, they were going to be sold cheaply.
যেহেতু কুকুরের চেয়ে টাকা বেশি গুরুত্বপূর্ণ, তাই সেগুলো সস্তায় বিক্রি হতে চলেছে।

Three more days passed before the dogs felt just how weak they were.
আরও তিন দিন কেটে যাওয়ার পর কুকুরগুলো অনুভব করলো যে তারা কতটা দুর্বল।

On the fourth morning, two men from the States bought the whole team.
চতুর্থ সকালে, আমেরিকা থেকে দুজন লোক পুরো দলটি কিনে নিল।

The sale included all the dogs, plus their worn harness gear.
বিক্রয়ের মধ্যে সমস্ত কুকুর, এবং তাদের জীর্ণ হারনেস সরঞ্জাম অন্তর্ভুক্ত ছিল।

The men called each other "Hal" and "Charles" as they completed the deal.
চুক্তি সম্পন্ন করার সময় তারা একে অপরকে "হাল" এবং "চার্লস" বলে ডাকত।

Charles was middle-aged, pale, with limp lips and fierce mustache tips.
চার্লস ছিলেন মধ্যবয়সী, ফ্যাকাশে, ঠোঁট নরম আর গোঁফের ডগা লম্বা।

Hal was a young man, maybe nineteen, wearing a cartridge-stuffed belt.
হ্যাল ছিল একজন যুবক, সম্ভবত উনিশ বছর বয়সী, কার্তুজ ভর্তি বেল্ট পরা।

The belt held a big revolver and a hunting knife, both unused.
বেল্টটিতে একটি বড় রিভলবার এবং একটি শিকারের ছুরি ছিল, উভয়ই অব্যবহৃত ছিল।

It showed how inexperienced and unfit he was for northern life.
এটি দেখিয়েছিল যে তিনি উত্তরাঞ্চলীয় জীবনের জন্য কতটা অনভিজ্ঞ এবং অযোগ্য ছিলেন।

Neither man belonged in the wild; their presence defied all reason.
কোন মানুষই বনের ছিল না; তাদের উপস্থিতি সমস্ত যুক্তিকে অস্বীকার করেছিল।

Buck watched as money exchanged hands between buyer and agent.
বাক ক্রেতা এবং এজেন্টের মধ্যে অর্থ বিনিময়ের দৃশ্য দেখছিলেন।

He knew the mail-train drivers were leaving his life like the rest.
সে জানত যে মেইল-ট্রেন চালকরা বাকিদের মতো তার জীবন ছেড়ে চলে যাচ্ছে।

They followed Perrault and François, now gone beyond recall.
তারা পেরাল্ট এবং ফ্রাঁসোয়াকে অনুসরণ করেছিল, এখন তাদের স্মরণকালের বাইরে চলে গেছে।

Buck and the team were led to their new owners' sloppy camp.

বাক এবং দলকে তাদের নতুন মালিকদের অগোছালো ক্যাম্পে নিয়ে যাওয়া হয়েছিল।

The tent sagged, dishes were dirty, and everything lay in disarray.

তাঁবুটি ঝুলে পড়েছিল, থালা-বাসন নোংরা ছিল, এবং সবকিছু এলোমেলো অবস্থায় পড়ে ছিল।

Buck noticed a woman there too—Mercedes, Charles's wife and Hal's sister.

বাক সেখানে একজন মহিলাকেও লক্ষ্য করলেন—চার্লসের স্ত্রী এবং হ্যালের বোন মার্সিডিজ।

They made a complete family, though far from suited to the trail.

তারা একটি সম্পূর্ণ পরিবার তৈরি করেছিল, যদিও পথের সাথে খুব একটা মানানসই ছিল না।

Buck watched nervously as the trio started packing the supplies.

তিনজন যখন জিনিসপত্র গুছিয়ে নিতে শুরু করল, তখন বাক ভয়ে তাকিয়ে রইল।

They worked hard but without order—just fuss and wasted effort.

তারা কঠোর পরিশ্রম করেছিল কিন্তু কোনও শৃঙ্খলা ছাড়াই - কেবল হট্টগোল এবং ব্যর্থ প্রচেষ্টা।

The tent was rolled into a bulky shape, far too large for the sled.

তাঁবুটি ভারী আকৃতিতে গড়িয়ে ফেলা হয়েছিল, স্লেজের জন্য অনেক বড়।

Dirty dishes were packed without being cleaned or dried at all.

নোংরা থালা-বাসনগুলো পরিষ্কার বা শুকানো ছাড়াই প্যাক করা হয়েছিল।

Mercedes fluttered about, constantly talking, correcting, and meddling.

মার্সিডিজ এদিক-ওদিক ঘুরপাক খাচ্ছিল, ক্রমাগত কথা বলছিল, সংশোধন করছিল এবং হস্তক্ষেপ করছিল।

When a sack was placed on front, she insisted it go on the back.
যখন একটি বস্তা সামনে রাখা হয়েছিল, তখন সে জোর দিয়ে বলল যে এটি পিছনের দিকে রাখতে হবে।

She packed the sack in the bottom, and the next moment she needed it.
সে বস্তাটা নীচের অংশে গুছিয়ে নিল, আর পরের মুহূর্তেই তার সেটার প্রয়োজন পড়ল।

So the sled was unpacked again to reach the one specific bag.
তাই স্লেজটি আবার খুলে নির্দিষ্ট ব্যাগে পৌঁছানো হল।

Nearby, three men stood outside a tent, watching the scene unfold.
কাছাকাছি, তিনজন লোক একটি তাঁবুর বাইরে দাঁড়িয়ে দৃশ্যটি পর্যবেক্ষণ করছিল।

They smiled, winked, and grinned at the newcomers' obvious confusion.
নতুনদের স্পষ্ট বিভ্রান্তিতে তারা হাসল, চোখ টিপল এবং হাসল।

"You've got a right heavy load already," said one of the men.
"তোমার কাঁধে ইতিমধ্যেই একটা ভারী বোঝা চাপিয়ে দেওয়া হয়েছে," একজন লোক বলল।

"I don't think you should carry that tent, but it's your choice."
"আমার মনে হয় না তোমার ঐ তাঁবুটা বহন করা উচিত, কিন্তু এটা তোমার পছন্দ।"

"Undreamed of!" cried Mercedes, throwing up her hands in despair.
"স্বপ্নেও ভাবিনি!" হতাশায় হাত তুলে চিৎকার করে উঠল মার্সিডিজ।

"How could I possibly travel without a tent to stay under?"
"আমি কীভাবে তাঁবুর নিচে থাকার ব্যবস্থা ছাড়া ভ্রমণ করতে পারি?"

"It's springtime—you won't see cold weather again," the man replied.

"এখন বসন্তকাল - তুমি আর ঠান্ডা আবহাওয়া দেখতে পাবে না," লোকটি উত্তর দিল।

But she shook her head, and they kept piling items onto the sled.

কিন্তু সে মাথা নাড়ল, আর তারা স্লেজের উপর জিনিসপত্র স্তূপ করে রাখতে লাগল।

The load towered dangerously high as they added the final things.

শেষ জিনিসগুলো যোগ করার সাথে সাথে বোঝা বিপজ্জনকভাবে বেড়ে গেল।

"Think the sled will ride?" asked one of the men with a skeptical look.

"কি মনে হয় স্লেজটা চড়বে?" সন্দেহপ্রবণ দৃষ্টিতে একজন লোক জিজ্ঞাসা করল।

"Why shouldn't it?" Charles snapped back with sharp annoyance.

"কেন এটা করা উচিত নয়?" চার্লস তীব্র বিরক্তির সাথে পাল্টা জবাব দিল।

"Oh, that's all right," the man said quickly, backing away from offense.

"ওহ, ঠিক আছে," লোকটি দ্রুত বলল, আক্রমণ থেকে সরে গেল।

"I was only wondering—it just looked a bit too top-heavy to me."

"আমি শুধু ভাবছিলাম—এটা আমার কাছে একটু বেশি ভারী মনে হচ্ছিল।"

Charles turned away and tied down the load as best as he could.

চার্লস মুখ ফিরিয়ে নিল এবং যতটা সম্ভব বোঝাটা বেঁধে ফেলল।

But the lashings were loose and the packing poorly done overall.

কিন্তু ল্যাশিংগুলো আলগা ছিল এবং সামগ্রিকভাবে প্যাকিং খারাপভাবে করা হয়েছিল।

"Sure, the dogs will pull that all day," another man said sarcastically.
"অবশ্যই, কুকুরগুলো সারাদিন ওটা টেনে ধরবে," আরেকজন লোক ব্যঙ্গাত্মকভাবে বলল।

"Of course," Hal replied coldly, grabbing the sled's long gee-pole.
"অবশ্যই," হ্যাল ঠান্ডা গলায় উত্তর দিল, স্লেজের লম্বা গী-পোল ধরে।

With one hand on the pole, he swung the whip in the other.
এক হাত লাঠিতে রেখে, অন্য হাতে চাবুকটি ঘুরিয়ে দিল।

"Let's go!" he shouted. "Move it!" urging the dogs to start.
"চল যাই!" সে চিৎকার করে বলল। "এটা সরাও!" কুকুরগুলোকে শুরু করার জন্য অনুরোধ করল।

The dogs leaned into the harness and strained for a few moments.
কুকুরগুলো জোতায় ঝুঁকে পড়ল এবং কয়েক মুহূর্ত ধরে টান দিল।

Then they stopped, unable to budge the overloaded sled an inch.
তারপর তারা থামল, অতিরিক্ত বোঝাই স্লেজটি এক ইঞ্চিও নড়তে না পেরে।

"The lazy brutes!" Hal yelled, lifting the whip to strike them.
"অলস পশুরা!" হ্যাল চিৎকার করে উঠল, তাদের আঘাত করার জন্য চাবুক তুলে নিল।

But Mercedes rushed in and seized the whip from Hal's hands.
কিন্তু মার্সিডিজ ছুটে এসে হ্যালের হাত থেকে চাবুকটি কেড়ে নিল।

"Oh, Hal, don't you dare hurt them," she cried in alarm.
"ওহ, হ্যাল, ওদের ক্ষতি করার সাহস করো না," সে আতঙ্কে চিৎকার করে উঠল।

"Promise me you'll be kind to them, or I won't go another step."

"আমাকে কথা দাও যে তুমি তাদের প্রতি সদয় হবে, নাহলে আমি আর এক পাও এগোবো না।"

"You don't know a thing about dogs," Hal snapped at his sister.

"তুমি কুকুর সম্পর্কে কিছুই জানো না," হ্যাল তার বোনের দিকে তাকিয়ে বলল।

"They're lazy, and the only way to move them is to whip them."

"তারা অলস, এবং তাদের সরানোর একমাত্র উপায় হল চাবুক মারা।"

"Ask anyone—ask one of those men over there if you doubt me."

"যাকে জিজ্ঞেস করো—আমার ব্যাপারে সন্দেহ থাকলে ওখানকার লোকদের একজনকে জিজ্ঞেস করো।"

Mercedes looked at the onlookers with pleading, tearful eyes.

মার্সিডিজ দর্শকদের দিকে অনুনয়-বিনয়, অশ্রুসিক্ত চোখে তাকাল।

Her face showed how deeply she hated the sight of any pain.

তার মুখমণ্ডলে বোঝা যাচ্ছিল যে, যেকোনো ব্যথা দেখতে সে কতটা ঘৃণা করে।

"They're weak, that's all," one man said. "They're worn out."

"ওরা দুর্বল, এইটুকুই," একজন বলল। "ওরা জীর্ণ।"

"They need rest—they've been worked too long without a break."

"তাদের বিশ্রামের প্রয়োজন – বিরতি ছাড়াই তাদের অনেকক্ষণ ধরে কাজ করতে হয়েছে।"

"Rest be cursed," Hal muttered with his lip curled.

"অবশ্যই অভিশপ্ত হোক," হ্যাল ঠোঁট কুঁচকে বিড়বিড় করে বলল।

Mercedes gasped, clearly pained by the coarse word from him.

মার্সিডিজ হাঁপাতে হাঁপাতে বলল, স্পষ্টতই তার মুখের রুক্ষ কথায় সে ব্যথা পেয়েছে।

Still, she stayed loyal and instantly defended her brother.
তবুও, সে অনুগত ছিল এবং তাৎক্ষণিকভাবে তার ভাইকে রক্ষা করেছিল।

"Don't mind that man," she said to Hal. "They're our dogs."
"ওই লোকটাকে কিছু মনে করো না," সে হ্যালকে বলল। "ওরা আমাদের কুকুর।"

"You drive them as you see fit—do what you think is right."
"তুমি যেভাবে উপযুক্ত মনে করো, সেগুলো চালাও - তুমি যা ঠিক মনে করো তাই করো।"

Hal raised the whip and struck the dogs again without mercy.
হ্যাল চাবুক তুলে আবার কুকুরগুলোকে কোন দয়া না করে আঘাত করল।

They lunged forward, bodies low, feet pushing into the snow.
তারা সামনের দিকে লাফিয়ে উঠল, শরীর নিচু করে, পা তুষারে ঠেলে দিল।

All their strength went into the pull, but the sled wasn't moving.
তাদের সমস্ত শক্তি টানতে লাগল, কিন্তু স্লেজটি নড়ছিল না।

The sled stayed stuck, like an anchor frozen into the packed snow.
স্লেজটি আটকে রইল, যেন বরফের মধ্যে নোঙর জমে গেছে।

After a second effort, the dogs stopped again, panting hard.
দ্বিতীয়বার চেষ্টা করার পর, কুকুরগুলো আবার থেমে গেল, জোরে হাঁপাতে লাগল।

Hal raised the whip once more, just as Mercedes interfered again.
হ্যাল আবারও চাবুক তুলল, ঠিক যখন মার্সিডিজ আবার বাধা দিল।

She dropped to her knees in front of Buck and hugged his neck.
সে বাকের সামনে হাঁটু গেড়ে বসে তার ঘাড় জড়িয়ে ধরল।

Tears filled her eyes as she pleaded with the exhausted dog.

ক্লান্ত কুকুরটিকে অনুরোধ করতে করতে তার চোখ অশ্রুতে ভরে গেল।

"You poor dears," she said, "why don't you just pull harder?"

"তোমরা বেচারা," সে বলল, "কেন তোমরা আরও জোরে টানছো না?"

"If you pull, then you won't get to be whipped like this."

"যদি তুমি টান দাও, তাহলে তোমাকে এভাবে বেত্রাঘাত করা হবে না।"

Buck disliked Mercedes, but he was too tired to resist her now.

বাক মার্সিডিজকে অপছন্দ করত, কিন্তু এখন সে এত ক্লান্ত যে তাকে প্রতিরোধ করতে পারছিল না।

He accepted her tears as just another part of the miserable day.

সে তার চোখের জলকে সেই দুঃখের দিনের আরেকটি অংশ হিসেবে গ্রহণ করেছিল।

One of the watching men finally spoke after holding back his anger.

পর্যবেক্ষকদের একজন অবশেষে তার রাগ সংবরণ করে কথা বলল।

"I don't care what happens to you folks, but those dogs matter."

"তোমাদের সাথে কী হবে তা আমার পরোয়া নেই, কিন্তু ওই কুকুরগুলো গুরুত্বপূর্ণ।"

"If you want to help, break that sled loose—it's frozen to the snow."

"যদি তুমি সাহায্য করতে চাও, তাহলে স্লেজটা খুলে ফেলো—এটা বরফে জমে গেছে।"

"Push hard on the gee-pole, right and left, and break the ice seal."

"জি-পোলটিতে ডানে-বামে জোরে ধাক্কা দাও, এবং বরফের সীল ভেঙে ফেলো।"

A third attempt was made, this time following the man's suggestion.

লোকটির পরামর্শ অনুসরণ করে এবার তৃতীয়বার চেষ্টা করা হয়েছিল।

Hal rocked the sled from side to side, breaking the runners loose.

হ্যাল স্লেজটিকে এদিক-ওদিক নাড়াচাড়া করে, দৌড়বিদদের ছেড়ে দেয়।

The sled, though overloaded and awkward, finally lurched forward.

স্লেজটি, যদিও অতিরিক্ত বোঝাই এবং বিশ্রী ছিল, অবশেষে সামনের দিকে ঝুঁকে পড়ল।

Buck and the others pulled wildly, driven by a storm of whiplashes.

বাক এবং অন্যরা হুইপল্যাশের ঝড়ের তাণ্ডবে উন্মত্তভাবে এগিয়ে গেল।

A hundred yards ahead, the trail curved and sloped into the street.

একশ গজ এগিয়ে, পথটি বাঁকা হয়ে রাস্তার দিকে ঢালু হয়ে গেল।

It was going to have taken a skilled driver to keep the sled upright.

স্লেজটি সোজা রাখার জন্য একজন দক্ষ চালকের প্রয়োজন হত।

Hal was not skilled, and the sled tipped as it swung around the bend.

হ্যাল দক্ষ ছিল না, এবং বাঁকের চারপাশে ঘোরার সময় স্লেজটি উল্টে যেত।

Loose lashings gave way, and half the load spilled onto the snow.

আলগা আঘাতগুলো সরে গেল, এবং অর্ধেক বোঝা তুষারের উপর ছিটকে পড়ল।

The dogs did not stop; the lighter sled flew along on its side.

কুকুরগুলো থামেনি; হালকা স্লেজটি তার পাশ দিয়ে উড়ে গেল।

Angry from abuse and the heavy burden, the dogs ran faster.

গালিগালাজ এবং ভারী বোঝায় রেগে কুকুরগুলো আরও দ্রুত দৌড়াতে লাগল।

Buck, in fury, broke into a run, with the team following behind.
বাক, রেগে, দৌড়ে পালালো, আর দলটিও তাদের পিছনে পিছনে গেল।

Hal shouted "Whoa! Whoa!" but the team paid no attention to him.
হ্যাল চিৎকার করে বলল, "ওহ! ওহ!" কিন্তু দলটি তার দিকে কোন মনোযোগ দিল না।

He tripped, fell, and was dragged along the ground by the harness.
সে হোঁচট খেয়ে পড়ে গেল, এবং জোতা তাকে মাটিতে টেনে নিয়ে গেল।

The overturned sled bumped over him as the dogs raced on ahead.
কুকুরগুলো যখন সামনের দিকে ছুটে যাচ্ছিল, তখন উল্টে যাওয়া স্লেজটি তার উপর দিয়ে ধাক্কা মারল।

The rest of the supplies scattered across Skaguay's busy street.
বাকি সরবরাহ স্কাগুয়ের ব্যস্ত রাস্তায় ছড়িয়ে ছিটিয়ে আছে।

Kind-hearted people rushed to stop the dogs and gather the gear.
দয়ালু লোকেরা কুকুরগুলোকে থামাতে এবং সরঞ্জাম সংগ্রহ করতে ছুটে গেল।

They also gave advice, blunt and practical, to the new travelers.
তারা নতুন ভ্রমণকারীদের স্পষ্ট এবং ব্যবহারিক পরামর্শও দিয়েছিলেন।

"If you want to reach Dawson, take half the load and double the dogs."
"যদি তুমি ডসনে পৌঁছাতে চাও, তাহলে অর্ধেক বোঝা নাও এবং কুকুরের দ্বিগুণ বোঝা নাও।"

Hal, Charles, and Mercedes listened, though not with enthusiasm.
হ্যাল, চার্লস এবং মার্সিডিজ শুনল, যদিও উৎসাহের সাথে নয়।

They pitched their tent and started sorting through their supplies.
তারা তাদের তাঁবু স্থাপন করল এবং তাদের জিনিসপত্র বাছাই শুরু করল।

Out came canned goods, which made onlookers laugh aloud.
টিনজাত পণ্য বেরিয়ে এলো, যা দেখে দর্শকরা জোরে হেসে উঠলো।

"Canned stuff on the trail? You'll starve before that melts," one said.
"পথে টিনজাত জিনিসপত্র? ওগুলো গলে যাওয়ার আগে তুমি ক্ষুধার্ত থাকবে," একজন বলল।

"Hotel blankets? You're better off throwing them all out."
"হোটেলের কম্বল? সব ফেলে দেওয়াই ভালো।"

"Ditch the tent, too, and no one washes dishes here."
"তাঁবুটাও খুলে ফেলো, আর এখানে কেউ থালা-বাসন ধোয় না।"

"You think you're riding a Pullman train with servants on board?"
"তুমি কি মনে করো তুমি চাকরদের সাথে পুলম্যান ট্রেনে চড়ছো?"

The process began—every useless item was tossed to the side.
প্রক্রিয়া শুরু হলো—প্রতিটি অকেজো জিনিসপত্র পাশে ফেলে দেওয়া হলো।

Mercedes cried when her bags were emptied onto the snowy ground.
মার্সিডিজের ব্যাগগুলো তুষারাবৃত মাটিতে খালি করার সময় সে কেঁদে ফেলে।

She sobbed over every item thrown out, one by one without pause.
সে থেমে না গিয়ে একে একে ফেলে দেওয়া প্রতিটি জিনিসের উপর কাঁদতে লাগল।

She vowed not to go one more step—not even for ten Charleses.

সে প্রতিজ্ঞা করল যে আর এক পাও এগোবে না—এমনকি দশজন চার্লসের জন্যও না।

She begged each person nearby to let her keep her precious things.

সে আশেপাশের প্রত্যেককে অনুরোধ করল যেন সে তার মূল্যবান জিনিসপত্রগুলো রাখতে পারে।

At last, she wiped her eyes and began tossing even vital clothes.

অবশেষে, সে চোখ মুছে ফেলল এবং এমনকি গুরুত্বপূর্ণ পোশাকও ছুঁড়ে ফেলতে শুরু করল।

When done with her own, she began emptying the men's supplies.

নিজের কাজ শেষ হলে, সে পুরুষদের জিনিসপত্র খালি করতে শুরু করল।

Like a whirlwind, she tore through Charles and Hal's belongings.

ঘূর্ণিঝড়ের মতো সে চার্লস এবং হ্যালের জিনিসপত্র ছিঁড়ে ফেলল।

Though the load was halved, it was still far heavier than needed.

যদিও বোঝা অর্ধেক কমে গিয়েছিল, তবুও এটি প্রয়োজনের তুলনায় অনেক বেশি ভারী ছিল।

That night, Charles and Hal went out and bought six new dogs.

সেই রাতে, চার্লস এবং হ্যাল বাইরে গিয়ে ছয়টি নতুন কুকুর কিনে আনল।

These new dogs joined the original six, plus Teek and Koona.

এই নতুন কুকুরগুলো মূল ছয়টি কুকুরের সাথে যোগ দিয়েছে, এবং টিক এবং কুনাও।

Together they made a team of fourteen dogs hitched to the sled.

তারা একসাথে চৌদ্দটি কুকুরের একটি দল তৈরি করল যারা স্লেজে বাঁধা ছিল।

But the new dogs were unfit and poorly trained for sled work.

কিন্তু নতুন কুকুরগুলো স্লেজ চালানোর জন্য অযোগ্য এবং দুর্বলভাবে প্রশিক্ষিত ছিল।

Three of the dogs were short-haired pointers, and one was a Newfoundland.

কুকুরগুলির মধ্যে তিনটি ছিল ছোট চুলের পয়েন্টার, এবং একটি ছিল নিউফাউন্ডল্যান্ডের।

The final two dogs were mutts of no clear breed or purpose at all.

শেষ দুটি কুকুর ছিল মট, যার কোনও স্পষ্ট জাত বা উদ্দেশ্য ছিল না।

They didn't understand the trail, and they didn't learn it quickly.

তারা পথটি বুঝতে পারেনি, এবং তারা তা দ্রুত শিখতে পারেনি।

Buck and his mates watched them with scorn and deep irritation.

বাক এবং তার সঙ্গীরা তাদের ঘৃণা এবং গভীর বিরক্তির সাথে দেখছিল।

Though Buck taught them what not to do, he could not teach duty.

যদিও বাক তাদের কী করা উচিত নয় তা শিখিয়েছিলেন, তিনি কর্তব্য শেখাতে পারেননি।

They didn't take well to trail life or the pull of reins and sleds.

জীবনকে অনুসরণ করা বা লাগাম এবং স্লেজের টান তাদের ভালো লাগেনি।

Only the mongrels tried to adapt, and even they lacked fighting spirit.

কেবল মংগ্রেলরাই মানিয়ে নেওয়ার চেষ্টা করেছিল, এমনকি তাদের মধ্যেও লড়াইয়ের মনোভাবের অভাব ছিল।

The other dogs were confused, weakened, and broken by their new life.

অন্যান্য কুকুরগুলি তাদের নতুন জীবনের দ্বারা বিভ্রান্ত, দুর্বল এবং ভেঙে পড়েছিল।

With the new dogs clueless and the old ones exhausted, hope was thin.

নতুন কুকুরগুলো অজ্ঞ এবং পুরনোগুলো ক্লান্ত হয়ে পড়ায়, আশা ক্ষীণ হয়ে গেল।

Buck's team had covered twenty-five hundred miles of harsh trail.

বাকের দল পঁচিশশ মাইল কঠিন পথ অতিক্রম করেছিল।

Still, the two men were cheerful and proud of their large dog team.

তবুও, দুই ব্যক্তি তাদের বিশাল কুকুর দল নিয়ে খুশি এবং গর্বিত ছিল।

They thought they were traveling in style, with fourteen dogs hitched.

তারা ভেবেছিল তারা বেশ স্টাইলিশভাবে ভ্রমণ করছে, চৌদ্দটি কুকুরকে বেঁধে।

They had seen sleds leave for Dawson, and others arrive from it.

তারা স্লেজগুলো ডসনের উদ্দেশ্যে রওনা হতে দেখেছিল, এবং অন্যগুলো সেখান থেকে আসতেও দেখেছিল।

But never had they seen one pulled by as many as fourteen dogs.

কিন্তু তারা কখনও দেখেনি যে চৌদ্দটি কুকুরের মতো একটি কুকুরকেও তারা টেনে নিয়ে গেছে।

There was a reason such teams were rare in the Arctic wilderness.

আর্কটিক প্রান্তরে এই ধরনের দল বিরল হওয়ার একটা কারণ ছিল।

No sled could carry enough food to feed fourteen dogs for the trip.

কোনও স্লেজেই ভ্রমণের জন্য চৌদ্দটি কুকুরকে খাওয়ানোর জন্য পর্যাপ্ত খাবার বহন করা যেত না।

But Charles and Hal didn't know that—they had done the math.

কিন্তু চার্লস আর হ্যাল সেটা জানত না—তারা হিসাবটা করে ফেলেছিল।

They penciled out the food: so much per dog, so many days, done.
তারা খাবারের তালিকা লিখে রাখল: কুকুর প্রতি এত, এত দিনে, শেষ।
Mercedes looked at their figures and nodded as if it made sense.
মার্সিডিজ তাদের আকৃতির দিকে তাকিয়ে মাথা নাড়ল যেন এটা যুক্তিসঙ্গত।
It all seemed very simple to her, at least on paper.
অন্তত কাগজে-কলমে তার কাছে সবকিছুই খুব সহজ মনে হয়েছিল।

The next morning, Buck led the team slowly up the snowy street.
পরের দিন সকালে, বাক দলটিকে ধীরে ধীরে তুষারাবৃত রাস্তা দিয়ে উপরে নিয়ে গেলেন।
There was no energy or spirit in him or the dogs behind him.
তার মধ্যে বা তার পিছনের কুকুরগুলিতে কোনও শক্তি বা প্রাণশক্তি ছিল না।
They were dead tired from the start—there was no reserve left.
তারা শুরু থেকেই ক্লান্ত ছিল—কোনও রিজার্ভ অবশিষ্ট ছিল না।
Buck had made four trips between Salt Water and Dawson already.
বাক ইতিমধ্যেই সল্ট ওয়াটার এবং ডসনের মধ্যে চারটি ট্রিপ করেছে।
Now, faced with the same trail again, he felt nothing but bitterness.
এখন, আবার একই পথের মুখোমুখি হয়ে, সে তিক্ততা ছাড়া আর কিছুই অনুভব করল না।
His heart was not in it, nor were the hearts of the other dogs.
তার হৃদয় এতে ছিল না, অন্য কুকুরদের হৃদয়ও ছিল না।
The new dogs were timid, and the huskies lacked all trust.

নতুন কুকুরগুলো ছিল ভীতু, আর হাস্কিদের মধ্যে একেবারেই আস্থার অভাব ছিল।

Buck sensed he could not rely on these two men or their sister.
বাক বুঝতে পারল যে সে এই দুই ব্যক্তি বা তাদের বোনের উপর নির্ভর করতে পারছে না।

They knew nothing and showed no signs of learning on the trail.
তারা কিছুই জানত না এবং পথে কোন শিক্ষার লক্ষণও দেখাল না।

They were disorganized and lacked any sense of discipline.
তারা ছিল অসংগঠিত এবং তাদের মধ্যে শৃঙ্খলার কোনও অভাব ছিল।

It took them half the night to set up a sloppy camp each time.
প্রতিবারই একটা এলোমেলো ক্যাম্প তৈরি করতে তাদের অর্ধেক রাত লেগে যেত।

And half the next morning they spent fumbling with the sled again.
আর পরের দিন সকালের অর্ধেকটা তারা আবার স্লেজটা নিয়ে ঝামেলায় কাটিয়েছে।

By noon, they often stopped just to fix the uneven load.
দুপুরের দিকে, তারা প্রায়শই অসম লোড ঠিক করার জন্য থামত।

On some days, they traveled less than ten miles in total.
কিছু দিন, তারা মোট দশ মাইলেরও কম ভ্রমণ করেছে।

Other days, they didn't manage to leave camp at all.
অন্যান্য দিন, তারা ক্যাম্প ছেড়ে যেতে পারত না।

They never came close to covering the planned food-distance.
তারা কখনই পরিকল্পিত খাবারের দূরত্ব অতিক্রম করতে পারেনি।

As expected, they ran short on food for the dogs very quickly.
যেমনটা আশা করা হয়েছিল, খুব দ্রুত তাদের কুকুরের জন্য খাবারের অভাব হয়ে গেল।

They made matters worse by overfeeding in the early days.
প্রথম দিকে অতিরিক্ত খাওয়ানোর মাধ্যমে তারা পরিস্থিতি আরও খারাপ করে তুলেছিল।

This brought starvation closer with every careless ration.
এটি প্রতিটি অসাবধান খাদ্যের সাথে সাথে ক্ষুধা আরও কাছে এনেছে।

The new dogs had not learned to survive on very little.
নতুন কুকুরগুলো খুব কম জিনিস দিয়ে বেঁচে থাকতে শেখেনি।

They ate hungrily, with appetites too large for the trail.
তারা ক্ষুধার্ত অবস্থায় খেয়েছে, পথ চলার জন্য ক্ষুধা খুব বেশি।

Seeing the dogs weaken, Hal believed the food wasn't enough.
কুকুরগুলো দুর্বল হয়ে পড়া দেখে হ্যাল বিশ্বাস করলো যে খাবার যথেষ্ট নয়।

He doubled the rations, making the mistake even worse.
সে রেশন দ্বিগুণ করে দিল, যার ফলে ভুলটা আরও খারাপ হয়ে গেল।

Mercedes added to the problem with tears and soft pleading.
মার্সিডিজ চোখের জল আর মৃদু অনুনয়-বিনয় দিয়ে সমস্যা আরও বাড়িয়ে দিল।

When she couldn't convince Hal, she fed the dogs in secret.
যখন সে হ্যালকে রাজি করাতে পারল না, তখন সে গোপনে কুকুরগুলোকে খাবার দিত।

She stole from the fish sacks and gave it to them behind his back.
সে মাছের বস্তা থেকে চুরি করে তার পিছন থেকে তাদের দিয়ে দিল।

But what the dogs truly needed wasn't more food—it was rest.
কিন্তু কুকুরগুলোর আসলে যা প্রয়োজন ছিল তা ছিল আরও খাবারের নয়—তা ছিল বিশ্রামের।

They were making poor time, but the heavy sled still dragged on.
তাদের সময় খুব একটা ভালো যাচ্ছিল না, কিন্তু ভারী স্লেজটি এখনও টিকে ছিল।

That weight alone drained their remaining strength each day.
এই ওজনই প্রতিদিন তাদের অবশিষ্ট শক্তি নিঃশেষ করে দিচ্ছিল।

Then came the stage of underfeeding as the supplies ran low.
তারপর সরবরাহ কমে যাওয়ায় কম খাওয়ানোর পর্যায় এসে দাঁড়াল।

Hal realized one morning that half the dog food was already gone.
একদিন সকালে হ্যাল বুঝতে পারল যে কুকুরের খাবারের অর্ধেক ইতিমধ্যেই শেষ হয়ে গেছে।

They had only traveled a quarter of the total trail distance.
তারা মোট পথের দূরত্বের মাত্র এক চতুর্থাংশ ভ্রমণ করেছিল।

No more food could be bought, no matter what price was offered.
আর কোন খাবার কেনা সম্ভব ছিল না, যত দামই দেওয়া হোক না কেন।

He reduced the dogs' portions below the standard daily ration.
তিনি কুকুরের খাবার স্বাভাবিক দৈনিক রেশনের চেয়ে কম করে দিলেন।

At the same time, he demanded longer travel to make up for loss.
একই সাথে, তিনি ক্ষতি পুষিয়ে নিতে দীর্ঘ ভ্রমণের দাবি জানান।

Mercedes and Charles supported this plan, but failed in execution.
মার্সিডিজ এবং চার্লস এই পরিকল্পনাকে সমর্থন করেছিলেন, কিন্তু বাস্তবায়নে ব্যর্থ হন।

Their heavy sled and lack of skill made progress nearly impossible.
তাদের ভারী স্লেজ এবং দক্ষতার অভাব অগ্রগতি প্রায় অসম্ভব করে তুলেছিল।

It was easy to give less food, but impossible to force more effort.

কম খাবার দেওয়া সহজ ছিল, কিন্তু বেশি পরিশ্রম করা অসম্ভব ছিল।

They couldn't start early, nor could they travel for extra hours.
তারা তাড়াতাড়ি শুরু করতে পারত না, অতিরিক্ত ঘন্টা ভ্রমণও করতে পারত না।

They didn't know how to work the dogs, nor themselves, for that matter.
তারা কুকুরদের কীভাবে কাজ করাতে হয় তা জানত না, এমনকি নিজেদেরও জানত না।

The first dog to die was Dub, the unlucky but hardworking thief.
প্রথম মারা যাওয়া কুকুরটি ছিল ডাব, একজন দুর্ভাগ্যবান কিন্তু পরিশ্রমী চোর।

Though often punished, Dub had pulled his weight without complaint.
যদিও প্রায়শই শাস্তি পেতেন, ডাব কোনও অভিযোগ ছাড়াই তার ওজন কমিয়েছিলেন।

His injured shoulder grew worse without care or needed rest.
তার আহত কাঁধের অবস্থা আরও খারাপ হয়ে গেল, যত্ন বা বিশ্রামের প্রয়োজন ছিল না।

Finally, Hal used the revolver to end Dub's suffering.
অবশেষে, হ্যাল ডাবের কষ্টের অবসান ঘটাতে রিভলবার ব্যবহার করে।

A common saying claimed that normal dogs die on husky rations.
একটি প্রচলিত প্রবাদে দাবি করা হয়েছে যে সাধারণ কুকুররা ভুসিযুক্ত খাবার খেয়ে মারা যায়।

Buck's six new companions had only half the husky's share of food.
বাকের ছয় নতুন সঙ্গীর কাছে হাস্কির খাবারের অর্ধেকই ছিল।

The Newfoundland died first, then the three short-haired pointers.

প্রথমে নিউফাউন্ডল্যান্ড মারা গেল, তারপর তিনটি ছোট চুলের পয়েন্টার।

The two mongrels held on longer but finally perished like the rest.
দুই মংগ্রেল বেশিক্ষণ টিকে রইল কিন্তু অবশেষে বাকিদের মতোই মারা গেল।

By this time, all the amenities and gentleness of the Southland were gone.
এই সময়ের মধ্যে, সাউথল্যান্ডের সমস্ত সুযোগ-সুবিধা এবং ভদ্রতা চলে গেছে।

The three people had shed the last traces of their civilized upbringing.
তিনজন তাদের সভ্য লালন-পালনের শেষ চিহ্নও হারিয়ে ফেলেছিল।

Stripped of glamour and romance, Arctic travel became brutally real.
গ্ল্যামার এবং রোমান্স বাদ দিয়ে, আর্কটিক ভ্রমণ নিষ্ঠুরভাবে বাস্তবে পরিণত হয়েছিল।

It was a reality too harsh for their sense of manhood and womanhood.
তাদের পুরুষত্ব এবং নারীত্বের অনুভূতির জন্য এটি ছিল অত্যন্ত কঠোর বাস্তবতা।

Mercedes no longer wept for the dogs, but now wept only for herself.
মার্সিডিজ আর কুকুরগুলোর জন্য কাঁদেনি, এখন কেবল নিজের জন্য কাঁদে।

She spent her time crying and quarreling with Hal and Charles.
সে হ্যাল এবং চার্লসের সাথে কাঁদতে এবং ঝগড়া করে তার সময় কাটাত।

Quarreling was the one thing they were never too tired to do.
ঝগড়া করাই ছিল এমন একটা জিনিস যা করতে তারা কখনোই খুব বেশি ক্লান্ত হতো না।

Their irritability came from misery, grew with it, and surpassed it.

তাদের বিরক্তি দুঃখ থেকে এসেছিল, তার সাথে সাথে বেড়েছে এবং তাকে ছাড়িয়ে গেছে।

The patience of the trail, known to those who toil and suffer kindly, never came.

যারা পরিশ্রম করে এবং কষ্ট সহ্য করে তাদের কাছে পরিচিত পথের ধৈর্য কখনও আসেনি।

That patience, which keeps speech sweet through pain, was unknown to them.

যে ধৈর্য, যা যন্ত্রণার মধ্যেও কথাকে মধুর করে তোলে, তা তাদের অজানা ছিল।

They had no hint of patience, no strength drawn from suffering with grace.

তাদের ধৈর্যের কোন চিহ্ন ছিল না, অনুগ্রহের সাথে কষ্ট থেকে প্রাপ্ত কোন শক্তিও ছিল না।

They were stiff with pain—aching in their muscles, bones, and hearts.

তারা ব্যথায় শক্ত হয়ে যাচ্ছিল—তাদের পেশী, হাড় এবং হৃদয়ে ব্যথা হচ্ছিল।

Because of this, they grew sharp of tongue and quick with harsh words.

এই কারণে, তারা জিহ্বায় তীক্ষ্ণ এবং কঠোর কথায় দ্রুত হয়ে ওঠে।

Each day began and ended with angry voices and bitter complaints.

প্রতিটি দিন শুরু হতো এবং শেষ হতো রাগান্বিত কন্ঠস্বর এবং তিক্ত অভিযোগ দিয়ে।

Charles and Hal wrangled whenever Mercedes gave them a chance.

মার্সিডিজ যখনই সুযোগ দিত চার্লস এবং হ্যাল ঝগড়া করত।

Each man believed he did more than his fair share of the work.

প্রত্যেকেই বিশ্বাস করত যে সে তার কাজের ন্যায্য অংশের চেয়ে বেশি কাজ করেছে।

Neither ever missed a chance to say so, again and again.
বারবার বলার সুযোগটাও হাতছাড়া করেনি কেউই।

Sometimes Mercedes sided with Charles, sometimes with Hal.
কখনও মার্সিডিজ চার্লসের পক্ষে ছিল, কখনও হ্যালের পক্ষে।

This led to a grand and endless quarrel among the three.
এর ফলে তিনজনের মধ্যে এক বিরাট ও অন্তহীন ঝগড়া শুরু হয়।

A dispute over who should chop firewood grew out of control.
কে জ্বালানি কাঠ কাটবে তা নিয়ে বিরোধ নিয়ন্ত্রণের বাইরে চলে গেল।

Soon, fathers, mothers, cousins, and dead relatives were named.
শীঘ্রই, বাবা, মা, চাচাতো ভাই এবং মৃত আত্মীয়দের নামকরণ করা হয়।

Hal's views on art or his uncle's plays became part of the fight.
শিল্পকলা বা তার মামার নাটক সম্পর্কে হ্যালের দৃষ্টিভঙ্গি লড়াইয়ের অংশ হয়ে ওঠে।

Charles's political beliefs also entered the debate.
চার্লসের রাজনৈতিক বিশ্বাসও বিতর্কে প্রবেশ করে।

To Mercedes, even her husband's sister's gossip seemed relevant.
মার্সিডিজের কাছে, এমনকি তার স্বামীর বোনের গসিপও প্রাসঙ্গিক বলে মনে হয়েছিল।

She aired opinions on that and on many of Charles's family's flaws.
তিনি সেই বিষয়ে এবং চার্লসের পরিবারের অনেক ত্রুটি সম্পর্কে মতামত প্রকাশ করেছিলেন।

While they argued, the fire stayed unlit and camp half set.
তাদের তর্কের সময়, আগুন জ্বলে ওঠেনি এবং ক্যাম্প অর্ধেক নিভে যায়।

Meanwhile, the dogs remained cold and without any food.
এদিকে, কুকুরগুলো ঠান্ডা ছিল এবং কোন খাবার ছাড়াই।

Mercedes held a grievance she considered deeply personal.
মার্সিডিজের একটা অভিযোগ ছিল যা সে গভীরভাবে ব্যক্তিগত বলে মনে করত।

She felt mistreated as a woman, denied her gentle privileges.
একজন নারী হিসেবে তার সাথে দুর্ব্যবহার করা হয়েছে বলে মনে হয়েছিল, তার কোমল সুযোগ-সুবিধা থেকে বঞ্চিত করা হয়েছে।

She was pretty and soft, and used to chivalry all her life.
সে সুন্দরী এবং নরম ছিল, এবং সারা জীবন বীরত্বের সাথে অভ্যস্ত ছিল।

But her husband and brother now treated her with impatience.
কিন্তু তার স্বামী এবং ভাই এখন তার সাথে অধৈর্য আচরণ করছে।

Her habit was to act helpless, and they began to complain.
তার অভ্যাস ছিল অসহায় আচরণ করা, এবং তারা অভিযোগ করতে শুরু করে।

Offended by this, she made their lives all the more difficult.
এতে বিরক্ত হয়ে, সে তাদের জীবনকে আরও কঠিন করে তুলেছিল।

She ignored the dogs and insisted on riding the sled herself.
সে কুকুরদের উপেক্ষা করে নিজেই স্লেজ চালানোর জন্য জোর দিল।

Though light in looks, she weighed one hundred twenty pounds.
দেখতে হালকা হলেও, তার ওজন ছিল একশ বিশ পাউন্ড।

That added burden was too much for the starving, weak dogs.
ক্ষুধার্ত, দুর্বল কুকুরগুলোর জন্য সেই অতিরিক্ত বোঝা অনেক বেশি ছিল।

Still, she rode for days, until the dogs collapsed in the reins.
তবুও, সে কয়েকদিন ধরে বাইক চালিয়েছে, যতক্ষণ না কুকুরগুলো লাগাম ধরে ভেঙে পড়ে।

The sled stood still, and Charles and Hal begged her to walk.

স্লেজটি স্থির হয়ে গেল, আর চার্লস আর হ্যাল তাকে হাঁটার জন্য অনুরোধ করল।

They pleaded and entreated, but she wept and called them cruel.
তারা অনুনয় বিনয় করল, কিন্তু সে কাঁদতে কাঁদতে তাদের নিষ্ঠুর বলল।

On one occasion, they pulled her off the sled with sheer force and anger.
একবার, তারা তীব্র ক্রোধ এবং জোরে তাকে স্লেজ থেকে টেনে নামিয়ে দেয়।

They never tried again after what happened that time.
সেই ঘটনার পর তারা আর কখনও চেষ্টা করেনি।

She went limp like a spoiled child and sat in the snow.
সে নষ্ট শিশুর মতো খোঁড়া হয়ে বরফে বসে রইল।

They moved on, but she refused to rise or follow behind.
তারা এগিয়ে গেল, কিন্তু সে উঠতে বা পিছনে পিছনে যেতে রাজি হল না।

After three miles, they stopped, returned, and carried her back.
তিন মাইল যাওয়ার পর, তারা থামল, ফিরে এল এবং তাকে আবার বহন করে আনল।

They reloaded her onto the sled, again using brute strength.
তারা আবারও নিষ্ঠুর শক্তি ব্যবহার করে তাকে স্লেজে ভরে তুলল।

In their deep misery, they were callous to the dogs' suffering.
তাদের গভীর দুঃখের মধ্যে, তারা কুকুরদের কষ্টের প্রতি উদাসীন ছিল।

Hal believed one must get hardened and forced that belief on others.
হ্যাল বিশ্বাস করতেন যে, একজনকে কঠোর হতে হবে এবং সেই বিশ্বাস অন্যের উপর চাপিয়ে দিতে হবে।

He first tried to preach his philosophy to his sister
তিনি প্রথমে তার বোনের কাছে তার দর্শন প্রচার করার চেষ্টা করেছিলেন

and then, without success, he preached to his brother-in-law.
এবং তারপর, কোন সাফল্য ছাড়াই, সে তার শ্যালকের কাছে প্রচার করল।

He had more success with the dogs, but only because he hurt them.
কুকুরদের সাথে তার সাফল্য বেশি ছিল, কিন্তু শুধুমাত্র তাদের ক্ষতি করার কারণে।

At Five Fingers, the dog food ran out of food completely.
ফাইভ ফিঙ্গারসে, কুকুরের খাবার সম্পূর্ণরূপে ফুরিয়ে গেল।

A toothless old squaw sold a few pounds of frozen horse-hide
একটি দাঁতহীন বৃদ্ধ স্কোয়া কয়েক পাউন্ড হিমায়িত ঘোড়ার চামড়া বিক্রি করেছে

Hal traded his revolver for the dried horse-hide.
হ্যাল তার রিভলবারটি শুকনো ঘোড়ার চামড়ার জন্য বিক্রি করে দিল।

The meat had come from starved horses of cattlemen months before.
মাংসটা এসেছিল কয়েক মাস আগে পশুপালকদের ক্ষুধার্ত ঘোড়া থেকে।

Frozen, the hide was like galvanized iron; tough and inedible.
হিমায়িত অবস্থায়, চামড়াটি ছিল গ্যালভানাইজড লোহার মতো; শক্ত এবং অখাদ্য।

The dogs had to chew endlessly at the hide to eat it.
কুকুরদের চামড়া খেতে অবিরাম চিবিয়ে খেতে হত।

But the leathery strings and short hair were hardly nourishment.
কিন্তু চামড়ার সুতা আর ছোট চুলগুলো খুব একটা পুষ্টিকর ছিল না।

Most of the hide was irritating, and not food in any true sense.
বেশিরভাগ চামড়াই বিরক্তিকর ছিল, সত্যিকার অর্থে খাবার ছিল না।

And through it all, Buck staggered at the front, like in a nightmare.
আর এই সবকিছুর মধ্যেও, বাক সামনের দিকে টলমল করে রইল, যেন দুঃস্বপ্নে।

He pulled when able; when not, he lay until whip or club raised him.
যখন পারত তখন টানত; যখন পারত না, তখন শুয়ে থাকত যতক্ষণ না চাবুক বা লাঠি তাকে তুলে নিয়ে যেত।

His fine, glossy coat had lost all stiffness and sheen it once had.
তার সূক্ষ্ম, চকচকে কোটটি আগের মতো শক্ত এবং উজ্জ্বল ছিল না।

His hair hung limp, draggled, and clotted with dried blood from the blows.
তার চুলগুলো ঝুলে ছিল, টেনে তোলা হয়েছিল, এবং আঘাতের ফলে শুকনো রক্তে জমাট বেঁধেছিল।

His muscles shrank to cords, and his flesh pads were all worn away.
তার পেশীগুলো সঙ্কুচিত হয়ে দড়িতে পরিণত হয়েছে, এবং তার মাংসের প্যাডগুলো সব জীর্ণ হয়ে গেছে।

Each rib, each bone showed clearly through folds of wrinkled skin.
প্রতিটি পাঁজর, প্রতিটি হাড় কুঁচকে যাওয়া ত্বকের ভাঁজের মধ্য দিয়ে স্পষ্ট দেখা যাচ্ছিল।

It was heartbreaking, yet Buck's heart could not break.
এটা হৃদয়বিদারক ছিল, তবুও বাকের হৃদয় ভাঙতে পারেনি।

The man in the red sweater had tested that and proved it long ago.
লাল সোয়েটার পরা লোকটি অনেক আগেই সেটা পরীক্ষা করে দেখেছিল এবং প্রমাণও করেছিল।

As it was with Buck, so it was with all his remaining teammates.
বাকের ক্ষেত্রে যেমন হয়েছিল, তার বাকি সকল সতীর্থদের ক্ষেত্রেও তাই হয়েছিল।

There were seven in total, each one a walking skeleton of misery.
মোট সাতজন ছিল, প্রত্যেকেই ছিল দুর্দশার হাঁটা কঙ্কাল।
They had grown numb to lash, feeling only distant pain.
তারা বেত্রাঘাত করার মতো অসাড় হয়ে গিয়েছিল, কেবল দূরবর্তী ব্যথা অনুভব করছিল।
Even sight and sound reached them faintly, as through a thick fog.
ঘন কুয়াশার মধ্য দিয়েও দৃষ্টি এবং শব্দ তাদের কাছে অল্প অল্প করে পৌঁছেছিল।
They were not half alive—they were bones with dim sparks inside.
তারা অর্ধেক জীবিত ছিল না – তারা ছিল হাড়ের মতো যার ভেতরে মৃদু স্ফুলিঙ্গ ছিল।
When stopped, they collapsed like corpses, their sparks almost gone.
থামলে, তারা মৃতদেহের মতো ভেঙে পড়ে, তাদের স্ফুলিঙ্গ প্রায় নিভে গেল।
And when the whip or club struck again, the sparks fluttered weakly.
আর যখন চাবুক বা লাঠি আবার আঘাত করত, তখন স্ফুলিঙ্গগুলো দুর্বলভাবে উড়ে যেত।
Then they rose, staggered forward, and dragged their limbs ahead.
তারপর তারা উঠে দাঁড়াল, টলমল করে সামনের দিকে এগিয়ে গেল, এবং তাদের অঙ্গ-প্রত্যঙ্গ টেনে সামনের দিকে এগিয়ে দিল।
One day kind Billee fell and could no longer rise at all.
একদিন দয়ালু বিলি পড়ে গেল এবং আর উঠতে পারল না।
Hal had traded his revolver, so he used an axe to kill Billee instead.
হ্যাল তার রিভলবারটি বিক্রি করেছিল, তাই সে বিলিকে হত্যা করার জন্য কুড়াল ব্যবহার করেছিল।
He struck him on the head, then cut his body free and dragged it away.

সে তার মাথায় আঘাত করে, তারপর তার শরীর কেটে মুক্ত করে টেনে নিয়ে যায়।

Buck saw this, and so did the others; they knew death was near.
বাক এটা দেখেছিল, আর অন্যরাও তাই দেখেছিল; তারা জানত মৃত্যু কাছে এসে গেছে।

Next day Koona went, leaving just five dogs in the starving team.
পরের দিন কুনা চলে গেল, ক্ষুধার্ত দলে মাত্র পাঁচটি কুকুর রেখে।

Joe, no longer mean, was too far gone to be aware of much at all.
জো, আর খারাপ নয়, এতটাই দূরে চলে গিয়েছিল যে সে খুব বেশি কিছু জানতেও পারত না।

Pike, no longer faking his injury, was barely conscious.
পাইক, আর তার আঘাতের ভান করছিল না, প্রায় অজ্ঞান ছিল।

Solleks, still faithful, mourned he had no strength to give.
সোলেক্স, এখনও বিশ্বস্ত, শোক প্রকাশ করলেন যে তার দান করার শক্তি নেই।

Teek was beaten most because he was fresher, but fading fast.
টিক সবচেয়ে বেশি ক্ষতিগ্রস্ত হয়েছিল কারণ সে আরও নবীন ছিল, কিন্তু দ্রুত বিবর্ণ হয়ে যাচ্ছিল।

And Buck, still in the lead, no longer kept order or enforced it.
এবং বাক, এখনও নেতৃত্বে, আর শৃঙ্খলা রক্ষা করেনি বা তা প্রয়োগ করেনি।

Half blind with weakness, Buck followed the trail by feel alone.
দুর্বলতার সাথে আধো অন্ধ, বাক একা বোধ করে পথ অনুসরণ করলেন।

It was beautiful spring weather, but none of them noticed it.
বসন্তের আবহাওয়া ছিল সুন্দর, কিন্তু তাদের কেউই তা লক্ষ্য করেনি।

Each day the sun rose earlier and set later than before.
প্রতিদিন সূর্য আগের চেয়ে আগে উঠত এবং পরে অস্ত যেত।

By three in the morning, dawn had come; twilight lasted till nine.
ভোর তিনটে নাগাদ ভোর হয়ে গেল; গোধূলি নয়টা পর্যন্ত স্থায়ী ছিল।

The long days were filled with the full blaze of spring sunshine.
দীর্ঘ দিনগুলো বসন্তের রোদের পূর্ণ আলোয় ভরে উঠল।

The ghostly silence of winter had changed into a warm murmur.
শীতের ভৌতিক নীরবতা উষ্ণ গুঞ্জনে রূপান্তরিত হয়েছিল।

All the land was waking, alive with the joy of living things.
সমস্ত ভূমি জেগে উঠছিল, জীবন্ত জিনিসের আনন্দে সজীব।

The sound came from what had lain dead and still through winter.
শব্দটা এমন একটা জিনিস থেকে আসছিল যা শীতের মধ্য দিয়ে মৃত অবস্থায় পড়ে ছিল।

Now, those things moved again, shaking off the long frost sleep.
এখন, সেই জিনিসগুলি আবার সরে গেল, দীর্ঘ হিমশীতল ঘুমকে ঝেড়ে ফেলল।

Sap was rising through the dark trunks of the waiting pine trees.
অপেক্ষারত পাইন গাছের অন্ধকার গুঁড়ি দিয়ে রস বের হচ্ছিল।

Willows and aspens burst out bright young buds on each twig.
উইলো এবং অ্যাস্পেন গাছের প্রতিটি ডালে উজ্জ্বল তরুণ কুঁড়ি ফুটে ওঠে।

Shrubs and vines put on fresh green as the woods came alive.
বন জীবন্ত হয়ে ওঠার সাথে সাথে ঝোপঝাড় এবং লতাগুলি তাজা সবুজে পরিপূর্ণ হয়ে ওঠে।

Crickets chirped at night, and bugs crawled in daylight sun.

রাতে ঝিঁঝিঁ পোকা কিচিরমিচির করত, আর দিনের আলোয় পোকামাকড় হামাগুড়ি দিত।

Partridges boomed, and woodpeckers knocked deep in the trees.
তিতির পাখিরা গর্জন করতে লাগল, আর কাঠঠোকরা গাছের গভীরে ঢুকে পড়ল।

Squirrels chattered, birds sang, and geese honked over the dogs.
কাঠবিড়ালিরা কিচিরমিচির করছিল, পাখিরা গান গাইছিল, আর হাঁস কুকুরের উপর হর্ন বাজাচ্ছিল।

The wild-fowl came in sharp wedges, flying up from the south.
বুনো পাখিটি ধারালো ছিদ্র দিয়ে দক্ষিণ দিক থেকে উড়ে এল।

From every hillside came the music of hidden, rushing streams.
প্রতিটি পাহাড়ের ঢাল থেকে ভেসে আসছিল লুকানো, তীব্র স্রোতের সঙ্গীত।

All things thawed and snapped, bent and burst back into motion.
সবকিছু গলে গেল, ভেঙে পড়ল, বাঁকল এবং আবার গতিতে ফেটে গেল।

The Yukon strained to break the cold chains of frozen ice.
ইউকন হিমায়িত বরফের ঠান্ডা শৃঙ্খল ভাঙার জন্য জোর চেষ্টা করছিল।

The ice melted underneath, while the sun melted it from above.
নীচের বরফ গলে গেল, আর উপর থেকে সূর্যের আলো গলে গেল।

Air-holes opened, cracks spread, and chunks fell into the river.
বাতাসের গর্ত খুলে গেল, ফাটল ছড়িয়ে পড়ল এবং টুকরোগুলো নদীতে পড়ে গেল।

Amid all this bursting and blazing life, the travelers staggered.

এই সমস্ত উত্তাল ও উত্তাল জীবনের মাঝে, ভ্রমণকারীরা টলমল করছিল।

Two men, a woman, and a pack of huskies walked like the dead.

দুজন পুরুষ, একজন মহিলা, আর এক প্যাকেট ভুসি মৃতের মতো হেঁটে চলল।

The dogs were falling, Mercedes wept, but still rode the sled.

কুকুরগুলো পড়ে যাচ্ছিল, মার্সিডিজ কাঁদছিল, কিন্তু তবুও স্লেজ চালাচ্ছিল।

Hal cursed weakly, and Charles blinked through watering eyes.

হ্যাল দুর্বলভাবে অভিশাপ দিল, আর চার্লস জলভরা চোখ দিয়ে পলক ফেলল।

They stumbled into John Thornton's camp by White River's mouth.

তারা হোয়াইট রিভারের মুখ দিয়ে জন থর্নটনের ক্যাম্পে হোঁচট খেয়ে পড়ে।

When they stopped, the dogs dropped flat, as if all struck dead.

যখন তারা থামল, কুকুরগুলো এমনভাবে মাটিতে পড়ে গেল যেন সবগুলোই মারা গেছে।

Mercedes wiped her tears and looked across at John Thornton.

মার্সিডিজ তার চোখের জল মুছে জন থর্নটনের দিকে তাকাল।

Charles sat on a log, slowly and stiffly, aching from the trail.

চার্লস একটা কাঠের উপর বসে পড়ল, ধীরে ধীরে এবং শক্তভাবে, পথের ব্যথায়।

Hal did the talking as Thornton carved the end of an axe-handle.

থর্নটন যখন কুঠার-হাতের শেষ প্রান্তটি খোদাই করছিল, তখন হ্যাল কথা বলছিলেন।

He whittled birch wood and answered with brief, firm replies.

সে বার্চ কাঠ ঝাড়ল এবং সংক্ষিপ্ত, দৃঢ় উত্তর দিল।

When asked, he gave advice, certain it wasn't going to be followed.
জিজ্ঞাসা করা হলে, তিনি পরামর্শ দিয়েছিলেন, নিশ্চিত যে এটি অনুসরণ করা হবে না।

Hal explained, "They told us the trail ice was dropping out."
হ্যাল ব্যাখ্যা করলেন, "তারা আমাদের বলেছিল যে পথের বরফ ঝরে পড়ছে।"

"They said we should stay put—but we made it to White River."
"তারা বলেছিল আমাদের এখানেই থাকা উচিত – কিন্তু আমরা হোয়াইট রিভারে পৌঁছে গেছি।"

He ended with a sneering tone, as if to claim victory in hardship.
তিনি বিদ্রূপাত্মক সুরে কথা শেষ করলেন, যেন কষ্টের মধ্যে জয় দাবি করছেন।

"And they told you true," John Thornton answered Hal quietly.
"এবং তারা তোমাকে সত্য বলেছে," জন থর্নটন হ্যালকে শান্তভাবে উত্তর দিলেন।

"The ice may give way at any moment—it's ready to drop out."
"বরফ যেকোনো মুহূর্তে পথ ছেড়ে দিতে পারে – এটি ঝরে পড়ার জন্য প্রস্তুত।"

"Only blind luck and fools could have made it this far alive."
"কেবল অন্ধ ভাগ্য এবং বোকারাই এতদূর আসতে পারত।"

"I tell you straight, I wouldn't risk my life for all Alaska's gold."
"আমি তোমাকে সরাসরি বলছি, আলাস্কার সমস্ত সোনার জন্য আমি আমার জীবনের ঝুঁকি নেব না।"

"That's because you're not a fool, I suppose," Hal answered.
"এর কারণ তুমি বোকা নও, আমার মনে হয়," হ্যাল উত্তর দিল।

"All the same, we'll go on to Dawson." He uncoiled his whip.

"যাই হোক, আমরা ডসনের কাছে যাব।" সে তার চাবুকের কড়াই খুলে ফেলল।

"Get up there, Buck! Hi! Get up! Go on!" he shouted harshly.
"ওঠো, বাক! হাই! ওঠো! যাও!" সে জোরে চিৎকার করে উঠল।

Thornton kept whittling, knowing fools won't hear reason.
থর্নটন বারবার বলতে লাগলো, কারণ সে জানতো বোকারা যুক্তি শুনতে পাবে না।

To stop a fool was futile—and two or three fooled changed nothing.
একজন বোকাকে থামানো বৃথা ছিল—আর দুই বা তিনজন বোকা কিছুই বদলাতে পারেনি।

But the team didn't move at the sound of Hal's command.
কিন্তু হ্যালের নির্দেশের শব্দে দলটি নড়েনি।

By now, only blows could make them rise and pull forward.
এতক্ষণে, কেবল আঘাতই তাদের উঠতে এবং এগিয়ে যেতে সাহায্য করতে পারত।

The whip snapped again and again across the weakened dogs.
দুর্বল কুকুরগুলোর উপর বারবার চাবুকটি আঘাত করছিল।

John Thornton pressed his lips tightly and watched in silence.
জন থর্নটন ঠোঁট শক্ত করে চেপে ধরে নীরবে তাকিয়ে রইল।

Solleks was the first to crawl to his feet under the lash.
সোলেক্সই প্রথম হামাগুড়ি দিয়ে চাবুকের নিচে পা রাখতে সক্ষম হল।

Then Teek followed, trembling. Joe yelped as he stumbled up.
তারপর টিক কাঁপতে কাঁপতে পিছু পিছু এলো। জো হোঁচট খেতে খেতে চিৎকার করে উঠলো।

Pike tried to rise, failed twice, then finally stood unsteadily.
পাইক ওঠার চেষ্টা করল, দুবার ব্যর্থ হল, তারপর অবশেষে অস্থির হয়ে দাঁড়াল।

But Buck lay where he had fallen, not moving at all this time.

কিন্তু বাক যেখানে পড়ে গিয়েছিল সেখানেই পড়ে রইল, এই সময়টাতে সে মোটেও নড়ছে না।

The whip slashed him over and over, but he made no sound.
চাবুকটি তাকে বারবার আঘাত করছিল, কিন্তু সে কোনও শব্দ করছিল না।

He did not flinch or resist, simply remained still and quiet.
তিনি নড়লেন না বা প্রতিরোধ করলেন না, কেবল স্থির ও নীরব রইলেন।

Thornton stirred more than once, as if to speak, but didn't.
থর্নটন একাধিকবার নাড়াচাড়া করলেন, যেন কথা বলার জন্য, কিন্তু বললেন না।

His eyes grew wet, and still the whip cracked against Buck.
তার চোখ ভিজে উঠল, তবুও চাবুকটি বাকের গায়ে লাগল।

At last, Thornton began pacing slowly, unsure of what to do.
অবশেষে, থর্নটন ধীরে ধীরে চলতে শুরু করলেন, কী করবেন বুঝতে না পেরে।

It was the first time Buck had failed, and Hal grew furious.
এটি ছিল প্রথমবার যখন বাক ব্যর্থ হয়েছিল, এবং হ্যাল রেগে গেল।

He threw down the whip and picked up the heavy club instead.
সে চাবুকটা ছুঁড়ে ফেলে দিল এবং তার বদলে ভারী লাঠিটা তুলে নিল।

The wooden club came down hard, but Buck still did not rise to move.
কাঠের লাঠিটা জোরে নিচে নেমে এলো, কিন্তু বাক তখনও নড়াচড়া করার জন্য উঠে দাঁড়ালো না।

Like his teammates, he was too weak—but more than that.
তার সতীর্থদের মতো, সেও খুব দুর্বল ছিল—কিন্তু তার চেয়েও বেশি।

Buck had decided not to move, no matter what came next.
বাক সিদ্ধান্ত নিয়েছিল যে সে নড়বে না, এরপর যা-ই ঘটুক না কেন।

He felt something dark and certain hovering just ahead.

সে অনুভব করল যে অন্ধকার এবং নিশ্চিত কিছু একটা সামনে ঝুলছে।

That dread had seized him as soon as he reached the riverbank.
নদীর তীরে পৌঁছানোর সাথে সাথেই সেই ভয় তাকে গ্রাস করেছিল।

The feeling had not left him since he felt the ice thin under his paws.
তার থাবার নীচে বরফ পাতলা হয়ে যাওয়ার পর থেকে অনুভূতিটি তাকে ছাড়েনি।

Something terrible was waiting—he felt it just down the trail.
ভয়াবহ কিছু অপেক্ষা করছিল—পথের ঠিক নিচেই সে তা অনুভব করল।

He wasn't going to walk towards that terrible thing ahead
সে সামনের দিকে সেই ভয়াবহ জিনিসের দিকে এগিয়ে যাচ্ছিল না।

He was not going to obey any command that took him to that thing.
সে এমন কোনও আদেশ মানতে রাজি ছিল না যা তাকে এই জিনিসটিতে নিয়ে গিয়েছিল।

The pain of the blows hardly touched him now—he was too far gone.
আঘাতের যন্ত্রণা এখন তাকে স্পর্শ করতে পারছিল না—সে অনেক দূরে চলে গিয়েছিল।

The spark of life flickered low, dimmed beneath each cruel strike.
প্রতিটি নিষ্ঠুর আঘাতের নীচে জীবনের স্ফুলিঙ্গ নিস্তেজ হয়ে গেল, ম্লান হয়ে গেল।

His limbs felt distant; his whole body seemed to belong to another.
তার অঙ্গ-প্রত্যঙ্গ দূরে মনে হচ্ছিল; তার পুরো শরীরটা যেন অন্য কারোর।

He felt a strange numbness as the pain faded out completely.

ব্যথা সম্পূর্ণরূপে নিভে যাওয়ার সাথে সাথে সে এক অদ্ভুত অসাড়তা অনুভব করল।

From far away, he sensed he was being beaten, but barely knew.

দূর থেকে সে বুঝতে পারল যে তাকে মারধর করা হচ্ছে, কিন্তু সে বুঝতে পারল না।

He could hear the thuds faintly, but they no longer truly hurt.

সে ধড়ফড়ের শব্দ হালকা শুনতে পাচ্ছিল, কিন্তু সেগুলো আর সত্যিকার অর্থে ব্যথা দিচ্ছিল না।

The blows landed, but his body no longer seemed like his own.

আঘাতগুলো লেগেছিল, কিন্তু তার শরীর আর নিজের মতো মনে হচ্ছিল না।

Then suddenly, without warning, John Thornton gave a wild cry.

তারপর হঠাৎ, কোনও সতর্কবার্তা ছাড়াই, জন থর্নটন এক অসহায় চিৎকার করে উঠলেন।

It was inarticulate, more the cry of a beast than of a man.
এটা ছিল অস্পষ্ট, মানুষের চেয়ে পশুর চিৎকার বেশি।

He leapt at the man with the club and knocked Hal backward.

সে লাঠিওয়ালা লোকটির দিকে ঝাঁপিয়ে পড়ল এবং হ্যালকে পিছনের দিকে ঠেলে দিল।

Hal flew as if struck by a tree, landing hard upon the ground.

হ্যাল গাছের সাথে ধাক্কা খাওয়ার মতো উড়ে গেল, মাটিতে শক্ত করে আছড়ে পড়ল।

Mercedes screamed aloud in panic and clutched at her face.
মার্সিডিজ আতঙ্কে জোরে চিৎকার করে উঠল এবং তার মুখ চেপে ধরল।

Charles only looked on, wiped his eyes, and stayed seated.
চার্লস কেবল তাকিয়ে রইল, চোখ মুছে ফেলল, আর বসে রইল।

His body was too stiff with pain to rise or help in the fight.

তার শরীর ব্যথায় এতটাই শক্ত হয়ে গিয়েছিল যে সে উঠতে বা লড়াইয়ে সাহায্য করতে পারছিল না।

Thornton stood over Buck, trembling with fury, unable to speak.

থর্নটন বাকের উপরে দাঁড়িয়ে রইল, রাগে কাঁপছিল, কথা বলতে পারছিল না।

He shook with rage and fought to find his voice through it.

সে রাগে কেঁপে উঠল এবং তার কন্ঠস্বর খুঁজে বের করার জন্য লড়াই করল।

"If you strike that dog again, I'll kill you," he finally said.

"তুমি যদি আবার ওই কুকুরটিকে আঘাত করো, তাহলে আমি তোমাকে মেরে ফেলব," অবশেষে সে বলল।

Hal wiped blood from his mouth and came forward again.

হ্যাল তার মুখ থেকে রক্ত মুছে আবার এগিয়ে এলো।

"It's my dog," he muttered. "Get out of the way, or I'll fix you."

"এটা আমার কুকুর," সে বিড়বিড় করে বলল। "পথ থেকে সরে যাও, নাহলে আমি তোমাকে ঠিক করে দেব।"

"I'm going to Dawson, and you're not stopping me," he added.

"আমি ডসন যাচ্ছি, আর তুমি আমাকে থামাচ্ছ না," সে আরও বলল।

Thornton stood firm between Buck and the angry young man.

থর্নটন বাক এবং রাগান্বিত যুবকের মাঝখানে দৃঢ়ভাবে দাঁড়িয়েছিলেন।

He had no intention of stepping aside or letting Hal pass.

তার সরে দাঁড়ানোর বা হ্যালকে যেতে দেওয়ার কোনও ইচ্ছা ছিল না।

Hal pulled out his hunting knife, long and dangerous in hand.

হ্যাল তার শিকারের ছুরিটি বের করল, হাতে লম্বা এবং বিপজ্জনক।

Mercedes screamed, then cried, then laughed in wild hysteria.

মার্সিডিজ চিৎকার করে উঠল, তারপর কেঁদে উঠল, তারপর বন্য হিস্টিরিয়ায় হেসে উঠল।

Thornton struck Hal's hand with his axe-handle, hard and fast.

থর্নটন তার কুঠার-হাত দিয়ে হ্যালের হাতে জোরে এবং দ্রুত আঘাত করলেন।

The knife was knocked loose from Hal's grip and flew to the ground.

ছুরিটি হ্যালের হাত থেকে খুলে মাটিতে পড়ে গেল।

Hal tried to pick the knife up, and Thornton rapped his knuckles again.

হ্যাল ছুরিটা তুলে নেওয়ার চেষ্টা করল, আর থর্নটন আবার তার নাকফুলগুলো টিপে ধরল।

Then Thornton stooped down, grabbed the knife, and held it.

তারপর থর্নটন ঝুঁকে পড়ল, ছুরিটা ধরল, আর ধরে রাখল।

With two quick chops of the axe-handle, he cut Buck's reins.

কুঠার-হাতের দুটি দ্রুত আঘাত দিয়ে সে বাকের লাগাম কেটে দিল।

Hal had no fight left in him and stepped back from the dog.

হ্যালের মনে আর কোন লড়াই রইল না এবং সে কুকুরের কাছ থেকে পিছু হটল।

Besides, Mercedes needed both arms now to keep her upright.

তাছাড়া, মার্সিডিজকে সোজা রাখার জন্য এখন তার দুই হাতেরই প্রয়োজন।

Buck was too near death to be of use for pulling a sled again.

বাক এতটাই মৃত্যুর কাছাকাছি ছিল যে আবার স্লেজ টানার কাজে লাগতে পারছিল না।

A few minutes later, they pulled out, heading down the river.

কয়েক মিনিট পরে, তারা নদীর ধারে নেমে বেরিয়ে পড়ল।

Buck raised his head weakly and watched them leave the bank.

বাক দুর্বলভাবে মাথা তুলে তাদের ব্যাংক থেকে বেরিয়ে যেতে দেখল।

Pike led the team, with Solleks at the rear in the wheel spot.
পাইক দলকে নেতৃত্ব দিয়েছিলেন, সোলেক্স পিছনে ছিলেন হুইল স্পটে।

Joe and Teek walked between, both limping with exhaustion.
জো আর টিক দুজনেই ক্লান্তিতে খুঁড়ে খুঁড়ে হেঁটে যাচ্ছিল।

Mercedes sat on the sled, and Hal gripped the long gee-pole.
মার্সিডিজ স্লেজে বসল, আর হ্যাল লম্বা জি-পোলটা ধরে রাখল।

Charles stumbled behind, his steps clumsy and uncertain.
চার্লস হোঁচট খেয়ে পিছনে পড়ে গেল, তার পদক্ষেপগুলি আনাড়ি এবং অনিশ্চিত।

Thornton knelt by Buck and gently felt for broken bones.
থর্নটন বাকের পাশে হাঁটু গেড়ে বসে ভাঙা হাড়ের জন্য আলতো করে অনুভব করলেন।

His hands were rough but moved with kindness and care.
তার হাত রুক্ষ ছিল কিন্তু দয়া ও যত্নের সাথে নাড়াচাড়া করত।

Buck's body was bruised but showed no lasting injury.
বাকের শরীরে আঘাতের চিহ্ন ছিল কিন্তু স্থায়ী কোনও আঘাত ছিল না।

What remained was terrible hunger and near-total weakness.
বাকি রইলো ভয়াবহ ক্ষুধা আর প্রায় সম্পূর্ণ দুর্বলতা।

By the time this was clear, the sled had gone far downriver.
যখন এটি স্পষ্ট হয়ে উঠল, স্লেজটি নদীর অনেক নিচে চলে গিয়েছিল।

Man and dog watched the sled slowly crawl over the cracking ice.
মানুষ আর কুকুর দেখল স্লেজটা ধীরে ধীরে বরফের উপর দিয়ে হামাগুড়ি দিচ্ছে।

Then, they saw the sled sink down into a hollow.
তারপর, তারা দেখতে পেল স্লেজটি একটি গর্তে ডুবে গেছে।

The gee-pole flew up, with Hal still clinging to it in vain.

জি-পোলটি উড়ে গেল, হ্যাল এখনও বৃথাই এটিকে আঁকড়ে ধরে আছে।

Mercedes's scream reached them across the cold distance.
মার্সিডিজের চিৎকার ঠান্ডা দূরত্ব পেরিয়ে তাদের কাছে পৌঁছে গেল।

Charles turned and stepped back—but he was too late.
চার্লস ঘুরে দাঁড়াল এবং পিছিয়ে গেল—কিন্তু সে অনেক দেরি করে ফেলেছিল।

A whole ice sheet gave way, and they all dropped through.
একটা পুরো বরফের চাদর সরে গেল, আর সবগুলোই মাটিতে পড়ে গেল।

Dogs, sled, and people vanished into the black water below.
কুকুর, স্লেজ এবং মানুষ নীচের কালো জলে অদৃশ্য হয়ে গেল।

Only a wide hole in the ice was left where they had passed.
তারা যেখানে গিয়েছিল সেখানে কেবল বরফের একটি প্রশস্ত গর্ত অবশিষ্ট ছিল।

The trail's bottom had dropped out—just as Thornton warned.
থর্নটন যেমন সতর্ক করেছিলেন, ঠিক তেমনই পথের তলদেশটি পড়ে গিয়েছিল।

Thornton and Buck looked at one another, silent for a moment.
থর্নটন আর বাক একে অপরের দিকে তাকাল, কিছুক্ষণ চুপ করে রইল।

"You poor devil," said Thornton softly, and Buck licked his hand.
"তুমি বেচারা শয়তান," থর্নটন মৃদুস্বরে বলল, আর বাক তার হাত চাটলো।

For the Love of a Man
একজন মানুষের ভালোবাসার জন্য

John Thornton froze his feet in the cold of the previous December.
গত ডিসেম্বরের ঠান্ডায় জন থর্নটনের পা জমে যায়।

His partners made him comfortable and left him to recover alone.
তার সঙ্গীরা তাকে আরামদায়ক করে তুলেছিল এবং তাকে একা সুস্থ হতে দিয়েছিল।

They went up the river to gather a raft of saw-logs for Dawson.
তারা ডসনের জন্য করাতের কাঠের ভেলা সংগ্রহ করতে নদীর ধারে গেল।

He was still limping slightly when he rescued Buck from death.
বাককে মৃত্যুর হাত থেকে বাঁচানোর সময় সে তখনও কিছুটা খোঁড়াচ্ছিল।

But with warm weather continuing, even that limp disappeared.
কিন্তু উষ্ণ আবহাওয়া অব্যাহত থাকার সাথে সাথে, সেই লোমও অদৃশ্য হয়ে গেল।

Lying by the riverbank during long spring days, Buck rested.
বসন্তের দীর্ঘ দিনগুলিতে নদীর তীরে শুয়ে, বাক বিশ্রাম নিত।

He watched the flowing water and listened to birds and insects.
সে প্রবাহিত জলের দিকে তাকিয়ে থাকত এবং পাখি ও পোকামাকড়ের কথা শুনত।

Slowly, Buck regained his strength under the sun and sky.
ধীরে ধীরে, বাক সূর্য ও আকাশের নীচে তার শক্তি ফিরে পেল।

A rest felt wonderful after traveling three thousand miles.
তিন হাজার মাইল ভ্রমণের পর বিশ্রামটা অসাধারণ লাগলো।

Buck became lazy as his wounds healed and his body filled out.

বাকের ক্ষত সেরে যাওয়ায় এবং তার শরীর ভরে যাওয়ায় সে অলস হয়ে পড়ে।

His muscles grew firm, and flesh returned to cover his bones.

তার পেশী শক্ত হয়ে উঠল, এবং মাংস তার হাড়গুলিকে ঢেকে ফেলল।

They were all resting—Buck, Thornton, Skeet, and Nig.

তারা সবাই বিশ্রাম নিচ্ছিল—বাক, থর্নটন, স্কিট এবং নিগ।

They waited for the raft that was going to carry them down to Dawson.

তারা অপেক্ষা করছিল সেই ভেলার জন্য যেটি তাদেরকে ডসনে নিয়ে যাবে।

Skeet was a small Irish setter who made friends with Buck.

স্কিট ছিল একজন ছোট আইরিশ সেটার, যে বাকের সাথে বন্ধুত্ব করেছিল।

Buck was too weak and ill to resist her at their first meeting.

বাক খুব দুর্বল এবং অসুস্থ ছিলেন, প্রথম সাক্ষাতেই তিনি তাকে প্রতিরোধ করতে পারেননি।

Skeet had the healer trait that some dogs naturally possess.

স্কিটের মধ্যে নিরাময়কারী বৈশিষ্ট্য ছিল যা কিছু কুকুরের স্বাভাবিকভাবেই থাকে।

Like a mother cat, she licked and cleaned Buck's raw wounds.

মা বিড়ালের মতো, সে বাকের কাঁচা ক্ষত চেটে পরিষ্কার করত।

Every morning after breakfast, she repeated her careful work.

প্রতিদিন সকালে নাস্তার পর, সে তার সাবধানতার সাথে কাজটি পুনরাবৃত্তি করত।

Buck came to expect her help as much as he did Thornton's.

বাক থর্নটনের মতোই তার সাহায্য আশা করেছিল।

Nig was friendly too, but less open and less affectionate.

নিগও বন্ধুত্বপূর্ণ ছিল, কিন্তু কম খোলামেলা এবং কম স্নেহশীল ছিল।

Nig was a big black dog, part bloodhound and part deerhound.

নিগ ছিল একটি বড় কালো কুকুর, কিছুটা ব্লাডহাউন্ড আর কিছুটা ডিয়ারহাউন্ড।

He had laughing eyes and endless good nature in his spirit.
তার চোখ ছিল হাস্যোজ্জ্বল আর আত্মায় ছিল অফুরন্ত ভালো স্বভাব।

To Buck's surprise, neither dog showed jealousy toward him.
বাক অবাক হয়ে গেল, কোন কুকুরই তার প্রতি ঈর্ষা দেখাল না।

Both Skeet and Nig shared the kindness of John Thornton.
স্কিট এবং নিগ উভয়েই জন থর্নটনের দয়া ভাগ করে নিয়েছিল।

As Buck got stronger, they lured him into foolish dog games.
বাক যত শক্তিশালী হতে থাকে, তারা তাকে বোকা কুকুরের খেলায় প্রলুব্ধ করে।

Thornton often played with them too, unable to resist their joy.
থর্নটনও প্রায়শই তাদের সাথে খেলতেন, তাদের আনন্দ ঠেকাতে পারতেন না।

In this playful way, Buck moved from illness to a new life.
এই কৌতুকপূর্ণ উপায়ে, বাক অসুস্থতা থেকে নতুন জীবনে চলে গেলেন।

Love—true, burning, and passionate love—was his at last.
ভালোবাসা—সত্যিকারের, জ্বলন্ত, এবং আবেগপূর্ণ ভালোবাসা— অবশেষে তার হয়ে উঠল।

He had never known this kind of love at Miller's estate.
মিলারের এস্টেটে এই ধরণের ভালোবাসা সে কখনও জানত না।

With the Judge's sons, he had shared work and adventure.
বিচারকের ছেলেদের সাথে, তিনি কাজ এবং দুঃসাহসিক কাজ ভাগ করে নিয়েছিলেন।

With the grandsons, he saw stiff and boastful pride.
নাতিদের সাথে, তিনি কঠোর এবং গর্বিত অহংকার দেখেছিলেন।

With Judge Miller himself, he had a respectful friendship.
বিচারক মিলারের সাথেও তার এক শ্রদ্ধাশীল বন্ধুত্ব ছিল।

But love that was fire, madness, and worship came with Thornton.

কিন্তু থর্নটনের সাথেই এসেছিল আগুন, উন্মাদনা এবং উপাসনাপূর্ণ ভালোবাসা।

This man had saved Buck's life, and that alone meant a great deal.

এই লোকটি বাকের জীবন বাঁচিয়েছিল, আর এরই অর্থ ছিল অনেক।

But more than that, John Thornton was the ideal kind of master.

কিন্তু তার চেয়েও বড় কথা, জন থর্নটন ছিলেন আদর্শ ধরণের মাস্টার।

Other men cared for dogs out of duty or business necessity.

অন্য পুরুষরা কর্তব্য বা ব্যবসায়িক প্রয়োজনে কুকুরের যত্ন নিত।

John Thornton cared for his dogs as if they were his children.

জন থর্নটন তার কুকুরদের এমনভাবে যত্ন করতেন যেন তারা তার সন্তান।

He cared for them because he loved them and simply could not help it.

তিনি তাদের যত্ন নিতেন কারণ তিনি তাদের ভালোবাসতেন এবং তা ঠেকাতে পারতেন না।

John Thornton saw even further than most men ever managed to see.

জন থর্নটন আরও অনেক দূর দেখতে পেলেন যা বেশিরভাগ মানুষ কখনও দেখতে পারেননি।

He never forgot to greet them kindly or speak a cheering word.

তিনি তাদের সদয়ভাবে অভ্যর্থনা জানাতে বা উৎসাহমূলক কিছু বলতে কখনও ভোলেননি।

He loved sitting down with the dogs for long talks, or "gassy," as he said.

সে কুকুরদের সাথে বসে দীর্ঘক্ষণ কথা বলতে, অথবা "গ্যাসি" বলতে ভালোবাসতো, যেমনটা সে বলতো।

He liked to seize Buck's head roughly between his strong hands.

সে তার শক্ত হাতের মাঝে বাকের মাথাটা মোটামুটি চেপে ধরতে পছন্দ করত।

Then he rested his own head against Buck's and shook him gently.

তারপর সে বাকের মাথার উপর নিজের মাথা রাখল এবং তাকে আলতো করে নাড়াল।

All the while, he called Buck rude names that meant love to Buck.

সব সময়, সে বাককে এমন অভদ্র নাম দিত যার অর্থ বাকের প্রতি ভালোবাসা।

To Buck, that rough embrace and those words brought deep joy.

বাকের কাছে, সেই রুক্ষ আলিঙ্গন এবং সেই কথাগুলি গভীর আনন্দ এনেছিল।

His heart seemed to shake loose with happiness at each movement.

প্রতিটি নড়াচড়ায় তার হৃদয় আনন্দে কেঁপে উঠছিল বলে মনে হচ্ছিল।

When he sprang up afterward, his mouth looked like it laughed.

পরে যখন সে লাফিয়ে উঠল, তখন তার মুখটা যেন হেসে উঠল।

His eyes shone brightly and his throat trembled with unspoken joy.

তার চোখ উজ্জ্বলভাবে জ্বলজ্বল করছিল এবং অব্যক্ত আনন্দে তার গলা কাঁপছিল।

His smile stood still in that state of emotion and glowing affection.

আবেগ আর স্নেহের সেই উজ্জ্বল অবস্থায় তার হাসি স্থির হয়ে রইল।

Then Thornton exclaimed thoughtfully, "God! he can almost speak!"

তারপর থর্নটন চিন্তা করে বললেন, "ঈশ্বর! সে প্রায় কথা বলতে পারে!"

Buck had a strange way of expressing love that nearly caused pain.
বাকের ভালোবাসা প্রকাশের এক অদ্ভুত পদ্ধতি ছিল যা প্রায় যন্ত্রণার কারণ হত।

He often griped Thornton's hand in his teeth very tightly.
সে প্রায়শই থর্নটনের হাত দাঁতে খুব শক্ত করে চেপে ধরত।

The bite was going to leave deep marks that stayed for some time after.
কামড়টি গভীর চিহ্ন রেখে যাচ্ছিল যা কিছুক্ষণ পরেও থেকে যাবে।

Buck believed those oaths were love, and Thornton knew the same.
বাক বিশ্বাস করতেন যে সেই শপথগুলি ভালোবাসা ছিল, এবং থর্নটনও একই কথা জানতেন।

Most often, Buck's love showed in quiet, almost silent adoration.
বেশিরভাগ ক্ষেত্রেই, বাকের ভালোবাসা নীরব, প্রায় নীরব ভক্তির মাধ্যমে প্রকাশিত হত।

Though thrilled when touched or spoken to, he did not seek attention.
স্পর্শ করলে বা কথা বললে তিনি রোমাঞ্চিত হলেও, মনোযোগ আকর্ষণ করেননি।

Skeet nudged her nose under Thornton's hand until he petted her.
স্কিট থর্নটনের হাতের নিচে তার নাক ঠেলে দিল যতক্ষণ না সে তাকে আদর করল।

Nig walked up quietly and rested his large head on Thornton's knee.
নিগ চুপচাপ উঠে গেল এবং থর্নটনের হাঁটুতে তার বিশাল মাথা রাখল।

Buck, in contrast, was satisfied to love from a respectful distance.
বিপরীতে, বাক সম্মানজনক দূরত্ব থেকে ভালোবাসায় সন্তুষ্ট ছিলেন।

He lied for hours at Thornton's feet, alert and watching closely.
সে থর্নটনের পায়ের কাছে ঘন্টার পর ঘন্টা মিথ্যা বলেছিল, সতর্ক ছিল এবং খুব কাছ থেকে দেখছিল।

Buck studied every detail of his master's face and slightest motion.
বাক তার মালিকের মুখের প্রতিটি খুঁটিনাটি এবং সামান্যতম নড়াচড়া পর্যবেক্ষণ করল।

Or lied farther away, studying the man's shape in silence.
অথবা আরও দূরে শুয়ে, নীরবে লোকটির আকৃতি পর্যবেক্ষণ করে।

Buck watched each small move, each shift in posture or gesture.
বাক প্রতিটি ছোট ছোট নড়াচড়া, ভঙ্গিমা বা অঙ্গভঙ্গির প্রতিটি পরিবর্তন লক্ষ্য করতেন।

So powerful was this connection that often pulled Thornton's gaze.
এই সংযোগটি এতটাই শক্তিশালী ছিল যে প্রায়শই থর্নটনের দৃষ্টি আকর্ষণ করত।

He met Buck's eyes with no words, love shining clearly through.
কোন কথা ছাড়াই সে বাকের চোখের সাথে দেখা করল, ভালোবাসা স্পষ্টভাবে জ্বলজ্বল করছিল।

For a long while after being saved, Buck never let Thornton out of sight.
রক্ষা পাওয়ার পর অনেকক্ষণ ধরে, বাক কখনও থর্নটনকে দৃষ্টির আড়াল হতে দেননি।

Whenever Thornton left the tent, Buck followed him closely outside.
যখনই থর্নটন তাঁবু থেকে বের হতেন, বাক বাইরে তাকে খুব কাছ থেকে অনুসরণ করতেন।

All the harsh masters in the Northland had made Buck afraid to trust.
নর্থল্যান্ডের সমস্ত কঠোর প্রভু বাককে বিশ্বাস করতে ভয় পেয়েছিল।

He feared no man could remain his master for more than a short time.
তিনি ভয় পেতেন যে কোনও মানুষ অল্প সময়ের বেশি তার প্রভু থাকতে পারবে না।
He feared John Thornton was going to vanish like Perrault and François.
তিনি আশঙ্কা করেছিলেন যে জন থর্নটনও পেরাল্ট এবং ফ্রাঁসোয়াদের মতো উধাও হয়ে যাবেন।
Even at night, the fear of losing him haunted Buck's restless sleep.
রাতেও, তাকে হারানোর ভয় বাকের অস্থির ঘুমকে তাড়া করত।
When Buck woke, he crept out into the cold, and went to the tent.
যখন বাক জেগে উঠল, সে ঠান্ডায় লাফিয়ে লাফিয়ে বেরিয়ে গেল এবং তাঁবুতে গেল।
He listened carefully for the soft sound of breathing inside.
ভেতরে শ্বাস-প্রশ্বাসের মৃদু শব্দ সে মনোযোগ দিয়ে শুনল।
Despite Buck's deep love for John Thornton, the wild stayed alive.
জন থর্নটনের প্রতি বাকের গভীর ভালোবাসা সত্ত্বেও, বন্যটি বেঁচে ছিল।
That primitive instinct, awakened in the North, did not disappear.
উত্তরে জাগ্রত সেই আদিম প্রবৃত্তিটি অদৃশ্য হয়ে যায়নি।
Love brought devotion, loyalty, and the fire-side's warm bond.
ভালোবাসা নিষ্ঠা, আনুগত্য এবং অগ্নি-পক্ষের উষ্ণ বন্ধন এনে দেয়।
But Buck also kept his wild instincts, sharp and ever alert.
কিন্তু বাক তার বন্য প্রবৃত্তিকেও তীক্ষ্ণ এবং সর্বদা সতর্ক রেখেছিলেন।
He was not just a tamed pet from the soft lands of civilization.
সে কেবল সভ্যতার নরম ভূমি থেকে আসা একটি পোষা প্রাণী ছিল না।

Buck was a wild being who had come in to sit by Thornton's fire.
বাক ছিল একটা বন্য প্রাণী যে থর্নটনের আগুনের পাশে বসেছিল।

He looked like a Southland dog, but wildness lived within him.
সে দেখতে সাউথল্যান্ডের কুকুরের মতো, কিন্তু তার ভেতরে বন্যতা বাস করত।

His love for Thornton was too great to allow theft from the man.
থর্নটনের প্রতি তার ভালোবাসা এতটাই বেশি ছিল যে, লোকটির কাছ থেকে চুরি করা তার পক্ষে সম্ভব ছিল না।

But in any other camp, he would steal boldly and without pause.
কিন্তু অন্য যেকোনো শিবিরে, সে সাহসের সাথে এবং বিরতি ছাড়াই চুরি করত।

He was so clever in stealing that no one could catch or accuse him.
সে চুরিতে এতটাই চালাক ছিল যে কেউ তাকে ধরতে বা অভিযুক্ত করতে পারত না।

His face and body were covered in scars from many past fights.
তার মুখ এবং শরীর অতীতের অনেক লড়াইয়ের ক্ষতচিহ্নে ঢাকা ছিল।

Buck still fought fiercely, but now he fought with more cunning.
বাক তখনও প্রচণ্ডভাবে লড়াই করেছিল, কিন্তু এখন সে আরও চালাকির সাথে লড়াই করেছিল।

Skeet and Nig were too gentle to fight, and they were Thornton's.
স্কিট এবং নিগ লড়াই করার জন্য খুব ভদ্র ছিল, এবং তারা থর্নটনের ছিল।

But any strange dog, no matter how strong or brave, gave way.

কিন্তু যেকোনো অদ্ভুত কুকুর, যতই শক্তিশালী বা সাহসী হোক না কেন, হাল ছেড়ে দিল।

Otherwise, the dog found itself battling Buck; fighting for its life.

অন্যথায়, কুকুরটি নিজেকে বাকের সাথে লড়াই করতে দেখল; তার জীবনের জন্য লড়াই করছে।

Buck had no mercy once he chose to fight against another dog.

অন্য কুকুরের সাথে লড়াই করার সিদ্ধান্ত নেওয়ার পর বাকের কোনও দয়া হয়নি।

He had learned well the law of club and fang in the Northland.

সে নর্থল্যান্ডে ক্লাব এবং ফ্যাং আইন ভালোভাবে শিখেছিল।

He never gave up an advantage and never backed away from battle.

তিনি কখনও কোনও সুবিধা ত্যাগ করেননি এবং যুদ্ধ থেকে কখনও পিছু হটেননি।

He had studied Spitz and the fiercest dogs of mail and police.

সে স্পিটজ এবং ডাক ও পুলিশের সবচেয়ে হিংস্র কুকুর সম্পর্কে পড়াশোনা করেছিল।

He knew clearly there was no middle ground in wild combat.

তিনি স্পষ্টভাবে জানতেন যে বন্য লড়াইয়ে কোনও মধ্যম পন্থা নেই।

He must rule or be ruled; showing mercy meant showing weakness.

তাকে শাসন করতে হবে অথবা শাসিত হতে হবে; করুণা দেখানোর অর্থ দুর্বলতা দেখানো।

Mercy was unknown in the raw and brutal world of survival.

বেঁচে থাকার কাঁচা এবং নিষ্ঠুর জগতে করুণা অজানা ছিল।

To show mercy was seen as fear, and fear led quickly to death.

করুণা দেখানোকে ভয় হিসেবে দেখা হত, এবং ভয় দ্রুত মৃত্যুর দিকে নিয়ে যেত।

The old law was simple: kill or be killed, eat or be eaten.
পুরনো আইনটি ছিল সহজ: হত্যা করো অথবা নিহত হও, খাও অথবা খাওয়া হও।

That law came from the depths of time, and Buck followed it fully.
সেই নিয়মটি সময়ের গভীরতা থেকে এসেছে, এবং বাক তা পুরোপুরি অনুসরণ করেছিলেন।

Buck was older than his years and the number of breaths he took.
বাক তার বয়স এবং নিঃশ্বাসের সংখ্যার চেয়ে বড় ছিল।

He connected the ancient past with the present moment clearly.
তিনি প্রাচীন অতীতকে বর্তমানের সাথে স্পষ্টভাবে সংযুক্ত করেছিলেন।

The deep rhythms of the ages moved through him like the tides.
যুগ যুগের গভীর ছন্দ তার উপর দিয়ে জোয়ারের মতো বয়ে যেত।

Time pulsed in his blood as surely as seasons moved the earth.
ঋতু যেমন পৃথিবীকে নাড়া দেয়, তেমনি সময়ও তার রক্তে স্পন্দিত হচ্ছিল।

He sat by Thornton's fire, strong-chested and white-fanged.
সে থর্নটনের আগুনের পাশে বসেছিল, শক্ত বুক এবং সাদা দাঁতওয়ালা।

His long fur waved, but behind him the spirits of wild dogs watched.
তার লম্বা পশম দোলাচ্ছিল, কিন্তু তার পিছনে বন্য কুকুরের আত্মারা তাকিয়ে ছিল।

Half-wolves and full wolves stirred within his heart and senses.
তার হৃদয় ও ইন্দ্রিয়ের মধ্যে আধ-নেকড়ে এবং পূর্ণ নেকড়েরা নাড়াচাড়া করছিল।

They tasted his meat and drank the same water that he did.
তারা তার মাংসের স্বাদ নিল এবং তার মতোই পানি পান করল।

They sniffed the wind alongside him and listened to the forest.
তারা তার পাশে বাতাস শুঁকেছিল এবং বনের কথা শুনছিল।

They whispered the meanings of the wild sounds in the darkness.
অন্ধকারে তারা ফিসফিস করে বুনো শব্দের অর্থ ব্যাখ্যা করল।

They shaped his moods and guided each of his quiet reactions.
এগুলো তার মেজাজকে আকৃতি দিত এবং তার প্রতিটি নীরব প্রতিক্রিয়াকে পরিচালিত করত।

They lay with him as he slept and became part of his deep dreams.
সে যখন ঘুমাচ্ছিল তখন সেগুলো তার সাথে শুয়েছিল এবং তার গভীর স্বপ্নের অংশ হয়ে গিয়েছিল।

They dreamed with him, beyond him, and made up his very spirit.
তারা তার সাথে, তার বাইরেও স্বপ্ন দেখেছিল, এবং তার আত্মাকে তৈরি করেছিল।

The spirits of the wild called so strongly that Buck felt pulled.
বন্য আত্মারা এত জোরে ডাকছিল যে বাক টান অনুভব করল।

Each day, mankind and its claims grew weaker in Buck's heart.
প্রতিদিন, বাকের হৃদয়ে মানবজাতি এবং তার দাবি দুর্বল হয়ে পড়ল।

Deep in the forest, a strange and thrilling call was going to rise.
গভীর জঙ্গলে, এক অদ্ভুত এবং রোমাঞ্চকর ডাক ভেসে আসছিল।

Every time he heard the call, Buck felt an urge he could not resist.

প্রতিবার যখনই বাক ডাকটা শুনত, তখনই একটা তাগিদ অনুভব করত যা সে প্রতিরোধ করতে পারত না।

He was going to turn from the fire and from the beaten human paths.
সে আগুন এবং বিধ্বস্ত মানুষের পথ থেকে সরে আসতে যাচ্ছিল।

He was going to plunge into the forest, going forward without knowing why.
সে বনে ঝাঁপিয়ে পড়তে যাচ্ছিল, কেন তা না জেনেই এগিয়ে যাচ্ছিল।

He did not question this pull, for the call was deep and powerful.
তিনি এই আকর্ষণ নিয়ে প্রশ্ন তোলেননি, কারণ আহ্বানটি ছিল গভীর এবং শক্তিশালী।

Often, he reached the green shade and soft untouched earth
প্রায়শই, সে সবুজ ছায়া আর নরম, অস্পৃশ্য মাটির কাছে পৌঁছে যেত

But then the strong love for John Thornton pulled him back to the fire.
কিন্তু তারপর জন থর্নটনের প্রতি প্রবল ভালোবাসা তাকে আবারও সেই আগুনে টেনে আনল।

Only John Thornton truly held Buck's wild heart in his grasp.
একমাত্র জন থর্নটনই সত্যিকার অর্থে বাকের বন্য হৃদয়কে নিজের আঁকড়ে ধরে রেখেছিলেন।

The rest of mankind had no lasting value or meaning to Buck.
বাকের কাছে বাকি মানবজাতির কোন স্থায়ী মূল্য বা অর্থ ছিল না।

Strangers might praise him or stroke his fur with friendly hands.
অপরিচিতরা হয়তো তার প্রশংসা করতে পারে অথবা বন্ধুত্বপূর্ণ হাত দিয়ে তার পশম স্পর্শ করতে পারে।

Buck remained unmoved and walked off from too much affection.
বাক অটল রইল এবং অতিরিক্ত স্নেহের কারণে চলে গেল।

Hans and Pete arrived with the raft that had long been awaited

হ্যান্স এবং পিট বহু প্রতীক্ষিত ভেলাটি নিয়ে এসেছিলেন।

Buck ignored them until he learned they were close to Thornton.

বাক তাদের উপেক্ষা করলেন যতক্ষণ না তিনি জানতে পারলেন যে তারা থর্নটনের কাছাকাছি।

After that, he tolerated them, but never showed them full warmth.

এরপর, তিনি তাদের সহ্য করলেন, কিন্তু কখনও পূর্ণ উষ্ণতা দেখালেন না।

He took food or kindness from them as if doing them a favor.

তিনি তাদের কাছ থেকে খাবার বা দয়া গ্রহণ করতেন যেন তিনি তাদের প্রতি অনুগ্রহ করছেন।

They were like Thornton—simple, honest, and clear in thought.

তারা থর্নটনের মতোই ছিলেন—সরল, সৎ এবং চিন্তাভাবনায় স্পষ্ট।

All together they traveled to Dawson's saw-mill and the great eddy

তারা সবাই মিলে ডসনের করাতকল এবং গ্রেট এডিতে ভ্রমণ করেছিল

On their journey the learned to understand Buck's nature deeply.

তাদের যাত্রাপথে তারা বাকের প্রকৃতি গভীরভাবে বুঝতে শিখেছে।

They did not try to grow close like Skeet and Nig had done.

তারা স্কিট এবং নিগের মতো ঘনিষ্ঠ হওয়ার চেষ্টা করেনি।

But Buck's love for John Thornton only deepened over time.

কিন্তু সময়ের সাথে সাথে জন থর্নটনের প্রতি বাকের ভালোবাসা আরও গভীর হতে থাকে।

Only Thornton could place a pack on Buck's back in the summer.

গ্রীষ্মে কেবল থর্নটনই বাকের পিঠে একটা প্যাকেট রাখতে পারতেন।

Whatever Thornton commanded, Buck was willing to do fully.

থর্নটন যা-ই আদেশ করুক না কেন, বাক পুরোপুরি করতে ইচ্ছুক ছিলেন।

One day, after they left Dawson for the headwaters of the Tanana,

একদিন, তারা ডসন থেকে তানানার উৎসমুখে যাওয়ার পর,

the group sat on a cliff that dropped three feet to bare bedrock.

দলটি একটি খাড়া পাহাড়ের উপর বসেছিল যা তিন ফুট নিচে নেমে খালি পাথরের মতো হয়ে গিয়েছিল।

John Thornton sat near the edge, and Buck rested beside him.

জন থর্নটন ধারের কাছে বসেছিলেন, আর বাক তার পাশে বিশ্রাম নিচ্ছিলেন।

Thornton had a sudden thought and called the men's attention.

থর্নটনের হঠাৎ একটা চিন্তা এলো এবং সে লোকগুলোর দৃষ্টি আকর্ষণ করলো।

He pointed across the chasm and gave Buck a single command.

সে খাদের ওপারে আঙুল তুলে বাককে একটাই নির্দেশ দিল।

"Jump, Buck!" he said, swinging his arm out over the drop.

"লাফ দাও, বাক!" সে বলল, ড্রপের উপর হাত বাড়িয়ে।

In a moment, he had to grab Buck, who was leaping to obey.

মুহূর্তের মধ্যে, তাকে বাককে ধরে ফেলতে হল, যে লাফিয়ে লাফিয়ে কথা বলছিল।

Hans and Pete rushed forward and pulled both back to safety.

হ্যান্স এবং পিট দ্রুত এগিয়ে গেলেন এবং দুজনকেই নিরাপদ স্থানে টেনে আনলেন।

After all ended, and they had caught their breath, Pete spoke up.

সব শেষ হওয়ার পর, আর তাদের নিঃশ্বাস বন্ধ হয়ে যাওয়ার পর, পিট কথা বলল।

"The love's uncanny," he said, shaken by the dog's fierce devotion.

"ভালোবাসাটা অদ্ভুত," সে বলল, কুকুরের তীব্র ভক্তিতে কেঁপে উঠল।

Thornton shook his head and replied with calm seriousness.

থর্নটন মাথা নাড়লেন এবং শান্ত গম্ভীরতার সাথে উত্তর দিলেন।

"No, the love is splendid," he said, "but also terrible."

"না, ভালোবাসাটা অসাধারণ," সে বলল, "কিন্তু ভয়ানকও।"

"Sometimes, I must admit, this kind of love makes me afraid."

"মাঝে মাঝে, আমাকে স্বীকার করতেই হবে, এই ধরণের ভালোবাসা আমাকে ভয় পাইয়ে দেয়।"

Pete nodded and said, "I'd hate to be the man who touches you."

পিট মাথা নাড়িয়ে বলল, "তোমাকে স্পর্শ করা মানুষ হতে আমার ভালো লাগবে না।"

He looked at Buck as he spoke, serious and full of respect.

কথা বলার সময় সে বাকের দিকে তাকাল, গম্ভীর এবং শ্রদ্ধায় ভরা।

"Py Jingo!" said Hans quickly. "Me either, no sir."

"পাই জিঙ্গো!" হ্যান্স তাড়াতাড়ি বলল। "আমিও, না স্যার।"

Before the year ended, Pete's fears came true at Circle City.

বছর শেষ হওয়ার আগেই, সার্কেল সিটিতে পিটের আশঙ্কা সত্যি হয়ে গেল।

A cruel man named Black Burton picked a fight in the bar.

ব্ল্যাক বার্টন নামে এক নিষ্ঠুর লোক বারে মারামারি শুরু করে।

He was angry and malicious, lashing out at a new tenderfoot.

সে রাগান্বিত এবং বিদ্বেষপূর্ণ ছিল, নতুন কোমল পায়ের উপর আঘাত করছিল।

John Thornton stepped in, calm and good-natured as always.

জন থর্নটন এগিয়ে এলেন, বরাবরের মতো শান্ত এবং সদালাপী।

Buck lay in a corner, head down, watching Thornton closely.

বাক এক কোণে শুয়ে মাথা নিচু করে থর্নটনকে খুব কাছ থেকে দেখছিল।

Burton suddenly struck, his punch sending Thornton spinning.
বার্টন হঠাৎ আঘাত করলেন, তার ঘুষি থর্নটনকে ঘুরিয়ে দিল।

Only the bar's rail kept him from crashing hard to the ground.
কেবল বারের রেলিং তাকে মাটিতে জোরে আছড়ে পড়া থেকে রক্ষা করেছিল।

The watchers heard a sound that was not bark or yelp
প্রহরীরা এমন একটি শব্দ শুনতে পেল যা ঘেউ ঘেউ বা চিৎকারের শব্দ ছিল না।

a deep roar came from Buck as he launched toward the man.
লোকটির দিকে ছুটতে ছুটতে বাকের কাছ থেকে একটা গভীর গর্জন ভেসে এলো।

Burton threw his arm up and barely saved his own life.
বার্টন তার হাত উপরে তুলে ফেললেন এবং খুব কষ্ট করে নিজের জীবন বাঁচালেন।

Buck crashed into him, knocking him flat onto the floor.
বাক তার সাথে ধাক্কা খায়, তাকে মেঝেতে আছড়ে পড়ে।

Buck bit deep into the man's arm, then lunged for the throat.
বাক লোকটির বাহুতে গভীরভাবে কামড় দিল, তারপর গলার দিকে ঝাঁপিয়ে পড়ল।

Burton could only partly block, and his neck was torn open.
বার্টন কেবল আংশিকভাবে বাধা দিতে পেরেছিলেন, এবং তার ঘাড় ছিঁড়ে গিয়েছিল।

Men rushed in, clubs raised, and drove Buck off the bleeding man.
লোকেরা ছুটে এলো, লাঠি তুলে বাককে রক্তাক্ত লোকটিকে তাড়িয়ে দিল।

A surgeon worked quickly to stop the blood from flowing out.
একজন সার্জন দ্রুত রক্ত পড়া বন্ধ করার চেষ্টা করলেন।

Buck paced and growled, trying to attack again and again.
বাক বারবার আক্রমণ করার চেষ্টা করে, গর্জন করে উঠল।

Only swinging clubs kept him back from reaching Burton.
শুধুমাত্র সুইংিিং ক্লাবগুলি তাকে বার্টনে পৌঁছাতে বাধা দিয়েছিল।
A miners' meeting was called and held right there on the spot.
ঘটনাস্থলেই খনি শ্রমিকদের একটি সভা ডাকা হয়েছিল এবং অনুষ্ঠিত হয়েছিল।
They agreed Buck had been provoked and voted to set him free.
তারা একমত হয়েছিল যে বাককে উসকানি দেওয়া হয়েছে এবং তাকে মুক্ত করার পক্ষে ভোট দিয়েছে।
But Buck's fierce name now echoed in every camp in Alaska.
কিন্তু বাকের ভয়ঙ্কর নাম এখন আলাস্কার প্রতিটি শিবিরে প্রতিধ্বনিত হচ্ছে।
Later that fall, Buck saved Thornton again in a new way.
সেই শরতের পরে, বাক আবার নতুন উপায়ে থর্নটনকে রক্ষা করেন।
The three men were guiding a long boat down rough rapids.
তিনজন লোক উত্তাল নদী দিয়ে একটি লম্বা নৌকা চালাচ্ছিল।
Thornton maned the boat, calling directions to the shoreline.
থর্নটন নৌকা চালাচ্ছিলেন, তীরের দিকে দিকনির্দেশনা দিচ্ছিলেন।
Hans and Pete ran on land, holding a rope from tree to tree.
হ্যান্স এবং পিট গাছ থেকে গাছে দড়ি ধরে জমিতে দৌড়াতে লাগল।
Buck kept pace on the bank, always watching his master.
বাক তীরে পাড়া দিয়ে চলতে থাকল, সবসময় তার মালিকের দিকে নজর রাখল।
At one nasty place, rocks jutted out under the fast water.
এক নোংরা জায়গায়, দ্রুত জলের তলায় পাথরগুলো বেরিয়ে এসেছে।
Hans let go of the rope, and Thornton steered the boat wide.
হ্যান্স দড়ি ছেড়ে দিল, আর থর্নটন নৌকাটা আরও দূরে চালাল।
Hans sprinted to catch the boat again past the dangerous rocks.

হ্যান্স বিপজ্জনক পাথর পেরিয়ে আবার নৌকা ধরার জন্য দৌড়ে গেল।

The boat cleared the ledge but hit a stronger part of the current.

নৌকাটি খাড়া অংশ পরিষ্কার করল কিন্তু স্রোতের আরও শক্তিশালী অংশে আঘাত করল।

Hans grabbed the rope too quickly and pulled the boat off balance.

হ্যান্স খুব দ্রুত দড়ি ধরে নৌকাটিকে ভারসাম্যহীন করে ফেলল।

The boat flipped over and slammed into the bank, bottom up.

নৌকাটি উল্টে গেল এবং তীরে ধাক্কা মারল, একেবারে নীচের দিকে।

Thornton was thrown out and swept into the wildest part of the water.

থর্নটনকে বাইরে ফেলে দেওয়া হয়েছিল এবং জলের সবচেয়ে জঙ্গলে ভাসিয়ে দেওয়া হয়েছিল।

No swimmer could have survived in those deadly, racing waters.

সেই মারাত্মক, তীব্র জলরাশিতে কোনও সাঁতারু বেঁচে থাকতে পারত না।

Buck jumped in instantly and chased his master down the river.

বাক তৎক্ষণাৎ লাফিয়ে পড়ে এবং তার মনিবকে নদীর ধারে তাড়া করে।

After three hundred yards, he reached Thornton at last.

তিনশো গজ পর, অবশেষে সে থর্নটনে পৌঁছালো।

Thornton grabbed Buck's tail, and Buck turned for the shore.

থর্নটন বাকের লেজ ধরে ফেলল, আর বাক তীরের দিকে ঘুরে দাঁড়াল।

He swam with full strength, fighting the water's wild drag.

সে পুরো শক্তি দিয়ে সাঁতার কাটল, জলের তীব্র টানের সাথে লড়াই করে।

They moved downstream faster than they could reach the shore.
তারা তীরে পৌঁছানোর চেয়ে দ্রুততর গতিতে নদীর স্রোতে চলে গেল।

Ahead, the river roared louder as it fell into deadly rapids.
সামনে, নদীটি আরও জোরে গর্জন করছিল যখন এটি মারাত্মক দ্রুত স্রোতের সাথে আছড়ে পড়ছিল।

Rocks sliced through the water like the teeth of a huge comb.
বিশাল চিরুনির দাঁতের মতো পাথরগুলো জলের মধ্য দিয়ে কেটে বেরিয়ে আসছে।

The pull of the water near the drop was savage and inescapable.
ফোঁটার কাছে জলের টান ছিল বর্বর এবং অনিবার্য।

Thornton knew they could never make the shore in time.
থর্নটন জানতেন যে তারা কখনই সময়মতো তীরে পৌঁছাতে পারবে না।

He scraped over one rock, smashed across a second,
সে একটা পাথরের উপর দিয়ে ঘষে ঘষে, আরেকটা পাথর ভেঙে ফেলল,

And then he crashed into a third rock, grabbing it with both hands.
আর তারপর সে তৃতীয় পাথরের সাথে ধাক্কা খেল, দুই হাতে ধরে।

He let go of Buck and shouted over the roar, "Go, Buck! Go!"
সে বাককে ছেড়ে দিল এবং গর্জনের সাথে চিৎকার করে বলল, "যাও, বাক! যাও!"

Buck could not stay afloat and was swept down by the current.
বাক ভেসে থাকতে পারল না এবং স্রোতের টানে ভেসে গেল।

He fought hard, struggling to turn, but made no headway at all.
সে কঠোর লড়াই করেছিল, ঘুরে দাঁড়ানোর জন্য সংগ্রাম করেছিল, কিন্তু কোনও অগ্রগতি করতে পারেনি।

Then he heard Thornton repeat the command over the river's roar.

তারপর সে শুনতে পেল থর্নটন নদীর গর্জনের উপর দিয়ে আদেশটি পুনরাবৃত্তি করছে।

Buck reared out of the water, raised his head as if for a last look.

বাক জল থেকে উঠে এল, মাথা তুলল যেন শেষবারের মতো দেখার জন্য।

then turned and obeyed, swimming toward the bank with resolve.

তারপর ঘুরে দাঁড়ালো এবং বাধ্য হলো, দৃঢ় সংকল্পের সাথে তীরের দিকে সাঁতার কাটলো।

Pete and Hans pulled him ashore at the final possible moment.

পিট এবং হ্যান্স তাকে শেষ সম্ভাব্য মুহূর্তে তীরে টেনে আনলেন।

They knew Thornton could cling to the rock for only minutes more.

তারা জানত থর্নটন মাত্র কয়েক মিনিটের জন্য পাথরের সাথে লেগে থাকতে পারবে।

They ran up the bank to a spot far above where he was hanging.

তারা দৌড়ে ব্যাংকের অনেক উপরে একটা জায়গায় উঠে গেল যেখানে সে ঝুলছিল।

They tied the boat's line to Buck's neck and shoulders carefully.

তারা নৌকার দড়িটি বাকের ঘাড় এবং কাঁধে সাবধানে বেঁধে দিল।

The rope was snug but loose enough for breathing and movement.

দড়িটি শক্ত ছিল কিন্তু শ্বাস-প্রশ্বাস এবং নড়াচড়ার জন্য যথেষ্ট ঢিলেঢালা ছিল।

Then they launched him into the rushing, deadly river again.

তারপর তারা তাকে আবার তীব্র, প্রাণঘাতী নদীতে ফেলে দিল।

Buck swam boldly but missed his angle into the stream's force.

বাক সাহসের সাথে সাঁতার কাটল কিন্তু স্রোতের তীব্রতায় তার কোণ মিস করল।

He saw too late that he was going to drift past Thornton.

সে বুঝতে পেরেছিল যে সে থর্নটনের পাশ দিয়ে ভেসে যাবে।

Hans jerked the rope tight, as if Buck were a capsizing boat.

হ্যান্স দড়িটা শক্ত করে ঝাঁকিয়ে ধরল, যেন বাক একটা ডুবন্ত নৌকা।

The current pulled him under, and he vanished below the surface.

স্রোত তাকে টেনে নিল, এবং সে ভূপৃষ্ঠের নীচে অদৃশ্য হয়ে গেল।

His body struck the bank before Hans and Pete pulled him out.

হ্যান্স এবং পিট তাকে টেনে বের করার আগেই তার দেহটি তীরে আঘাত করে।

He was half-drowned, and they pounded the water out of him.

সে আধ ডুবে ছিল, আর তারা তার শরীর থেকে পানি বের করে দিল।

Buck stood, staggered, and collapsed again onto the ground.

বাক দাঁড়িয়ে রইল, টলমল করে আবার মাটিতে লুটিয়ে পড়ল।

Then they heard Thornton's voice faintly carried by the wind.

তারপর তারা থর্নটনের কন্ঠস্বর শুনতে পেল, বাতাসের আওয়াজ মৃদুভাবে ভেসে যাচ্ছিল।

Though the words were unclear, they knew he was near death.

যদিও কথাগুলো অস্পষ্ট ছিল, তারা জানত যে সে মৃত্যুর কাছাকাছি।

The sound of Thornton's voice hit Buck like an electric jolt.

থর্নটনের কন্ঠস্বরের শব্দ বাকের উপর বৈদ্যুতিক ঝাঁকুনির মতো আঘাত করল।

He jumped up and ran up the bank, returning to the launch point.
সে লাফিয়ে উঠে তীরে উঠে গেল, লঞ্চ পয়েন্টে ফিরে এলো।

Again they tied the rope to Buck, and again he entered the stream.
আবার তারা বাকের সাথে দড়ি বেঁধে দিল, এবং সে আবার স্রোতে প্রবেশ করল।

This time, he swam directly and firmly into the rushing water.
এবার, সে সরাসরি এবং দৃঢ়ভাবে তীব্র জলে সাঁতার কাটল।

Hans let out the rope steadily while Pete kept it from tangling.
হ্যান্স দড়িটা ধীরে ধীরে ছেড়ে দিল, আর পিট দড়িটা জট পাকানো থেকে রক্ষা করল।

Buck swam hard until he was lined up just above Thornton.
বাক খুব জোরে সাঁতার কেটেছিল যতক্ষণ না সে থর্নটনের ঠিক উপরে লাইনে দাঁড়িয়ে ছিল।

Then he turned and charged down like a train in full speed.
তারপর সে ঘুরে দাঁড়ালো এবং পুরো গতিতে ট্রেনের মতো নেমে এলো।

Thornton saw him coming, braced, and locked arms around his neck.
থর্নটন তাকে আসতে দেখে, শক্ত হয়ে গেল, এবং তার গলায় হাত বেঁধে নিল।

Hans tied the rope fast around a tree as both were pulled under.
দুজনেই নিচে টেনে ধরা পড়ার সাথে সাথে হ্যান্স একটি গাছের সাথে দড়িটি শক্ত করে বেঁধে ফেলল।

They tumbled underwater, smashing into rocks and river debris.
তারা পানির নিচে পড়ে গেল, পাথর এবং নদীর ধ্বংসাবশেষে ধাক্কা খেল।

One moment Buck was on top, the next Thornton rose gasping.

এক মুহূর্তে বাক উপরে ছিল, পরের মুহূর্তে থর্নটন হাঁপাতে হাঁপাতে উঠল।

Battered and choking, they veered to the bank and safety.
মারধর ও শ্বাসরোধের কারণে তারা ব্যাংক এবং নিরাপদ স্থানে পালিয়ে গেল।

Thornton regained consciousness, lying across a drift log.
থর্নটন জ্ঞান ফিরে পেলেন, একটা ভেসে থাকা কাঠের উপর শুয়ে।

Hans and Pete worked him hard to bring back breath and life.
হ্যান্স এবং পিট তাকে নিঃশ্বাস এবং জীবন ফিরিয়ে আনার জন্য কঠোর পরিশ্রম করেছিল।

His first thought was for Buck, who lay motionless and limp.
তার প্রথম চিন্তা ছিল বাকের কথা, যে নিশ্চল এবং নিস্তেজ অবস্থায় পড়ে ছিল।

Nig howled over Buck's body, and Skeet licked his face gently.
নিগ বাকের শরীরের উপর চিৎকার করে উঠল, আর স্কিট আলতো করে তার মুখ চাটল।

Thornton, sore and bruised, examined Buck with careful hands.
থর্নটন, ক্ষতবিক্ষত এবং ক্ষতবিক্ষত, সাবধানে হাতে বাককে পরীক্ষা করলেন।

He found three ribs broken, but no deadly wounds in the dog.
তিনি কুকুরটির তিনটি পাঁজর ভাঙা দেখতে পেলেন, কিন্তু কোনও মারাত্মক ক্ষত ছিল না।

"That settles it," Thornton said. "We camp here." And they did.
"এতেই সব ঠিক হয়ে যায়," থর্নটন বললেন। "আমরা এখানেই ক্যাম্প করি।" এবং তারা তা করল।

They stayed until Buck's ribs healed and he could walk again.

বাকের পাঁজর সেরে ওঠা এবং সে আবার হাঁটতে না পারা পর্যন্ত তারা সেখানেই ছিল।

That winter, Buck performed a feat that raised his fame further.
সেই শীতে, বাক এমন একটি কীর্তি সম্পাদন করেছিলেন যা তার খ্যাতি আরও বাড়িয়ে দিয়েছিল।

It was less heroic than saving Thornton, but just as impressive.
থর্নটনকে বাঁচানোর চেয়ে এটি কম বীরত্বপূর্ণ ছিল, কিন্তু ঠিক ততটাই চিত্তাকর্ষক ছিল।

At Dawson, the partners needed supplies for a distant journey.
ডসনে, অংশীদারদের দূর ভ্রমণের জন্য সরবরাহের প্রয়োজন ছিল।

They wanted to travel East, into untouched wilderness lands.
তারা পূর্ব দিকে, অস্পৃশ্য প্রান্তর ভূমিতে ভ্রমণ করতে চেয়েছিল।

Buck's deed in the Eldorado Saloon made that trip possible.
এলডোরাডো সেলুনে বাকের কাজ সেই ভ্রমণকে সম্ভব করে তুলেছিল।

It began with men bragging about their dogs over drinks.
এটি শুরু হয়েছিল পুরুষদের তাদের কুকুরদের পানীয় নিয়ে বড়াই করার মাধ্যমে।

Buck's fame made him the target of challenges and doubt.
বাকের খ্যাতি তাকে চ্যালেঞ্জ এবং সন্দেহের লক্ষ্যবস্তুতে পরিণত করেছিল।

Thornton, proud and calm, stood firm in defending Buck's name.
গর্বিত এবং শান্ত থর্নটন বাকের নাম রক্ষায় দৃঢ়ভাবে দাঁড়িয়েছিলেন।

One man said his dog could pull five hundred pounds with ease.
একজন লোক বললো যে তার কুকুরটি সহজেই পাঁচশো পাউন্ড ওজন তুলতে পারে।

Another said six hundred, and a third bragged seven hundred.

আরেকজন বলল ছয়শো, আর তৃতীয়জন বলল সাতশো।

"Pfft!" said John Thornton, "Buck can pull a thousand pound sled."

"ওহ!" জন থর্নটন বললেন, "বাক হাজার পাউন্ডের স্লেজ টানতে পারে।"

Matthewson, a Bonanza King, leaned forward and challenged him.

ম্যাথিউসন, একজন বোনানজা রাজা, সামনে ঝুঁকে তাকে চ্যালেঞ্জ জানালেন।

"You think he can put that much weight into motion?"

"তুমি কি মনে করো সে এত ওজন কাজে লাগাতে পারবে?"

"And you think he can pull the weight a full hundred yards?"

"আর তুমি কি মনে করো সে পুরো একশ গজ ওজন টানতে পারবে?"

Thornton replied coolly, "Yes. Buck is dog enough to do it."

থর্নটন শান্ত স্বরে উত্তর দিলেন, "হ্যাঁ। বাক এটা করার জন্য যথেষ্ট কুকুর।"

"He'll put a thousand pounds into motion, and pull it a hundred yards."

"সে এক হাজার পাউন্ড গতিতে চালাবে, এবং একশ গজ টেনে তুলবে।"

Matthewson smiled slowly and made sure all men heard his words.

ম্যাথিউসন ধীরে ধীরে হাসলেন এবং নিশ্চিত করলেন যে সকল মানুষ তার কথাগুলো শুনছে।

"I've got a thousand dollars that says he can't. There it is."

"আমার কাছে এক হাজার ডলার আছে যা বলে যে সে পারবে না। এই তো।"

He slammed a sack of gold dust the size of sausage on the bar.

সে সসেজের আকারের সোনার ধুলোর বস্তা বারের উপর ছুঁড়ে মারল।

Nobody said a word. The silence grew heavy and tense around them.
কেউ একটা কথাও বলল না। তাদের চারপাশের নীরবতা ভারী ও উত্তেজনাপূর্ণ হয়ে উঠল।

Thornton's bluff—if it was one—had been taken seriously.
থর্নটনের ধোঁকাবাজি—যদি তা হয়ে থাকে—তবে তা গুরুত্বের সাথে নেওয়া হয়েছিল।

He felt heat rise in his face as blood rushed to his cheeks.
রক্ত তার গালে ছুটে যাওয়ার সাথে সাথে তার মুখে তাপ বেড়ে যেতে লাগল।

His tongue had gotten ahead of his reason in that moment.
সেই মুহূর্তে তার জিহ্বা তার যুক্তির চেয়ে এগিয়ে গিয়েছিল।

He truly didn't know if Buck could move a thousand pounds.
সে সত্যিই জানত না যে বাক হাজার পাউন্ড সরাতে পারবে কিনা।

Half a ton! The size of it alone made his heart feel heavy.
আধা টন! এর আকার দেখেই তার মন ভারী হয়ে উঠল।

He had faith in Buck's strength and had thought him capable.
তার বাকের শক্তির উপর বিশ্বাস ছিল এবং সে তাকে সক্ষম বলে মনে করেছিল।

But he had never faced this kind of challenge, not like this.
কিন্তু সে কখনও এই ধরণের চ্যালেঞ্জের মুখোমুখি হয়নি, এভাবেও নয়।

A dozen men watched him quietly, waiting to see what he'd do.
এক ডজন লোক চুপচাপ তার দিকে তাকিয়ে ছিল, সে কী করে তা দেখার জন্য অপেক্ষা করছিল।

He didn't have the money—neither did Hans or Pete.
তার কাছে টাকা ছিল না—হ্যান্স বা পিটের কাছেও ছিল না।

"I've got a sled outside," said Matthewson coldly and direct.
"আমার বাইরে একটা স্লেজ আছে," ম্যাথিউসন ঠান্ডা এবং সরাসরি বললেন।

"It's loaded with twenty sacks, fifty pounds each, all flour.

“এতে বিশটি বস্তা বোঝাই, প্রতিটি পঞ্চাশ পাউন্ড, পুরোটাই ময়দা।

So don’t let a missing sled be your excuse now,” he added.

তাই এখনই হারিয়ে যাওয়া স্লেজকে তোমার অজুহাত হতে দিও না,” তিনি আরও যোগ করেন।

Thornton stood silent. He didn’t know what words to offer.

থর্নটন চুপ করে দাঁড়িয়ে রইল। সে বুঝতে পারছিল না কোন শব্দে কথা বলবে।

He looked around at the faces without seeing them clearly.

সে মুখগুলোর দিকে তাকালো, কিন্তু স্পষ্ট দেখতে পেলো না।

He looked like a man frozen in thought, trying to restart.

তাকে এমন একজন মানুষের মতো দেখাচ্ছিল যিনি চিন্তায় ডুবে আছেন, আবার শুরু করার চেষ্টা করছেন।

Then he saw Jim O’Brien, a friend from the Mastodon days.

তারপর সে জিম ও'ব্রায়ানের সাথে দেখা করল, মাস্টোডন যুগের বন্ধু।

That familiar face gave him courage he didn’t know he had.

সেই পরিচিত মুখটি তাকে এমন সাহস জুগিয়েছিল যা সে জানত না যে তার আছে।

He turned and asked in a low voice, “Can you lend me a thousand?”

সে ঘুরে নিচু স্বরে জিজ্ঞাসা করল, "তুমি কি আমাকে এক হাজার টাকা ধার দিতে পারবে?"

“Sure,” said O’Brien, dropping a heavy sack by the gold already.

"অবশ্যই," ও'ব্রায়েন বললেন, সোনার কাছে একটা ভারী বস্তা ফেলে দিয়ে।

“But truthfully, John, I don’t believe the beast can do this.”

"কিন্তু সত্যি বলতে, জন, আমি বিশ্বাস করি না যে জন্তুটি এটা করতে পারে।"

Everyone in the Eldorado Saloon rushed outside to see the event.

এলডোরাডো সেলুনের সবাই অনুষ্ঠানটি দেখার জন্য বাইরে ছুটে গেল।

They left tables and drinks, and even the games were paused.
তারা টেবিল এবং পানীয় রেখে গেল, এমনকি খেলাগুলিও স্থগিত করা হল।

Dealers and gamblers came to witness the bold wager's end.
ডিলার এবং জুয়াড়িরা সাহসী বাজির শেষ দেখতে এসেছিল।

Hundreds gathered around the sled in the icy open street.
বরফের খোলা রাস্তায় স্লেজের চারপাশে শত শত লোক জড়ো হয়েছিল।

Matthewson's sled stood with a full load of flour sacks.
ম্যাথিউসনের স্লেজটি আটার বস্তা ভর্তি করে দাঁড়িয়ে ছিল।

The sled had been sitting for hours in minus temperatures.
স্লেজটি মাইনাস তাপমাত্রায় ঘন্টার পর ঘন্টা ধরে বসে ছিল।

The sled's runners were frozen tight to the packed-down snow.
স্লেজের দৌড়বিদরা তুষারপাতের কারণে জমে গিয়েছিল।

Men offered two-to-one odds that Buck could not move the sled.
পুরুষরা দুই-একের ব্যবধানে অডস দিয়েছিল যে বাক স্লেজটি সরাতে পারবে না।

A dispute broke out about what "break out" really meant.
"ব্রেক আউট" এর আসল অর্থ কী তা নিয়ে একটি বিতর্ক শুরু হয়েছিল।

O'Brien said Thornton should loosen the sled's frozen base.
ও'ব্রায়েন বললেন, থর্নটনের উচিত স্লেজের জমে থাকা ভিত্তিটি আলগা করা।

Buck could then "break out" from a solid, motionless start.
বাক তখন একটি দৃঢ়, গতিহীন শুরু থেকে "ভেঙে" যেতে পারে।

Matthewson argued the dog must break the runners free too.
ম্যাথিউসন যুক্তি দিয়েছিলেন যে কুকুরটিকেও দৌড়বিদদের মুক্ত করতে হবে।

The men who had heard the bet agreed with Matthewson's view.

যারা বাজি শুনেছিলেন তারা ম্যাথিউসনের মতামতের সাথে একমত পোষণ করেছিলেন।

With that ruling, the odds jumped to three-to-one against Buck.

এই রায়ের সাথে সাথে, বাকের বিপক্ষে জয়ের সম্ভাবনা তিন-একে বেড়ে গেল।

No one stepped forward to take the growing three-to-one odds.

তিন-একের ক্রমবর্ধমান সম্ভাবনা মেনে নিতে কেউ এগিয়ে আসেনি।

Not a single man believed Buck could perform the great feat.

একজনও মানুষ বিশ্বাস করেনি যে বাক এই দুর্দান্ত কীর্তিটি সম্পাদন করতে পারবে।

Thornton had been rushed into the bet, heavy with doubts.

থর্নটনকে তাড়াহুড়ো করে বাজি ধরতে হয়েছিল, সন্দেহে ভারাক্রান্ত।

Now he looked at the sled and the ten-dog team beside it.

এবার সে স্লেজ আর তার পাশে থাকা দশ কুকুরের দলের দিকে তাকাল।

Seeing the reality of the task made it seem more impossible.

কাজের বাস্তবতা দেখে এটা আরও অসম্ভব মনে হলো।

Matthewson was full of pride and confidence in that moment.

সেই মুহূর্তে ম্যাথিউসন গর্ব এবং আত্মবিশ্বাসে পূর্ণ ছিলেন।

"Three to one!" he shouted. "I'll bet another thousand, Thornton!

"তিনজন এক!" সে চিৎকার করে বলল। "আমি আরও হাজার টাকা বাজি ধরব, থর্নটন!

What do you say?" he added, loud enough for all to hear.

"তুমি কী বলো?" সে আরও বলল, এত জোরে যে সবাই শুনতে পেল।

Thornton's face showed his doubts, but his spirit had risen.

থর্নটনের মুখে তার সন্দেহ ফুটে উঠল, কিন্তু তার মনোবল জেগে উঠল।

That fighting spirit ignored odds and feared nothing at all.

সেই লড়াইয়ের মনোভাব প্রতিকূলতা উপেক্ষা করেছিল এবং কোনও কিছুরই ভয় পায়নি।

He called Hans and Pete to bring all their cash to the table.
সে হ্যান্স এবং পিটকে তাদের সমস্ত নগদ টাকা টেবিলে আনতে ডাকল।

They had little left—only two hundred dollars combined.
তাদের কাছে খুব একটা অবশিষ্ট ছিল না—শুধুমাত্র দুইশ ডলার।

This small sum was their total fortune during hard times.
কঠিন সময়ে এই সামান্য পরিমাণই ছিল তাদের মোট সম্পদ।

Still, they laid all of the fortune down against Matthewson's bet.
তবুও, তারা ম্যাথিউসনের বাজির বিরুদ্ধে সমস্ত ভাগ্য বিসর্জন দিয়েছিল।

The ten-dog team was unhitched and moved away from the sled.
দশ কুকুরের দলটি অক্ষত ছিল এবং স্লেজ থেকে দূরে সরে গিয়েছিল।

Buck was placed in the reins, wearing his familiar harness.
বাককে তার পরিচিত জোতা পরে লাগাম টেনে বসানো হয়েছিল।

He had caught the energy of the crowd and felt the tension.
সে ভিড়ের শক্তি বুঝতে পেরেছিল এবং উত্তেজনা অনুভব করেছিল।

Somehow, he knew he had to do something for John Thornton.
কোনওভাবে, সে জানত জন থর্নটনের জন্য তাকে কিছু করতে হবে।

People murmured with admiration at the dog's proud figure.
কুকুরটির গর্বিত অবয়ব দেখে লোকেরা প্রশংসায় বিড়বিড় করতে লাগল।

He was lean and strong, without a single extra ounce of flesh.
সে রোগা এবং শক্তিশালী ছিল, এক পাউন্ডও অতিরিক্ত মাংস ছিল না।

His full weight of hundred fifty pounds was all power and endurance.

তার পুরো একশো পঞ্চাশ পাউন্ড ওজন ছিল শক্তি এবং সহনশীলতা।

Buck's coat gleamed like silk, thick with health and strength.

বাকের কোটটি রেশমের মতো চকচক করছিল, স্বাস্থ্য এবং শক্তিতে পুরু।

The fur along his neck and shoulders seemed to lift and bristle.

তার ঘাড় এবং কাঁধের পশমগুলো উঁচু হয়ে উঠছিল এবং ঝাঁকুনি দিচ্ছিল।

His mane moved slightly, each hair alive with his great energy.

তার কেশর সামান্য নড়ছিল, প্রতিটি চুল তার প্রচণ্ড শক্তিতে সজীব ছিল।

His broad chest and strong legs matched his heavy, tough frame.

তার প্রশস্ত বুক এবং শক্তিশালী পা তার ভারী, শক্ত দেহের সাথে মিলে গেল।

Muscles rippled under his coat, tight and firm as bound iron.

তার কোটের নীচে পেশীগুলো ঢেউ খেলানো, আবদ্ধ লোহার মতো শক্ত এবং শক্ত।

Men touched him and swore he was built like a steel machine.

লোকেরা তাকে স্পর্শ করেছিল এবং শপথ করেছিল যে সে একটি ইস্পাত যন্ত্রের মতো তৈরি।

The odds dropped slightly to two to one against the great dog.

দুর্দান্ত কুকুরটির বিপক্ষে জয়ের সম্ভাবনা কিছুটা কমে দুই-একে নেমে এসেছে।

A man from the Skookum Benches pushed forward, stuttering.

স্কুকুম বেঞ্চের একজন লোক তোতলাতে তোতলাতে এগিয়ে গেল।

"Good, sir! I offer eight hundred for him—before the test, sir!"

"ভালো, স্যার! আমি ওর জন্য আটশো টাকা দিচ্ছি—পরীক্ষার আগে, স্যার!"

"Eight hundred, as he stands right now!" the man insisted.

"আটশ, এখন যেমন সে দাঁড়িয়ে আছে!" লোকটি জোর দিয়ে বলল।

Thornton stepped forward, smiled, and shook his head calmly.

থর্নটন এগিয়ে এলেন, হাসলেন, এবং শান্তভাবে মাথা নাড়লেন।

Matthewson quickly stepped in with a warning voice and frown.

ম্যাথিউসন দ্রুত সতর্কীকরণ স্বরে এবং ভ্রু কুঁচকে ভেতরে প্রবেশ করলেন।

"You must step away from him," he said. "Give him space."

"তোমাকে তার কাছ থেকে দূরে সরে যেতে হবে," সে বলল। "ওকে জায়গা দাও।"

The crowd grew silent; only gamblers still offered two to one.

জনতা চুপ করে গেল; কেবল জুয়াড়িরা তখনও দুই-একটি অফার করছিল।

Everyone admired Buck's build, but the load looked too great.

সবাই বাকের গঠনের প্রশংসা করেছিল, কিন্তু বোঝাটা খুব দারুন লাগছিল।

Twenty sacks of flour—each fifty pounds in weight—seemed far too much.

বিশ বস্তা ময়দা—প্রতিটি পঞ্চাশ পাউন্ড ওজনের—অনেক বেশি মনে হচ্ছিল।

No one was willing to open their pouch and risk their money.

কেউ তাদের থলি খুলে টাকা ঝুঁকি নিতে রাজি ছিল না।

Thornton knelt beside Buck and took his head in both hands.

থর্নটন বাকের পাশে হাঁটু গেড়ে বসে তার মাথা দুই হাতে ধরলেন।

He pressed his cheek against Buck's and spoke into his ear.

সে বাকের গালে তার গাল চেপে ধরে তার কানে কথা বলল।
There was no playful shaking or whispered loving insults now.
এখন আর কোন কৌতুকপূর্ণ কাঁপুনি বা ফিসফিসিয়ে বলা প্রেমময় অপমান ছিল না।
He only murmured softly, "As much as you love me, Buck."
সে কেবল মৃদুস্বরে বিড়বিড় করল, "তুমি আমাকে যতটা ভালোবাসো, বাক।"
Buck let out a quiet whine, his eagerness barely restrained.
বাক একটা মৃদু আর্তনাদ করলো, তার আগ্রহটা খুব একটা দমন করতে পারলো না।
The onlookers watched with curiosity as tension filled the air.
দর্শকরা কৌতূহলবশত তা দেখছিল, যখন বাতাসে উত্তেজনা ছড়িয়ে পড়েছিল।
The moment felt almost unreal, like something beyond reason.
মুহূর্তটি প্রায় অবাস্তব মনে হচ্ছিল, যুক্তির বাইরে কিছু একটা।
When Thornton stood, Buck gently took his hand in his jaws.
থর্নটন যখন দাঁড়ালেন, বাক আলতো করে তার হাত তার চোয়ালের মধ্যে ধরলেন।
He pressed down with his teeth, then let go slowly and gently.
সে দাঁত দিয়ে চেপে ধরল, তারপর ধীরে ধীরে ছেড়ে দিল।
It was a silent answer of love, not spoken, but understood.
এটা ছিল ভালোবাসার নীরব উত্তর, মুখে বলা হয়নি, কিন্তু বোঝা গেছে।
Thornton stepped well back from the dog and gave the signal.
থর্নটন কুকুরটির কাছ থেকে বেশ কিছুটা পিছিয়ে এসে সংকেত দিল।
"Now, Buck," he said, and Buck responded with focused calm.

"এখন, বাক," সে বলল, এবং বাক মনোযোগী শান্ত স্বরে উত্তর দিল।

Buck tightened the traces, then loosened them by a few inches.

বাক চিহ্নগুলো শক্ত করে ধরল, তারপর কয়েক ইঞ্চি আলগা করে দিল।

This was the method he had learned; his way to break the sled.

এই পদ্ধতিটিই সে শিখেছিল; স্লেজ ভাঙার তার উপায়।

"Gee!" Thornton shouted, his voice sharp in the heavy silence.

"জি!" থর্নটন চিৎকার করে উঠল, ভারী নীরবতার মধ্যে তার কন্ঠস্বর তীক্ষ্ণ।

Buck turned to the right and lunged with all of his weight.

বাক ডানদিকে ঘুরে তার সমস্ত ওজন নিয়ে ঝাঁপিয়ে পড়ল।

The slack vanished, and Buck's full mass hit the tight traces.

ঢিলেঢালা ভাবটা অদৃশ্য হয়ে গেল, আর বাকের পুরো ভর শক্ত চিহ্নগুলিতে আঘাত করল।

The sled trembled, and the runners made a crisp crackling sound.

স্লেজটি কাঁপছিল, আর দৌড়বিদরা একটা তীব্র কর্কশ শব্দ করছিল।

"Haw!" Thornton commanded, shifting Buck's direction again.

"হা!" থর্নটন আদেশ দিলেন, আবার বাকের দিক পরিবর্তন করলেন।

Buck repeated the move, this time pulling sharply to the left.

বাক আবারও একই পদক্ষেপ নিল, এবার তীব্রভাবে বাম দিকে টান দিল।

The sled cracked louder, the runners snapping and shifting.

স্লেজটি আরও জোরে জোরে ফেটে গেল, দৌড়বিদরা ঝাঁপিয়ে পড়ল এবং নড়তে লাগল।

The heavy load slid slightly sideways across the frozen snow.

ভারী বোঝাটি জমে থাকা তুষারের উপর দিয়ে সামান্য এদিক-ওদিক সরে গেল।

The sled had broken free from the grip of the icy trail!
স্লেজটি বরফের পথের কবল থেকে মুক্ত হয়ে গেছে!

Men held their breath, unaware they were not even breathing.
পুরুষরা তাদের নিঃশ্বাস আটকে রেখেছিল, তারা জানত না যে তারা শ্বাসও নিচ্ছে না।

"Now, PULL!" Thornton cried out across the frozen silence.
"এখন, টান!" থর্নটন হিমায়িত নীরবতা জুড়ে চিৎকার করে উঠল।

Thornton's command rang out sharp, like the crack of a whip.
থর্নটনের আদেশ তীব্রভাবে বেজে উঠল, চাবুকের শব্দের মতো।

Buck hurled himself forward with a fierce and jarring lunge.
বাক এক প্রচণ্ড এবং ঝাঁকুনিপূর্ণ ঝাঁকুনি দিয়ে নিজেকে সামনের দিকে ঝাঁপিয়ে পড়ল।

His whole frame tensed and bunched for the massive strain.
প্রচণ্ড চাপের জন্য তার পুরো শরীর টানটান হয়ে গেল।

Muscles rippled under his fur like serpents coming alive.
তার পশমের নীচে পেশীগুলো সাপের মতো দুলছিল, যেন জীবন্ত হয়ে উঠছিল।

His great chest was low, head stretched forward toward the sled.
তার বিশাল বুক নিচু ছিল, মাথাটা স্লেজের দিকে সামনের দিকে প্রসারিত ছিল।

His paws moved like lightning, claws slicing the frozen ground.
তার থাবা বিদ্যুতের মতো নড়ছিল, নখরগুলো হিমায়িত মাটি কেটে ফেলছিল।

Grooves were cut deep as he fought for every inch of traction.
প্রতি ইঞ্চি আকর্ষণের জন্য লড়াই করার সময় খাঁজগুলি গভীরভাবে কাটা হয়েছিল।

The sled rocked, trembled, and began a slow, uneasy motion.
স্লেজটি দুলতে লাগল, কাঁপতে লাগল, এবং ধীরে ধীরে, অস্বস্তিকর গতিতে চলতে শুরু করল।

One foot slipped, and a man in the crowd groaned aloud.
একজন পা পিছলে গেল, আর ভিড়ের মধ্যে একজন লোক জোরে কান্নাকাটি করল।

Then the sled lunged forward in a jerking, rough movement.
তারপর স্লেজটি একটা ঝাঁকুনি দিয়ে সামনের দিকে ঝাঁপিয়ে পড়ল।

It didn't stop again—half an inch...an inch...two inches more.
এটা আর থামেনি—আধ ইঞ্চি...এক ইঞ্চি...আরও দুই ইঞ্চি।

The jerks became smaller as the sled began to gather speed.
স্লেজটি গতি বাড়ানোর সাথে সাথে ঝাঁকুনিগুলি ছোট হয়ে গেল।

Soon Buck was pulling with smooth, even, rolling power.
শীঘ্রই বাক মসৃণ, সমান, ঘূর্ণায়মান শক্তিতে টানতে শুরু করল।

Men gasped and finally remembered to breathe again.
পুরুষরা হাঁপাতে হাঁপাতে অবশেষে আবার শ্বাস নেওয়ার কথা মনে পড়ল।

They had not noticed their breath had stopped in awe.
তারা টেরই পায়নি যে তাদের নিঃশ্বাস বিস্ময়ে বন্ধ হয়ে গেছে।

Thornton ran behind, calling out short, cheerful commands.
থর্নটন পেছনে দৌড়ে গেল, ছোট ছোট, প্রফুল্ল আদেশ দিল।

Ahead was a stack of firewood that marked the distance.
সামনে ছিল কাঠের স্তূপ যা দূরত্ব চিহ্নিত করেছিল।

As Buck neared the pile, the cheering grew louder and louder.
বাক যতই স্তূপের কাছে এগোতে লাগল, আনন্দের ধ্বনি আরও জোরে জোরে বাড়তে লাগল।

The cheering swelled into a roar as Buck passed the end point.
বাক যখন শেষ বিন্দু অতিক্রম করল, তখন উল্লাসধ্বনি গর্জনে পরিণত হল।

Men jumped and shouted, even Matthewson broke into a grin.

লোকেরা লাফিয়ে লাফিয়ে চিৎকার করতে লাগল, এমনকি ম্যাথিউসনও হেসে উঠলেন।

Hats flew into the air, mittens were tossed without thought or aim.

টুপিগুলো বাতাসে উড়ে গেল, চিন্তাভাবনা বা লক্ষ্য ছাড়াই মিটেনগুলো ছুঁড়ে ফেলা হল।

Men grabbed each other and shook hands without knowing who.

পুরুষরা একে অপরকে জড়িয়ে ধরে করমর্দন করল, কে তা না জেনেই।

The whole crowd buzzed in wild, joyful celebration.

পুরো জনতা উচ্ছ্বসিত, আনন্দময় উদযাপনে মুখরিত হয়ে উঠল।

Thornton dropped to his knees beside Buck with trembling hands.

থর্নটন কাঁপা হাতে বাকের পাশে হাঁটু গেড়ে বসল।

He pressed his head to Buck's and shook him gently back and forth.

সে বাকের মাথার উপর মাথা চেপে ধরল এবং তাকে আলতো করে এদিক-ওদিক নাড়াল।

Those who approached heard him curse the dog with quiet love.

যারা কাছে এসেছিল তারা তাকে শান্ত ভালোবাসায় কুকুরটিকে অভিশাপ দিতে শুনতে পেল।

He swore at Buck for a long time—softly, warmly, with emotion.

সে অনেকক্ষণ ধরে বাককে গালি দিল—মৃদুস্বরে, উষ্ণভাবে, আবেগের সাথে।

"Good, sir! Good, sir!" cried the Skookum Bench king in a rush.

"ভালো, স্যার! ভালো, স্যার!" স্কুকুম বেঞ্চ রাজা তাড়াহুড়ো করে চিৎকার করে উঠলেন।

"I'll give you a thousand—no, twelve hundred—for that dog, sir!"

"আমি তোমাকে ওই কুকুরের জন্য এক হাজার দেব—না, বারোশো—স্যার!"

Thornton rose slowly to his feet, his eyes shining with emotion.

থর্নটন ধীরে ধীরে উঠে দাঁড়ালো, তার চোখ আবেগে জ্বলজ্বল করছিল।

Tears streamed openly down his cheeks without any shame.

লজ্জা ছাড়াই তার গাল বেয়ে অশ্রুধারা বইতে লাগল।

"Sir," he said to the Skookum Bench king, steady and firm

"স্যার," সে স্কুকুম বেঞ্চ রাজাকে বলল, অবিচল এবং দৃঢ়ভাবে।

"No, sir. You can go to hell, sir. That's my final answer."

"না, স্যার। আপনি নরকে যেতে পারেন, স্যার। এটাই আমার শেষ উত্তর।"

Buck grabbed Thornton's hand gently in his strong jaws.

বাক তার শক্ত চোয়ালে আলতো করে থর্নটনের হাত ধরল।

Thornton shook him playfully, their bond deep as ever.

থর্নটন তাকে কৌতুকপূর্ণভাবে নাড়া দিলেন, তাদের বন্ধন আগের মতোই গভীর।

The crowd, moved by the moment, stepped back in silence.

মুহূর্তের মধ্যে উত্তেজিত জনতা নীরবে পিছিয়ে গেল।

From then on, none dared interrupt such sacred affection.

তারপর থেকে, কেউ এই পবিত্র স্নেহকে বাধা দেওয়ার সাহস করেনি।

The Sound of the Call
ডাকের শব্দ

Buck had earned sixteen hundred dollars in five minutes.
বাক পাঁচ মিনিটে ষোলশো ডলার আয় করেছিল।

The money let John Thornton pay off some of his debts.
এই টাকা জন থর্নটনকে তার কিছু ঋণ পরিশোধ করতে সাহায্য করেছিল।

With the rest of the money he headed East with his partners.
বাকি টাকা দিয়ে সে তার সঙ্গীদের সাথে পূর্ব দিকে রওনা দিল।

They sought a fabled lost mine, as old as the country itself.
তারা একটি কল্পিত হারিয়ে যাওয়া খনি খুঁজছিল, যা দেশের মতোই পুরনো।

Many men had looked for the mine, but few had ever found it.
অনেক লোক খনিটি খুঁজছিল, কিন্তু খুব কম লোকই এটি খুঁজে পেয়েছিল।

More than a few men had vanished during the dangerous quest.
বিপজ্জনক অনুসন্ধানের সময় কয়েকজনেরও বেশি লোক নিখোঁজ হয়ে গিয়েছিল।

This lost mine was wrapped in both mystery and old tragedy.
এই হারানো খনিটি রহস্য এবং পুরনো ট্র্যাজেডি উভয়ের মধ্যেই মোড়া ছিল।

No one knew who the first man to find the mine had been.
কেউ জানত না যে খনিটি আবিষ্কারকারী প্রথম ব্যক্তি কে ছিলেন।

The oldest stories don't mention anyone by name.
প্রাচীনতম গল্পগুলিতে কারও নাম উল্লেখ করা হয় না।

There had always been an ancient ramshackle cabin there.
সেখানে সবসময়ই একটি প্রাচীন ভগ্নাংশের কেবিন ছিল।

Dying men had sworn there was a mine next to that old cabin.

মৃত ব্যক্তিরা শপথ করেছিল যে সেই পুরানো কেবিনের পাশে একটি খনি ছিল।

They proved their stories with gold like none found elsewhere.

তারা তাদের গল্পগুলিকে এমন সোনার প্রমাণ দিয়ে প্রমাণ করেছে যা অন্য কোথাও পাওয়া যায়নি।

No living soul had ever looted the treasure from that place.

কোন জীবন্ত প্রাণী কখনও সেই স্থান থেকে ধন লুট করেনি।

The dead were dead, and dead men tell no tales.

মৃতরা মৃত ছিল, আর মৃতরা কোন গল্প বলে না।

So Thornton and his friends headed into the East.

তাই থর্নটন এবং তার বন্ধুরা পূর্ব দিকে রওনা হলেন।

Pete and Hans joined, bringing Buck and six strong dogs.

পিট এবং হ্যান্স যোগ দিলেন, বাক এবং ছয়টি শক্তিশালী কুকুর নিয়ে এলেন।

They set off down an unknown trail where others had failed.

তারা এমন এক অজানা পথে যাত্রা শুরু করল যেখানে অন্যরা ব্যর্থ হয়েছিল।

They sledded seventy miles up the frozen Yukon River.

তারা হিমায়িত ইউকন নদীর সত্তর মাইল উপরে স্লেজ চালিয়েছিল।

They turned left and followed the trail into the Stewart.

তারা বাম দিকে ঘুরল এবং স্টুয়ার্টের পথ অনুসরণ করল।

They passed the Mayo and McQuestion, pressing farther on.

তারা মায়ো এবং ম্যাককুয়েস্টনকে পাশ করে আরও এগিয়ে গেল।

The Stewart shrank into a stream, threading jagged peaks.

স্টুয়ার্টটি খাঁজকাটা চূড়া বেয়ে স্রোতে সঙ্কুচিত হয়ে পড়ল।

These sharp peaks marked the very spine of the continent.

এই তীক্ষ্ণ শৃঙ্গগুলি মহাদেশের মেরুদণ্ডকে চিহ্নিত করেছিল।

John Thornton demanded little from men or the wild land.

জন থর্নটন মানুষ বা বন্য ভূমির কাছ থেকে খুব কমই দাবি করতেন।

He feared nothing in nature and faced the wild with ease.

তিনি প্রকৃতিতে কোনও কিছুকে ভয় পাননি এবং সহজেই বন্যের মুখোমুখি হয়েছিলেন।

With only salt and a rifle, he could travel where he wished.
শুধুমাত্র লবণ এবং একটি রাইফেল নিয়ে, তিনি যেখানে ইচ্ছা ভ্রমণ করতে পারতেন।

Like the natives, he hunted food while he journeyed along.
স্থানীয়দের মতো, তিনি ভ্রমণের সময় খাবার শিকার করতেন।

If he caught nothing, he kept going, trusting luck ahead.
যদি সে কিছু না ধরত, তবুও সে এগিয়ে যেতে থাকত, সামনের ভাগ্যের উপর ভরসা করে।

On this long journey, meat was the main thing they ate.
এই দীর্ঘ যাত্রায়, মাংসই ছিল তাদের প্রধান খাবার।

The sled held tools and ammo, but no strict timetable.
স্লেজে সরঞ্জাম এবং গোলাবারুদ ছিল, কিন্তু কোনও নির্দিষ্ট সময়সূচী ছিল না।

Buck loved this wandering; the endless hunt and fishing.
বাক এই ঘোরাঘুরি খুব পছন্দ করত; অবিরাম শিকার এবং মাছ ধরা।

For weeks they were traveling day after steady day.
সপ্তাহের পর সপ্তাহ ধরে তারা দিনের পর দিন ভ্রমণ করে আসছিল।

Other times they made camps and stayed still for weeks.
অন্য সময় তারা ক্যাম্প তৈরি করত এবং সপ্তাহের পর সপ্তাহ ধরে স্থির থাকত।

The dogs rested while the men dug through frozen dirt.
কুকুরগুলো বিশ্রাম নিচ্ছিল, আর পুরুষরা জমে থাকা মাটি খুঁড়ছিল।

They warmed pans over fires and searched for hidden gold.
তারা আগুনের উপর পাত্র গরম করত এবং লুকানো সোনার সন্ধান করত।

Some days they starved, and some days they had feasts.
কিছু দিন তারা অনাহারে থাকত, আর কিছু দিন তারা ভোজ করত।

Their meals depended on the game and the luck of the hunt.

তাদের খাবার নির্ভর করত শিকার এবং শিকারের ভাগ্যের উপর।

When summer came, men and dogs packed loads on their backs.

গ্রীষ্ম এলে পুরুষ এবং কুকুররা তাদের পিঠে বোঝা চাপিয়ে নিত।

They rafted across blue lakes hidden in mountain forests.

তারা পাহাড়ি বনে লুকিয়ে থাকা নীল হ্রদ পেরিয়ে ভেসে বেড়াচ্ছিল।

They sailed slim boats on rivers no man had ever mapped.

তারা এমন নদীতে পাতলা নৌকা চালিয়েছিল যেগুলো কখনও মানুষ মানচিত্রে দেখেনি।

Those boats were built from trees they sawed in the wild.

সেই নৌকাগুলো বনে কাটা গাছ দিয়ে তৈরি করা হয়েছিল।

The months passed, and they twisted through the wild unknown lands.

মাস কেটে গেল, এবং তারা বন্য অজানা জমির মধ্য দিয়ে ঘুরে বেড়াল।

There were no men there, yet old traces hinted that men had been.

সেখানে কোন পুরুষ ছিল না, তবুও পুরানো চিহ্নগুলি ইঙ্গিত দিচ্ছিল যে পুরুষরা সেখানে ছিল।

If the Lost Cabin was real, then others had once come this way.

যদি হারানো কেবিনটি সত্যিকারের হত, তাহলে অন্যরা একবার এই পথে এসেছিল।

They crossed high passes in blizzards, even during the summer.

গ্রীষ্মকালেও, তুষারঝড়ের মধ্যেও তারা উঁচু গিরিপথ অতিক্রম করেছে।

They shivered under the midnight sun on bare mountain slopes.

খালি পাহাড়ের ঢালে মধ্যরাতের রোদের নীচে তারা কাঁপছিল।

Between the treeline and the snowfields, they climbed slowly.
গাছের রেখা এবং তুষারক্ষেত্রের মাঝখানে, তারা ধীরে ধীরে উপরে উঠল।

In warm valleys, they swatted at clouds of gnats and flies.
উষ্ণ উপত্যকায়, তারা মশা এবং মাছির মেঘের উপর ঝাঁপিয়ে পড়েছিল।

They picked sweet berries near glaciers in full summer bloom.
গ্রীষ্মের পূর্ণ প্রস্ফুটিত অবস্থায় তারা হিমবাহের কাছে মিষ্টি বেরি কুড়িয়েছিল।

The flowers they found were as lovely as those in the Southland.
তারা যে ফুলগুলো পেয়েছিলো সেগুলো সাউথল্যান্ডের ফুলগুলোর মতোই সুন্দর ছিল।

That fall they reached a lonely region filled with silent lakes.
সেই শরৎকালে তারা নীরব হ্রদে ভরা এক নির্জন অঞ্চলে পৌঁছেছিল।

The land was sad and empty, once alive with birds and beasts.
জমিটি ছিল বিষণ্ণ এবং শূন্য, একসময় পাখি এবং পশুপাখিতে পরিপূর্ণ ছিল।

Now there was no life, just the wind and ice forming in pools.
এখন আর কোন জীবন ছিল না, শুধু পুকুরে বাতাস আর বরফ তৈরি হচ্ছিল।

Waves lapped against empty shores with a soft, mournful sound.
ঢেউগুলো মৃদু, শোকাবহ শব্দে শূন্য তীরে আছড়ে পড়ল।

Another winter came, and they followed faint, old trails again.
আবার শীত এলো, আর তারা আবার ক্ষীণ, পুরনো পথ অনুসরণ করলো।

These were the trails of men who had searched long before them.
এগুলো ছিল তাদের পথ যারা তাদের অনেক আগে থেকেই খুঁজেছিল।

Once they found a path cut deep into the dark forest.
একবার তারা অন্ধকার জঙ্গলের গভীরে একটি পথ খুঁজে পেল।

It was an old trail, and they felt the lost cabin was close.
এটি একটি পুরানো পথ ছিল, এবং তারা অনুভব করেছিল যে হারিয়ে যাওয়া কেবিনটি কাছে এসে গেছে।

But the trail led nowhere and faded into the thick woods.
কিন্তু পথটি কোথাও গেল না এবং ঘন জঙ্গলে মিশে গেল।

Whoever made the trail, and why they made it, no one knew.
কে পথটি তৈরি করেছিল, এবং কেন তারা এটি করেছিল, কেউ জানত না।

Later, they found the wreck of a lodge hidden among the trees.
পরে, তারা গাছের মধ্যে লুকানো একটি লজের ধ্বংসাবশেষ খুঁজে পায়।

Rotting blankets lay scattered where someone once had slept.
পচা কম্বলগুলো ছড়িয়ে ছিটিয়ে পড়ে আছে যেখানে কেউ একবার ঘুমিয়েছিল।

John Thornton found a long-barreled flintlock buried inside.
জন থর্নটন ভেতরে পুঁতে রাখা একটি লম্বা ব্যারেলযুক্ত চকমকি পাথর দেখতে পান।

He knew this was a Hudson Bay gun from early trading days.
তিনি প্রথম দিকের ব্যবসার দিন থেকেই জানতেন যে এটি একটি হাডসন বে বন্দুক।

In those days such guns were traded for stacks of beaver skins.
সেই সময়ে এই ধরনের বন্দুকের বিনিময়ে বিভারের চামড়ার স্তূপ বিক্রি করা হত।

That was all—no clue remained of the man who built the lodge.
এইটুকুই ছিল—লজটি কে তৈরি করেছিল তার কোনও চিহ্নই অবশিষ্ট ছিল না।

Spring came again, and they found no sign of the Lost Cabin.
আবার বসন্ত এলো, এবং তারা হারিয়ে যাওয়া কেবিনের কোন চিহ্ন খুঁজে পেল না।

Instead they found a broad valley with a shallow stream.
পরিবর্তে তারা একটি প্রশস্ত উপত্যকা খুঁজে পেল যেখানে একটি অগভীর স্রোত বয়ে চলেছে।

Gold lay across the pan bottoms like smooth, yellow butter.
মসৃণ, হলুদ মাখনের মতো প্যানের তলা জুড়ে সোনা ছড়িয়ে আছে।

They stopped there and searched no farther for the cabin.
তারা সেখানেই থামল এবং কেবিনের আর খোঁজ করল না।

Each day they worked and found thousands in gold dust.
প্রতিদিন তারা কাজ করত এবং হাজার হাজার সোনার ধুলো খুঁজে পেত।

They packed the gold in bags of moose-hide, fifty pounds each.
তারা সোনাগুলো মুস-চামড়ার বস্তায় ভরে রাখল, প্রতিটি পঞ্চাশ পাউন্ড ওজনের।

The bags were stacked like firewood outside their small lodge.
তাদের ছোট্ট লজের বাইরে ব্যাগগুলো কাঠের মতো স্তূপীকৃত ছিল।

They worked like giants, and the days passed like quick dreams.
তারা দৈত্যদের মতো কাজ করত, আর দিনগুলো দ্রুত স্বপ্নের মতো কেটে যেত।

They heaped up treasure as the endless days rolled swiftly by.

অবিরাম দিনগুলো দ্রুত এগিয়ে যাওয়ার সাথে সাথে তারা ধন-সম্পদ জমা করতে লাগল।

There was little for the dogs to do except haul meat now and then.

মাঝে মাঝে মাংস টেনে আনা ছাড়া কুকুরদের আর কিছুই করার ছিল না।

Thornton hunted and killed the game, and Buck lay by the fire.

থর্নটন শিকার করে শিকার করে মেরে ফেলল, আর বাক আগুনের পাশে শুয়ে রইল।

He spent long hours in silence, lost in thought and memory.

সে দীর্ঘ সময় নীরবে কাটিয়েছে, চিন্তা ও স্মৃতিতে হারিয়ে গেছে।

The image of the hairy man came more often into Buck's mind.

বাকের মনে লোমশ লোকটির ছবি আরও ঘন ঘন ভেসে উঠত।

Now that work was scarce, Buck dreamed while blinking at the fire.

এখন সেই কাজ দুষ্প্রাপ্য ছিল, বাক আগুনের দিকে চোখ বুলিয়ে স্বপ্ন দেখছিল।

In those dreams, Buck wandered with the man in another world.

সেই স্বপ্নগুলিতে, বাক লোকটির সাথে অন্য জগতে ঘুরে বেড়াত।

Fear seemed the strongest feeling in that distant world.

ভয় সেই দূরবর্তী পৃথিবীর সবচেয়ে শক্তিশালী অনুভূতি বলে মনে হচ্ছিল।

Buck saw the hairy man sleep with his head bowed low.

বাক দেখল লোমশ লোকটি মাথা নিচু করে ঘুমাচ্ছে।

His hands were clasped, and his sleep was restless and broken.

তার হাত দুটো আঁকড়ে ধরেছিল, আর তার ঘুম অস্থির ও ভেঙে গিয়েছিল।

He used to wake with a start and stare fearfully into the dark.

সে ঘুম থেকে উঠে ভয়ে অন্ধকারের দিকে তাকিয়ে থাকত।

Then he'd toss more wood onto the fire to keep the flame bright.

তারপর সে আগুনের শিখা উজ্জ্বল রাখার জন্য আগুনের উপর আরও কাঠ ছুড়ে মারত।

Sometimes they walked along a beach by a gray, endless sea.

কখনও কখনও তারা ধূসর, অন্তহীন সমুদ্রের ধারে সৈকত ধরে হেঁটে যেত।

The hairy man picked shellfish and ate them as he walked.

লোমশ লোকটি হাঁটার সময় ঝিনুক কুড়িয়ে খেয়ে ফেলল।

His eyes searched always for hidden dangers in the shadows.

তার চোখ সবসময় ছায়ার মধ্যে লুকিয়ে থাকা বিপদের সন্ধান করত।

His legs were always ready to sprint at the first sign of threat.

তার পা সবসময় হুমকির প্রথম লক্ষণেই দৌড়ানোর জন্য প্রস্তুত ছিল।

They crept through the forest, silent and wary, side by side.

তারা বনের মধ্য দিয়ে চুপচাপ এবং সতর্কভাবে পাশাপাশি হেঁটে গেল।

Buck followed at his heels, and both of them stayed alert.

বাক তার পিছু পিছু চলল, আর দুজনেই সতর্ক রইল।

Their ears twitched and moved, their noses sniffed the air.

তাদের কান কাঁপছিল এবং নড়ছিল, তাদের নাক বাতাস শুঁকেছিল।

The man could hear and smell the forest as sharply as Buck.

লোকটি বাকের মতোই তীব্রভাবে বনের গন্ধ শুনতে এবং শুনতে পেত।

The hairy man swung through the trees with sudden speed.

লোমশ লোকটি হঠাৎ দ্রুত গতিতে গাছের মধ্য দিয়ে ঝাঁপিয়ে পড়ল।

He leapt from branch to branch, never missing his grip.

সে এক ডাল থেকে অন্য ডালে লাফিয়ে বেড়াত, কখনও তার হাতছাড়া করত না।

He moved as fast above the ground as he did upon it.

সে মাটির উপর দিয়ে যত দ্রুত গতিতে এগোচ্ছিল, ঠিক তত দ্রুতই উপরেও এগোচ্ছিল।

Buck remembered long nights beneath the trees, keeping watch.
বাকের মনে পড়ল গাছের নিচে দীর্ঘ রাত পাহারা দেওয়ার কথা।

The man slept roosting in the branches, clinging tight.
লোকটি ডালে বাসা বেঁধে ঘুমাচ্ছিল, শক্ত করে আঁকড়ে ধরে।

This vision of the hairy man was tied closely to the deep call.
লোমশ লোকটির এই দৃষ্টি গভীর আহ্বানের সাথে ঘনিষ্ঠভাবে জড়িত ছিল।

The call still sounded through the forest with haunting force.
সেই ডাকটি তখনও বনের মধ্য দিয়ে ভুতুড়ে শক্তিতে ভেসে আসছিল।

The call filled Buck with longing and a restless sense of joy.
এই ডাকে বাক আকুল হয়ে উঠল এবং আনন্দের এক অস্থির অনুভূতিতে ভরে উঠল।

He felt strange urges and stirrings that he could not name.
সে অদ্ভুত কিছু তাড়না এবং উত্তেজনা অনুভব করছিল যার নাম সে বলতে পারছিল না।

Sometimes he followed the call deep into the quiet woods.
মাঝে মাঝে সে ডাকটি অনুসরণ করতো নিরিবিলি বনের গভীরে।

He searched for the calling, barking softly or sharply as he went.
সে ডাকটা খুঁজছিল, যেতে যেতে মৃদু বা তীব্রভাবে ঘেউ ঘেউ করছিল।

He sniffed the moss and black soil where the grasses grew.
সে ঘাস জন্মানো শ্যাওলা এবং কালো মাটির গন্ধ শুঁকে নিল।

He snorted with delight at the rich smells of the deep earth.
গভীর মাটির সুগন্ধে সে আনন্দে নাক ডাকল।

He crouched for hours behind trunks covered in fungus.
ছত্রাক ঢাকা কাণ্ডের আড়ালে সে ঘন্টার পর ঘন্টা কুঁকড়ে থাকত।

He stayed still, listening wide-eyed to every tiny sound.
সে চুপ করে রইল, চোখ বড় বড় করে প্রতিটি ক্ষুদ্র শব্দ শুনছিল।

He may have hoped to surprise the thing that gave the call.
যে জিনিসটা ফোন দিয়েছিল তাকে সে অবাক করে দেবে বলে আশা করেছিল।

He did not know why he acted this way—he simply did.
সে জানত না কেন সে এইভাবে আচরণ করেছে – সে কেবল তাই করেছে।

The urges came from deep within, beyond thought or reason.
এই তাগিদগুলো ভেতরের গভীর থেকে এসেছিল, চিন্তা বা যুক্তির বাইরে।

Irresistible urges took hold of Buck without warning or reason.
কোনও সতর্কীকরণ বা কারণ ছাড়াই অপ্রতিরোধ্য তাড়না বাককে আঁকড়ে ধরে।

At times he was dozing lazily in camp under the midday heat.
মাঝে মাঝে দুপুরের প্রচণ্ড গরমে ক্যাম্পে সে অলসভাবে ঘুমাচ্ছিল।

Suddenly, his head lifted and his ears shoot up alert.
হঠাৎ, তার মাথা উঁচু হয়ে গেল এবং তার কান সজাগ হয়ে উঠল।

Then he sprang up and dash into the wild without pause.
তারপর সে লাফিয়ে উঠে থেমে না গিয়ে বনের দিকে ঝাঁপিয়ে পড়ল।

He ran for hours through forest paths and open spaces.
সে বনের পথ এবং খোলা জায়গায় ঘন্টার পর ঘন্টা দৌড়াদৌড়ি করত।

He loved to follow dry creek beds and spy on birds in the trees.
সে শুকনো খালের ধার অনুসরণ করতে এবং গাছে পাখিদের উপর নজর রাখতে ভালোবাসত।

He could lie hidden all day, watching partridges strut around.
সে সারাদিন লুকিয়ে থাকতে পারত, আর তিতির পাখিদের ঘুরে বেড়ানো দেখতে পারত।
They drummed and marched, unaware of Buck's still presence.
তারা ঢোল বাজালো এবং মিছিল করলো, বাকের উপস্থিতি সম্পর্কে অজ্ঞ।
But what he loved most was running at twilight in summer.
কিন্তু তার সবচেয়ে বেশি ভালো লাগত গ্রীষ্মের গোধূলিতে দৌড়ানো।
The dim light and sleepy forest sounds filled him with joy.
আবছা আলো আর ঘুমন্ত বনের শব্দ তাকে আনন্দে ভরিয়ে দিল।
He read the forest signs as clearly as a man reads a book.
একজন মানুষ যেমন বই পড়ে, সে বনের চিহ্নগুলো স্পষ্টভাবে পড়ে ফেলল।
And he searched always for the strange thing that called him.
আর সে সবসময় সেই অদ্ভুত জিনিসটার খোঁজ করতো যে তাকে ডাকছে।
That calling never stopped—it reached him waking or sleeping.
সেই ডাক কখনও থামেনি – এটি তার কাছে পৌঁছেছিল জেগে থাকা অবস্থায় অথবা ঘুমন্ত অবস্থায়।

One night, he woke with a start, eyes sharp and ears high.
এক রাতে, সে ঘুম থেকে উঠল, চোখ তীক্ষ্ণ আর কান উঁচু।
His nostrils twitched as his mane stood bristling in waves.
ঢেউয়ের মতো তার কেশর দাঁড়িয়ে থাকায় তার নাকের ছিদ্র কাঁপছিল।
From deep in the forest came the sound again, the old call.
গভীর বন থেকে আবার সেই পুরনো ডাকের শব্দ ভেসে এলো।
This time the sound rang clearly, a long, haunting, familiar howl.

এবার শব্দটা স্পষ্টভাবে ভেসে এলো, একটা দীর্ঘ, ভুতুড়ে, পরিচিত চিৎকার।

It was like a husky's cry, but strange and wild in tone.

এটা ছিল একটা হাস্কির কান্নার মতো, কিন্তু স্বরে অদ্ভুত এবং বন্য।

Buck knew the sound at once—he had heard the exact sound long ago.

বাক তৎক্ষণাৎ শব্দটা চিনতে পারল—সে অনেক আগেই ঠিক শব্দটি শুনেছিল।

He leapt through camp and vanished swiftly into the woods.

সে শিবিরের মধ্য দিয়ে লাফিয়ে পড়ে এবং দ্রুত বনের মধ্যে অদৃশ্য হয়ে যায়।

As he neared the sound, he slowed and moved with care.

শব্দের কাছাকাছি আসতেই সে ধীর গতিতে এগিয়ে গেল এবং সাবধানে এগিয়ে গেল।

Soon he reached a clearing between thick pine trees.

শীঘ্রই সে ঘন পাইন গাছের মাঝখানে একটি পরিষ্কার জায়গায় পৌঁছে গেল।

There, upright on its haunches, sat a tall, lean timber wolf.

সেখানে, তার খাঁচার উপর সোজা হয়ে, একটি লম্বা, রোগা কাঠের নেকড়ে বসেছিল।

The wolf's nose pointed skyward, still echoing the call.

নেকড়েটির নাক আকাশের দিকে তাক করে, এখনও ডাকটি প্রতিধ্বনিত হচ্ছে।

Buck had made no sound, yet the wolf stopped and listened.

বাক কোন শব্দ করলো না, তবুও নেকড়েটা থেমে শুনলো।

Sensing something, the wolf tensed, searching the darkness.

কিছু একটা টের পেয়ে, নেকড়েটা চেপে ধরল, অন্ধকারের দিকে তাকিয়ে রইল।

Buck crept into view, body low, feet quiet on the ground.

বাক হঠাৎ দৃষ্টির সামনে এসে দাঁড়াল, শরীর নিচু করে, পা মাটিতে নীরব।

His tail was straight, his body coiled tight with tension.

তার লেজ সোজা ছিল, তার শরীর টানটানভাবে পেঁচিয়ে যাচ্ছিল।

He showed both threat and a kind of rough friendship.
সে হুমকি এবং এক ধরণের রুক্ষ বন্ধুত্ব দুটোই দেখিয়েছিল।

It was the wary greeting shared by beasts of the wild.
এটি ছিল বন্য পশুদের দ্বারা ভাগ করা সতর্ক অভিবাদন।

But the wolf turned and fled as soon as it saw Buck.
কিন্তু বাককে দেখার সাথে সাথে নেকড়েটি ঘুরে পালিয়ে গেল।

Buck gave chase, leaping wildly, eager to overtake it.
বাক তাড়া করল, লাফিয়ে লাফিয়ে, ধরে ফেলতে আগ্রহী হয়ে।

He followed the wolf into a dry creek blocked by a timber jam.
সে নেকড়েটিকে অনুসরণ করে কাঠের জ্যামে আটকে থাকা শুকনো খালে প্রবেশ করল।

Cornered, the wolf spun around and stood its ground.
কোণঠাসা হয়ে, নেকড়েটি ঘুরে দাঁড়াল এবং তার অবস্থান স্থির রাখল।

The wolf snarled and snapped like a trapped husky dog in a fight.
নেকড়েটা ঝগড়ায় আটকা পড়া তুষারকুকুরের মতো ঘেউ ঘেউ করে ডাকল।

The wolf's teeth clicked fast, its body bristling with wild fury.
নেকড়েটার দাঁত দ্রুত ঠকঠক করছিল, তার শরীর হিংস্র ক্রোধে ছটফট করছিল।

Buck did not attack but circled the wolf with careful friendliness.
বাক আক্রমণ করেনি বরং সাবধানে বন্ধুত্বপূর্ণ আচরণের সাথে নেকড়েটিকে ঘিরে ধরেছে।

He tried to block his escape by slow, harmless movements.
সে ধীর, নিরীহ নড়াচড়া করে তার পালানোর পথ আটকাতে চেষ্টা করেছিল।

The wolf was wary and scared—Buck outweighed him three times.

নেকড়েটি সতর্ক এবং ভীত ছিল – বাক তাকে তিনবার ছাড়িয়ে গেল।

The wolf's head barely reached up to Buck's massive shoulder.
নেকড়েটির মাথাটি সবেমাত্র বাকের বিশাল কাঁধের কাছে পৌঁছেছিল।

Watching for a gap, the wolf bolted and the chase began again.
একটু ফাঁক করার জন্য, নেকড়েটি লাফিয়ে উঠল এবং আবার তাড়া শুরু হল।

Several times Buck cornered him, and the dance repeated.
বেশ কয়েকবার বাক তাকে কোণঠাসা করে ফেলল, এবং নাচের পুনরাবৃত্তি হল।

The wolf was thin and weak, or Buck could not have caught him.
নেকড়েটি রোগা এবং দুর্বল ছিল, নইলে বাক তাকে ধরতে পারত না।

Each time Buck drew near, the wolf spun and faced him in fear.
যতবার বাক কাছে আসত, নেকড়েটি ভয়ে ঘুরতে ঘুরতে তার মুখোমুখি হত।

Then at the first chance, he dashed off into the woods once more.
তারপর প্রথম সুযোগেই, সে আবার বনের দিকে ছুটে গেল।

But Buck did not give up, and finally the wolf came to trust him.
কিন্তু বাক হাল ছাড়েননি, এবং অবশেষে নেকড়ে তাকে বিশ্বাস করতে শুরু করে।

He sniffed Buck's nose, and the two grew playful and alert.
সে বাকের নাক শুঁকে নিল, আর দুজনে খেলাধুলাপূর্ণ এবং সতর্ক হয়ে উঠল।

They played like wild animals, fierce yet shy in their joy.
তারা বন্য পশুর মতো খেলছিল, হিংস্র কিন্তু আনন্দে লাজুক।

After a while, the wolf trotted off with calm purpose.
কিছুক্ষণ পর, নেকড়েটি শান্তভাবে হেঁটে চলে গেল।

He clearly showed Buck that he meant to be followed.
সে স্পষ্টভাবে বাককে দেখিয়ে দিল যে সে অনুসরণ করতে চাইছে।
They ran side by side through the twilight gloom.
গোধূলির অন্ধকারে তারা পাশাপাশি দৌড়াচ্ছিল।
They followed the creek bed up into the rocky gorge.
তারা খালের ধার ধরে পাথুরে গিরিখাতে উঠে গেল।
They crossed a cold divide where the stream had begun.
তারা একটি ঠান্ডা বিভাজন অতিক্রম করল যেখানে স্রোত শুরু হয়েছিল।
On the far slope they found wide forest and many streams.
দূর ঢালে তারা বিস্তৃত বন এবং অনেক ঝর্ণা দেখতে পেল।
Through this vast land, they ran for hours without stopping.
এই বিশাল ভূখণ্ডের মধ্য দিয়ে তারা ঘন্টার পর ঘন্টা ছুটেছে, থেমে নেই।
The sun rose higher, the air grew warm, but they ran on.
সূর্য আরও উপরে উঠল, বাতাস উষ্ণ হয়ে উঠল, কিন্তু তারা দৌড়াতে থাকল।
Buck was filled with joy—he knew he was answering his calling.
বাক আনন্দে ভরে উঠল—সে জানত যে সে তার ডাকে সাড়া দিচ্ছে।
He ran beside his forest brother, closer to the call's source.
সে তার বন ভাইয়ের পাশে দৌড়ে গেল, ডাকের উৎসের কাছে।
Old feelings returned, powerful and hard to ignore.
পুরনো অনুভূতিগুলো ফিরে এলো, শক্তিশালী এবং উপেক্ষা করা কঠিন।
These were the truths behind the memories from his dreams.
এই ছিল তার স্বপ্নের স্মৃতির পেছনের সত্য।
He had done all this before in a distant and shadowy world.
সে এর আগেও এক দূরবর্তী ও ছায়াময় পৃথিবীতে এই সব করেছিল।
Now he did this again, running wild with the open sky above.

এখন সে আবার এটা করল, খোলা আকাশের দিকে তাকিয়ে দৌড়াচ্ছিল।

They stopped at a stream to drink from the cold flowing water.
তারা ঠান্ডা প্রবাহমান জল পান করার জন্য একটি স্রোতের ধারে থামল।

As he drank, Buck suddenly remembered John Thornton.
পান করার সময় বাকের হঠাৎ জন থর্নটনের কথা মনে পড়ে গেল।

He sat down in silence, torn by the pull of loyalty and the calling.
আনুগত্যের টান আর আহ্বানে ছিন্নভিন্ন হয়ে সে চুপচাপ বসে রইল।

The wolf trotted on, but came back to urge Buck forward.
নেকড়েটি হেঁটে এগিয়ে গেল, কিন্তু ফিরে এসে বাককে এগিয়ে যাওয়ার জন্য তাড়া করল।

He sniffed his nose and tried to coax him with soft gestures.
সে তার নাক শুঁকে মৃদু ভঙ্গিমায় তাকে প্ররোচিত করার চেষ্টা করল।

But Buck turned around and started back the way he came.
কিন্তু বাক ঘুরে দাঁড়ালো এবং যে পথে এসেছিল সেভাবেই ফিরে যেতে লাগলো।

The wolf ran beside him for a long time, whining quietly.
নেকড়েটি অনেকক্ষণ ধরে তার পাশে দৌড়ে গেল, নিঃশব্দে কাঁদতে কাঁদতে।

Then he sat down, raised his nose, and let out a long howl.
তারপর সে বসে পড়ল, নাক উঁচু করে একটা লম্বা চিৎকার করল।

It was a mournful cry, softening as Buck walked away.
বাক চলে যাওয়ার সময় এটি ছিল শোকের কান্না, যা নরম হয়ে উঠছিল।

Buck listened as the sound of the cry faded slowly into the forest silence.

বাক শুনতে পেল যখন কান্নার শব্দ ধীরে ধীরে বনের নীরবতায় মিশে গেল।

John Thornton was eating dinner when Buck burst into the camp.
জন থর্নটন রাতের খাবার খাচ্ছিলেন, ঠিক তখনই বাক ক্যাম্পে ঢুকে পড়ল।

Buck leapt upon him wildly, licking, biting, and tumbling him.
বাক তার উপর ঝাঁপিয়ে পড়ল, চাটতে লাগল, কামড় দিল, আর তাকে গুঁড়িয়ে দিল।

He knocked him over, scrambled on top, and kissed his face.
সে তাকে ধাক্কা দিল, তার উপর চেপে ধরল, আর তার মুখে চুমু খেল।

Thornton called this "playing the general tom-fool" with affection.
থর্নটন স্নেহের সাথে এটিকে "সাধারণ বোকা বানান" বলে অভিহিত করেছিলেন।

All the while, he cursed Buck gently and shook him back and forth.
এই সব সময় সে বাককে আলতো করে অভিশাপ দিল এবং তাকে এদিক-ওদিক নাড়াল।

For two whole days and nights, Buck never left the camp once.
পুরো দুই দিন ও রাত ধরে, বাক একবারও ক্যাম্প ছেড়ে যাননি।

He kept close to Thornton and never let him out of his sight.
সে থর্নটনের খুব কাছেই থাকত এবং তাকে কখনোই তার দৃষ্টির আড়াল হতে দিত না।

He followed him as he worked and watched him while he ate.
সে যখন কাজ করছিল তখন সে তার পিছু পিছু আসত এবং যখন সে খাচ্ছিল তখন তার দিকে নজর রাখত।

He saw Thornton into his blankets at night and out each morning.

সে রাতে থর্নটনকে তার কম্বলে এবং প্রতিদিন সকালে বাইরে থাকতে দেখত।

But soon the forest call returned, louder than ever before.

কিন্তু শীঘ্রই বনের ডাক ফিরে এলো, আগের চেয়েও জোরে।

Buck grew restless again, stirred by thoughts of the wild wolf.

বাক আবার অস্থির হয়ে উঠল, বুনো নেকড়ের চিন্তায় উদ্বিগ্ন হয়ে উঠল।

He remembered the open land and running side by side.

তার মনে পড়ল খোলা জমি আর পাশাপাশি দৌড়ানোর কথা।

He began wandering into the forest once more, alone and alert.

সে আবারও একা এবং সতর্ক অবস্থায় বনের মধ্যে ঘুরে বেড়াতে শুরু করল।

But the wild brother did not return, and the howl was not heard.

কিন্তু বন্য ভাইটি ফিরে এলো না, আর চিৎকারও শোনা গেল না।

Buck started sleeping outside, staying away for days at a time.

বাক বাইরে ঘুমাতে শুরু করল, কয়েকদিন ধরে দূরে থাকল।

Once he crossed the high divide where the creek had begun.

একবার সে উঁচু বিভাজন অতিক্রম করল যেখানে খালটি শুরু হয়েছিল।

He entered the land of dark timber and wide flowing streams.

সে অন্ধকার কাঠ এবং প্রশস্ত প্রবাহমান নদীর দেশে প্রবেশ করল।

For a week he roamed, searching for signs of the wild brother.

এক সপ্তাহ ধরে সে ঘুরে বেড়ালো, বন্য ভাইয়ের চিহ্ন খুঁজতে খুঁজতে।

He killed his own meat and travelled with long, tireless strides.

সে নিজের মাংস নিজেই মেরে ফেলল এবং দীর্ঘ, অক্লান্ত পদক্ষেপে ভ্রমণ করল।

He fished for salmon in a wide river that reached the sea.
সে সমুদ্রের সাথে মিশে থাকা প্রশস্ত নদীতে স্যামন মাছ ধরত।

There, he fought and killed a black bear maddened by bugs.
সেখানে, সে পোকামাকড়ের দ্বারা উন্মাদ একটি কালো ভালুকের সাথে লড়াই করে তাকে হত্যা করে।

The bear had been fishing and ran blindly through the trees.
ভালুকটি মাছ ধরছিল এবং অন্ধভাবে গাছের মধ্য দিয়ে দৌড়ে যাচ্ছিল।

The battle was a fierce one, waking Buck's deep fighting spirit up.
যুদ্ধটি ছিল ভয়াবহ, যা বাকের গভীর লড়াইয়ের মনোবলকে জাগিয়ে তুলেছিল।

Two days later, Buck returned to find wolverines at his kill.
দুই দিন পর, বাক তার শিকারের কাছে উলভারিন খুঁজে পেতে ফিরে আসে।

A dozen of them quarreled over the meat in noisy fury.
তাদের মধ্যে এক ডজন লোক মাংস নিয়ে তীব্র ক্রোধে ঝগড়া করেছিল।

Buck charged and scattered them like leaves in the wind.
বাক জোরে জোরে সেগুলোকে ছড়িয়ে দিল, যেমন বাতাসে পাতা উড়ে গেল।

Two wolves remained behind—silent, lifeless, and unmoving forever.
দুটি নেকড়ে পিছনে রয়ে গেল – নীরব, প্রাণহীন, এবং চিরতরে অচল।

The thirst for blood grew stronger than ever.
রক্তের তৃষ্ণা আগের চেয়ে আরও তীব্র হয়ে উঠল।

Buck was a hunter, a killer, feeding off living creatures.
বাক ছিল একজন শিকারী, খুনি, জীবন্ত প্রাণীদের খাওয়াত।

He survived alone, relying on his strength and sharp senses.
সে একাই বেঁচে ছিল, তার শক্তি এবং তীক্ষ্ণ ইন্দ্রিয়ের উপর নির্ভর করে।

He thrived in the wild, where only the toughest could live.

সে বনে বেড়ে উঠত, যেখানে কেবল সবচেয়ে কঠিন লোকেরাই বাস করতে পারত।

From this, a great pride rose up and filled Buck's whole being.

এই থেকে, এক বিরাট অহংকার জেগে উঠল এবং বাকের সমগ্র অস্তিত্বকে ভরে দিল।

His pride showed in his every step, in the ripple of every muscle.

তার প্রতিটি পদক্ষেপে, প্রতিটি পেশীর তরঙ্গে তার গর্ব ফুটে উঠল।

His pride was as clear as speech, seen in how he carried himself.

তার গর্ব কথার মতো স্পষ্ট ছিল, সে কীভাবে নিজেকে বহন করত তাতে স্পষ্ট ছিল।

Even his thick coat looked more majestic and gleamed brighter.

এমনকি তার মোটা কোটটি আরও জাঁকজমকপূর্ণ এবং উজ্জ্বল দেখাচ্ছিল।

Buck could have been mistaken for a giant timber wolf.

বাককে একটা বিশাল কাঠের নেকড়ে ভেবে ভুল করা যেতে পারে।

Except for brown on his muzzle and spots above his eyes.

তার মুখের বাদামী অংশ এবং চোখের উপরে দাগ ছাড়া।

And the white streak of fur that ran down the middle of his chest.

আর তার বুকের মাঝখান দিয়ে সাদা পশমের রেখা বেয়ে নেমে গেল।

He was even larger than the biggest wolf of that fierce breed.

সে ছিল সেই হিংস্র জাতের সবচেয়ে বড় নেকড়ের চেয়েও বড়।

His father, a St. Bernard, gave him size and heavy frame.

তার বাবা, একজন সেন্ট বার্নার্ড, তাকে আকার এবং ভারী দেহ দিয়েছিলেন।

His mother, a shepherd, shaped that bulk into wolf-like form.

তার মা, একজন রাখাল, সেই বিশাল অংশটিকে নেকড়ের মতো আকার দিয়েছিলেন।

He had the long muzzle of a wolf, though heavier and broader.
তার মুখটা নেকড়ের মতো লম্বা ছিল, যদিও তা ভারী এবং প্রশস্ত ছিল।

His head was a wolf's, but built on a massive, majestic scale.
তার মাথাটি ছিল নেকড়ের, কিন্তু বিশাল, মহিমান্বিত স্কেলে তৈরি।

Buck's cunning was the cunning of the wolf and of the wild.
বাকের ধূর্ততা ছিল নেকড়ে এবং বন্যের ধূর্ততার মতো।

His intelligence came from both the German Shepherd and St. Bernard.
তার বুদ্ধিমত্তা জার্মান শেফার্ড এবং সেন্ট বার্নার্ড উভয়ের কাছ থেকেই এসেছিল।

All this, plus harsh experience, made him a fearsome creature.
এই সব, এবং কঠোর অভিজ্ঞতা, তাকে একটি ভয়ঙ্কর প্রাণী করে তুলেছিল।

He was as formidable as any beast that roamed the northern wild.
সে উত্তরের বন্য অঞ্চলে ঘুরে বেড়ানো যেকোনো জন্তুর মতোই ভয়ঙ্কর ছিল।

Living only on meat, Buck reached the full peak of his strength.
শুধুমাত্র মাংস খেয়ে বেঁচে থাকার কারণে, বাক তার শক্তির পূর্ণ শিখরে পৌঁছেছিল।

He overflowed with power and male force in every fiber of him.
তার প্রতিটি কোষে শক্তি এবং পুরুষালি শক্তি পরিপূর্ণ ছিল।

When Thornton stroked his back, the hairs sparked with energy.
থর্নটন যখন তার পিঠে হাত বুলিয়ে দিচ্ছিল, তখন তার চুলগুলো শক্তিতে ঝলমল করছিল।

Each hair crackled, charged with the touch of living magnetism.
প্রতিটি চুল ফাটল ধরছিল, জীবন্ত চুম্বকের স্পর্শে অভিভূত।

His body and brain were tuned to the finest possible pitch.
তার শরীর এবং মস্তিষ্ক সর্বোত্তম সম্ভাব্য গতিতে সুরক্ষিত ছিল।

Every nerve, fiber, and muscle worked in perfect harmony.
প্রতিটি স্নায়ু, তন্তু এবং পেশী নিখুঁত সামঞ্জস্যের সাথে কাজ করছিল।

To any sound or sight needing action, he responded instantly.
যেকোনো শব্দ বা দৃশ্যের প্রতি, যেখানে পদক্ষেপ নেওয়ার প্রয়োজন ছিল, তিনি তাৎক্ষণিকভাবে সাড়া দিতেন।

If a husky leaped to attack, Buck could leap twice as fast.
যদি একটি হাস্কি আক্রমণ করার জন্য লাফিয়ে পড়ে, বাক দ্বিগুণ দ্রুত লাফিয়ে উঠতে পারে।

He reacted quicker than others could even see or hear.
অন্যরা যত দ্রুত দেখতে বা শুনতে পেত, তার চেয়েও দ্রুত সে প্রতিক্রিয়া দেখাত।

Perception, decision, and action all came in one fluid moment.
উপলব্ধি, সিদ্ধান্ত এবং কর্ম সবকিছুই এক সাবলীল মুহূর্তে এসেছিল।

In truth, these acts were separate, but too fast to notice.
সত্যি বলতে, এই কাজগুলি আলাদা ছিল, কিন্তু খুব দ্রুত নজরে পড়েনি।

So brief were the gaps between these acts, they seemed as one.
এই কাজগুলোর মধ্যে ব্যবধান এতটাই সংক্ষিপ্ত ছিল যে, মনে হচ্ছিল যেন এক।

His muscles and being was like tightly coiled springs.
তার পেশী এবং সত্তা ছিল শক্তভাবে কুণ্ডলীবদ্ধ স্প্রিংসের মতো।

His body surged with life, wild and joyful in its power.
তার শরীর প্রাণের উচ্ছ্বাসে ভরে উঠল, প্রাণের শক্তিতে উজ্জীবিত এবং আনন্দিত।

At times he felt like the force was going to burst out of him entirely.

মাঝে মাঝে তার মনে হতো যেন শক্তিটা তার ভেতর থেকে পুরোপুরি বেরিয়ে আসবে।

"Never was there such a dog," Thornton said one quiet day.

"এমন কুকুর কখনও ছিল না," থর্নটন একদিন শান্ত স্বরে বললেন।

The partners watched Buck striding proudly from the camp.

সঙ্গীরা বাককে গর্বের সাথে ক্যাম্প থেকে বেরিয়ে আসতে দেখল।

"When he was made, he changed what a dog can be," said Pete.

"যখন তাকে তৈরি করা হয়েছিল, তখন সে কুকুর কী হতে পারে তা বদলে দিয়েছে," পিট বললেন।

"By Jesus! I think so myself," Hans quickly agreed.

"যীশুর কসম! আমি নিজেও তাই মনে করি," হ্যান্স দ্রুত রাজি হয়ে গেল।

They saw him march off, but not the change that came after.

তারা তাকে চলে যেতে দেখেছিল, কিন্তু তার পরে আসা পরিবর্তনটি দেখেনি।

As soon as he entered the woods, Buck transformed completely.

জঙ্গলে প্রবেশ করার সাথে সাথেই বাক সম্পূর্ণরূপে রূপান্তরিত হয়ে গেল।

He no longer marched, but moved like a wild ghost among trees.

সে আর অগ্রসর হল না, বরং গাছের মধ্যে বুনো ভূতের মতো ঘুরে বেড়াল।

He became silent, cat-footed, a flicker passing through shadows.

সে চুপ করে রইল, বিড়ালের মতো, ছায়ার মধ্য দিয়ে ঝিকিমিকি করে এগিয়ে যাচ্ছিল।

He used cover with skill, crawling on his belly like a snake.

সে দক্ষতার সাথে আড়াল ব্যবহার করত, সাপের মতো পেটের উপর হামাগুড়ি দিত।

And like a snake, he could leap forward and strike in silence.
আর সাপের মতো, সে সামনের দিকে লাফিয়ে নীরবে আঘাত করতে পারত।
He could steal a ptarmigan straight from its hidden nest.
সে সরাসরি তার লুকানো বাসা থেকে একটি পাখি চুরি করতে পারত।
He killed sleeping rabbits without a single sound.
সে ঘুমন্ত খরগোশদের মেরে ফেলল কোন শব্দ ছাড়াই।
He could catch chipmunks midair as they fled too slowly.
সে চিপমাঙ্কগুলিকে আকাশে ধরতে পারত কারণ তারা খুব ধীরে পালিয়ে যেত।
Even fish in pools could not escape his sudden strikes.
পুকুরের মাছও তার আকস্মিক আঘাত থেকে বাঁচতে পারেনি।
Not even clever beavers fixing dams were safe from him.
বাঁধ মেরামতকারী চালাক বিভাররাও তার হাত থেকে নিরাপদ ছিল না।
He killed for food, not for fun—but liked his own kills best.
সে খাবারের জন্য হত্যা করত, মজা করার জন্য নয়—কিন্তু নিজের হত্যাই তার সবচেয়ে বেশি পছন্দ ছিল।
Still, a sly humor ran through some of his silent hunts.
তবুও, তার কিছু নীরব শিকারের মধ্যে একটা ধূর্ত রসবোধ ছড়িয়ে পড়েছিল।
He crept up close to squirrels, only to let them escape.
সে কাঠবিড়ালিদের কাছে লাফিয়ে লাফিয়ে ছুটে গেল, কিন্তু তাদের পালাতে দিল।
They were going to flee to the trees, chattering in fearful outrage.
তারা ভয়ে ক্রোধে বকবক করতে করতে গাছে পালিয়ে যাচ্ছিল।
As fall came, moose began to appear in greater numbers.
শরৎ আসার সাথে সাথে, মুস আরও বেশি সংখ্যায় দেখা দিতে শুরু করে।
They moved slowly into the low valleys to meet the winter.
শীতকাল কাটানোর জন্য তারা ধীরে ধীরে নিচু উপত্যকায় চলে গেল।

Buck had already brought down one young, stray calf.
বাক ইতিমধ্যেই একটি ছোট, পথভ্রষ্ট বাছুরকে মেরে ফেলেছে।

But he longed to face larger, more dangerous prey.
কিন্তু সে আরও বড়, আরও বিপজ্জনক শিকারের মুখোমুখি হতে চেয়েছিল।

One day on the divide, at the creek's head, he found his chance.
একদিন, খালের মাথায়, সে সুযোগ খুঁজে পেল।

A herd of twenty moose had crossed from forested lands.
বনভূমি থেকে বিশটি ইঁদুরের একটি পাল এসেছিল।

Among them was a mighty bull; the leader of the group.
তাদের মধ্যে ছিল একটি শক্তিশালী ষাঁড়; দলের নেতা।

The bull stood over six feet tall and looked fierce and wild.
ষাঁড়টি ছয় ফুটেরও বেশি লম্বা ছিল এবং দেখতে হিংস্র এবং বন্য ছিল।

He tossed his wide antlers, fourteen points branching outward.
সে তার চওড়া শিংগুলো ছুঁড়ে মারল, চৌদ্দটি শাখা বাইরের দিকে প্রসারিত।

The tips of those antlers stretched seven feet across.
সেই শিংগুলোর ডগা সাত ফুট পর্যন্ত বিস্তৃত ছিল।

His small eyes burned with rage as he spotted Buck nearby.
বাককে কাছে দেখতে পেয়ে তার ছোট ছোট চোখ রাগে জ্বলে উঠল।

He let out a furious roar, trembling with fury and pain.
সে একটা তীব্র গর্জন করলো, ক্রোধ আর যন্ত্রণায় কাঁপছিল।

An arrow-end stuck out near his flank, feathered and sharp.
তার পাঁজরের কাছে একটি তীরের ডগা বেরিয়ে ছিল, পালকযুক্ত এবং ধারালো।

This wound helped explain his savage, bitter mood.
এই ক্ষত তার বর্বর, তিক্ত মেজাজ ব্যাখ্যা করতে সাহায্য করেছিল।

Buck, guided by ancient hunting instinct, made his move.
প্রাচীন শিকারের প্রবৃত্তি দ্বারা পরিচালিত হয়ে বাক তার পদক্ষেপ নিল।

He aimed to separate the bull from the rest of the herd.
সে ষাঁড়টিকে বাকি পাল থেকে আলাদা করার লক্ষ্য রেখেছিল।

This was no easy task—it took speed and fierce cunning.
এটা কোন সহজ কাজ ছিল না—এর জন্য দ্রুততা এবং প্রচণ্ড চালাকির প্রয়োজন ছিল।

He barked and danced near the bull, just out of range.
সে ঘেউ ঘেউ করে ষাঁড়টির কাছে নাচতে লাগল, ঠিক তার নাগালের বাইরে।

The moose lunged with huge hooves and deadly antlers.
মুসটি বিশাল খুর এবং মারাত্মক শিং দিয়ে লাফাচ্ছিল।

One blow could have ended Buck's life in a heartbeat.
একটি আঘাতেই বাকের জীবন হৃদস্পন্দনে শেষ হয়ে যেতে পারত।

Unable to leave the threat behind, the bull grew mad.
হুমকি ত্যাগ করতে না পেরে, ষাঁড়টি রেগে গেল।

He charged in fury, but Buck always slipped away.
সে রেগে আক্রমণ করল, কিন্তু বাক সবসময় পালিয়ে যেত।

Buck faked weakness, luring him farther from the herd.
বাক দুর্বলতার ভান করে, তাকে পশুপাল থেকে দূরে সরিয়ে দিল।

But young bulls were going to charge back to protect the leader.
কিন্তু ছোট ষাঁড়গুলো নেতাকে রক্ষা করার জন্য পাল্টা আক্রমণ করতে যাচ্ছিল।

They forced Buck to retreat and the bull to rejoin the group.
তারা বাককে পিছু হটতে এবং ষাঁড়টিকে আবার দলে যোগ দিতে বাধ্য করে।

There is a patience in the wild, deep and unstoppable.
বন্যের মধ্যে এক ধৈর্য আছে, গভীর এবং অপ্রতিরোধ্য।

A spider waits motionless in its web for countless hours.
একটি মাকড়সা তার জালে অগণিত ঘন্টা ধরে স্থিরভাবে অপেক্ষা করে।

A snake coils without twitching, and waits till it is time.
একটি সাপ নড়চড় না করেই কুণ্ডলী পাকিয়ে যায়, এবং সময় না আসা পর্যন্ত অপেক্ষা করে।

A panther lies in ambush, until the moment arrives.
একটি প্যান্থার ওৎ পেতে থাকে, যতক্ষণ না মুহূর্তটি আসে।

This is the patience of predators who hunt to survive.
এটি শিকারিদের ধৈর্য যারা বেঁচে থাকার জন্য শিকার করে।

That same patience burned inside Buck as he stayed close.
বাক যখন কাছে ছিল, তখন তার ভেতরেও একই ধৈর্য জ্বলে উঠল।

He stayed near the herd, slowing its march and stirring fear.
সে পালের কাছেই রইল, তাদের অগ্রযাত্রা ধীর করে দিল এবং ভয় জাগিয়ে তুলল।

He teased the young bulls and harassed the mother cows.
সে ছোট ষাঁড়গুলোকে জ্বালাতন করত এবং মা গরুগুলোকে উৎপীড়ন করত।

He drove the wounded bull into a deeper, helpless rage.
সে আহত ষাঁড়টিকে আরও গভীর, অসহায় ক্রোধে ঠেলে দিল।

For half a day, the fight dragged on with no rest at all.
অর্ধেক দিন ধরে, লড়াইটা চলতেই থাকল, কোনও বিশ্রাম ছাড়াই।

Buck attacked from every angle, fast and fierce as wind.
বাক বাতাসের মতো দ্রুত এবং প্রচণ্ড, প্রতিটি কোণ থেকে আক্রমণ করল।

He kept the bull from resting or hiding with its herd.
সে ষাঁড়টিকে তার পালের সাথে বিশ্রাম নিতে বা লুকিয়ে থাকতে বাধা দিত।

Buck wore down the moose's will faster than its body.
বাক তার শরীরের চেয়েও দ্রুত মুসের ইচ্ছাশক্তি নষ্ট করে দিল।

The day passed and the sun sank low in the northwest sky.
দিন কেটে গেল এবং সূর্য উত্তর-পশ্চিম আকাশে ডুবে গেল।

The young bulls returned more slowly to help their leader.
ছোট ষাঁড়গুলো তাদের নেতাকে সাহায্য করার জন্য আরও ধীরে ধীরে ফিরে এল।

Fall nights had returned, and darkness now lasted six hours.
শরতের রাত ফিরে এসেছিল, এবং অন্ধকার এখন ছয় ঘন্টা স্থায়ী ছিল।

Winter was pressing them downhill into safer, warmer valleys.
শীত তাদেরকে নিরাপদ, উষ্ণ উপত্যকার দিকে ঠেলে দিচ্ছিল।

But still they couldn't escape the hunter that held them back.
কিন্তু তবুও তারা সেই শিকারীর হাত থেকে পালাতে পারেনি যে তাদের আটকে রেখেছিল।

Only one life was at stake—not the herd's, just their leader's.
শুধুমাত্র একটি জীবন ঝুঁকির মধ্যে ছিল—পালের নয়, কেবল তাদের নেতার।

That made the threat distant and not their urgent concern.
এর ফলে হুমকি দূরবর্তী হয়ে গেল এবং তাদের তাৎক্ষণিক উদ্বেগের বিষয় ছিল না।

In time, they accepted this cost and let Buck take the old bull.
সময়ের সাথে সাথে, তারা এই খরচ মেনে নেয় এবং বাককে বুড়ো ষাঁড়টি নিতে দেয়।

As twilight settled in, the old bull stood with his head down.
গোধূলি ঘনিয়ে আসার সাথে সাথে, বৃদ্ধ ষাঁড়টি মাথা নিচু করে দাঁড়িয়ে রইল।

He watched the herd he had led vanish into the fading light.
সে দেখল তার পরিচালিত পালটি ম্লান আলোর দিকে অদৃশ্য হয়ে যাচ্ছে।

There were cows he had known, calves he had once fathered.
তার পরিচিত গরু ছিল, তার একসময় জন্ম নেওয়া বাছুর ছিল।

There were younger bulls he had fought and ruled in past seasons.
গত মরশুমে সে ছোট ষাঁড়দের সাথে লড়াই করেছিল এবং শাসন করেছিল।

He could not follow them—for before him crouched Buck again.
সে তাদের অনুসরণ করতে পারল না—কারণ তার আগে বাক আবার কুঁকড়ে গেল।

The merciless fanged terror blocked every path he might take.

নির্মম উন্মত্ত সন্ত্রাস তার প্রতিটি পথই রুদ্ধ করে দিয়েছিল।

The bull weighed more than three hundredweight of dense power.

ষাঁড়টির ওজন ছিল তিনশোরও বেশি ঘন শক্তির।

He had lived long and fought hard in a world of struggle.

তিনি দীর্ঘকাল বেঁচে ছিলেন এবং সংগ্রামের জগতে কঠোর লড়াই করেছিলেন।

Yet now, at the end, death came from a beast far beneath him.

তবুও, শেষ পর্যন্ত, মৃত্যু তার অনেক নীচের একটি জন্তুর কাছ থেকে এসেছিল।

Buck's head did not even rise to the bull's huge knuckled knees.

বাকের মাথা ষাঁড়ের বিশাল হাঁটুর কাছেও ওঠেনি।

From that moment on, Buck stayed with the bull night and day.

সেই মুহূর্ত থেকে, বাক দিনরাত ষাঁড়টির সাথেই থাকল।

He never gave him rest, never allowed him to graze or drink.

তিনি তাকে কখনও বিশ্রাম দেননি, কখনও চরতে বা পান করতে দেননি।

The bull tried to eat young birch shoots and willow leaves.

ষাঁড়টি বার্চ গাছের কচি কান্ড এবং উইলো পাতা খাওয়ার চেষ্টা করেছিল।

But Buck drove him off, always alert and always attacking.

কিন্তু বাক তাকে তাড়িয়ে দিল, সবসময় সতর্ক এবং সর্বদা আক্রমণাত্মক।

Even at trickling streams, Buck blocked every thirsty attempt.

এমনকি ঝর্ণাধারার স্রোতেও, বাক প্রতিটি তৃষ্ণার্ত প্রচেষ্টাকে বাধাগ্রস্ত করেছিল।

Sometimes, in desperation, the bull fled at full speed.

কখনও কখনও, হতাশায়, ষাঁড়টি পূর্ণ গতিতে পালিয়ে যেত।

Buck let him run, loping calmly just behind, never far away.

বাক তাকে দৌড়াতে দিল, শান্তভাবে পিছনে পিছনে হেঁটে গেল, কখনও দূরে নয়।

When the moose paused, Buck lay down, but stayed ready.
যখন ইঁদুরটি থামল, বাক শুয়ে পড়ল, কিন্তু প্রস্তুত রইল।

If the bull tried to eat or drink, Buck struck with full fury.
যদি ষাঁড়টি খেতে বা পান করার চেষ্টা করত, বাক পুরো ক্রোধে আঘাত করত।

The bull's great head sagged lower under its vast antlers.
ষাঁড়টির বিশাল মাথাটি তার বিশাল শিংগুলির নীচে ঝুলে পড়ল।

His pace slowed, the trot became a heavy; a stumbling walk.
তার গতি ধীর হয়ে গেল, হাঁটা ভারী হয়ে উঠল; হোঁচট খাওয়ার মতো।

He often stood still with drooped ears and nose to the ground.
তিনি প্রায়ই মাটিতে কান ও নাক ঝুলিয়ে দাঁড়িয়ে থাকতেন।

During those moments, Buck took time to drink and rest.
সেই মুহূর্তগুলিতে, বাক পানীয় এবং বিশ্রামের জন্য সময় বের করেছিলেন।

Tongue out, eyes fixed, Buck sensed the land was changing.
জিহ্বা বের করে, চোখ স্থির করে, বাক বুঝতে পারল জমি বদলে যাচ্ছে।

He felt something new moving through the forest and sky.
সে বন এবং আকাশের মধ্য দিয়ে নতুন কিছুর নড়াচড়া অনুভব করল।

As moose returned, so did other creatures of the wild.
মুস ফিরে আসার সাথে সাথে বন্য প্রাণীরাও ফিরে এল।

The land felt alive with presence, unseen but strongly known.
ভূমিটি উপস্থিতিতে জীবন্ত অনুভূত হয়েছিল, অদৃশ্য কিন্তু দৃঢ়ভাবে পরিচিত।

It was not by sound, sight, nor by scent that Buck knew this.
বাক শব্দ, দৃষ্টি, গন্ধ দ্বারা এটি জানতেন না।

A deeper sense told him that new forces were on the move.
গভীর অনুভূতি তাকে জানালো যে নতুন শক্তি এগিয়ে আসছে।

Strange life stirred through the woods and along the streams.
বন এবং নদীর ধারে অদ্ভুত জীবন আলোড়ন তুলেছিল।

He resolved to explore this spirit, after the hunt was complete.
শিকার শেষ হওয়ার পর, সে এই আত্মাকে অন্বেষণ করার সংকল্প করল।

On the fourth day, Buck brought down the moose at last.
চতুর্থ দিনে, বাক অবশেষে মুসটিকে নামিয়ে আনল।

He stayed by the kill for a full day and night, feeding and resting.
সে পুরো দিনরাত বন্দীদশায় ছিল, খাবার দিত এবং বিশ্রাম নিত।

He ate, then slept, then ate again, until he was strong and full.
সে খায়, তারপর ঘুমায়, তারপর আবার খায়, যতক্ষণ না সে শক্তিশালী এবং পেট ভরা হয়।

When he was ready, he turned back toward camp and Thornton.
যখন সে প্রস্তুত হল, সে ক্যাম্প এবং থর্নটনের দিকে ফিরে গেল।

With steady pace, he began the long return journey home.
স্থির গতিতে, সে দীর্ঘ বাড়ি ফেরার যাত্রা শুরু করল।

He ran in his tireless lope, hour after hour, never once straying.
সে তার অক্লান্ত লোপ ধরে ঘন্টার পর ঘন্টা দৌড়েছে, একবারও পথভ্রষ্ট হয়নি।

Through unknown lands, he moved straight as a compass needle.
অজানা জমির মধ্য দিয়ে, সে কম্পাসের সূঁচের মতো সোজা এগিয়ে গেল।

His sense of direction made man and map seem weak by comparison.
তার দিকনির্দেশনার বোধ মানুষ এবং মানচিত্রকে তুলনামূলকভাবে দুর্বল বলে মনে করেছিল।

As Buck ran, he felt more strongly the stir in the wild land.
বাক যখন দৌড়াচ্ছিল, তখন সে বন্য ভূমিতে আরও তীব্রভাবে আলোড়ন অনুভব করল।

It was a new kind of life, unlike that of the calm summer months.
এটি ছিল এক নতুন ধরণের জীবন, শান্ত গ্রীষ্মের মাসগুলির থেকে ভিন্ন।

This feeling no longer came as a subtle or distant message.
এই অনুভূতি আর কোনও সূক্ষ্ম বা দূরবর্তী বার্তা হিসেবে আসেনি।

Now the birds spoke of this life, and squirrels chattered about it.
এখন পাখিরা এই জীবনের কথা বলছিল, আর কাঠবিড়ালিরা এটা নিয়ে কথা বলছিল।

Even the breeze whispered warnings through the silent trees.
এমনকি বাতাসও নীরব গাছগুলির মধ্য দিয়ে ফিসফিসিয়ে সতর্কবার্তা দিচ্ছিল।

Several times he stopped and sniffed the fresh morning air.
বেশ কয়েকবার সে থেমে সকালের তাজা বাতাস শুঁকে নিল।

He read a message there that made him leap forward faster.
সে সেখানে একটি বার্তা পড়েছিল যা তাকে দ্রুত এগিয়ে যেতে বাধ্য করেছিল।

A heavy sense of danger filled him, as if something had gone wrong.
একটা প্রচণ্ড বিপদের অনুভূতি তাকে ঘিরে ধরল, যেন কিছু একটা ভুল হয়ে গেছে।

He feared calamity was coming—or had already come.
সে ভয় পেল যে বিপর্যয় আসছে—অথবা ইতিমধ্যেই এসে গেছে।

He crossed the last ridge and entered the valley below.
সে শেষ পাহাড়টি পেরিয়ে নীচের উপত্যকায় প্রবেশ করল।

He moved more slowly, alert and cautious with every step.
সে আরও ধীরে ধীরে এগোতে লাগল, প্রতিটি পদক্ষেপে সতর্ক এবং সতর্কভাবে।

Three miles out he found a fresh trail that made him stiffen.

তিন মাইল দূরে সে একটা নতুন পথ পেল যা তাকে শক্ত করে তুলেছিল।

The hair along his neck rippled and bristled in alarm.

তার ঘাড়ের চুলগুলো আতঙ্কে ঢেউ খেলানো এবং ঝাঁকুনি দিয়ে উঠল।

The trail led straight toward the camp where Thornton waited.

পথটি সোজা সেই ক্যাম্পের দিকে চলে গেল যেখানে থর্নটন অপেক্ষা করছিল।

Buck moved faster now, his stride both silent and swift.

বাক এখন আরও দ্রুত এগিয়ে গেল, তার পদক্ষেপ নীরব এবং দ্রুত উভয়ই।

His nerves tightened as he read signs others were going to miss.

অন্যরা যে লক্ষণগুলি মিস্ করবে তা পড়তে পড়তে তার স্নায়ু শক্ত হয়ে গেল।

Each detail in the trail told a story—except the final piece.

পথের প্রতিটি বিবরণ একটি গল্প বলেছিল—শেষ অংশটি ছাড়া।

His nose told him about the life that had passed this way.

তার নাক তাকে এইভাবে কেটে যাওয়া জীবনের কথা বলেছিল।

The scent gave him a changing picture as he followed close behind.

সে যখন খুব কাছ থেকে পিছনে পিছনে যাচ্ছিল, তখন গন্ধটা তাকে একটা বদলে যাওয়া ছবি দেখাচ্ছিল।

But the forest itself had gone quiet; unnaturally still.

কিন্তু বন নিজেই শান্ত হয়ে গিয়েছিল; অস্বাভাবিকভাবে স্থির।

Birds had vanished, squirrels were hidden, silent and still.

পাখিরা অদৃশ্য হয়ে গিয়েছিল, কাঠবিড়ালিরা লুকিয়ে ছিল, নীরব এবং স্থির।

He saw only one gray squirrel, flat on a dead tree.

সে কেবল একটি ধূসর কাঠবিড়ালি দেখতে পেল, একটি মৃত গাছের উপর সমতলভাবে।

The squirrel blended in, stiff and motionless like a part of the forest.

কাঠবিড়ালিটি মিশে গেল, বনের এক অংশের মতো শক্ত এবং গতিহীন।

Buck moved like a shadow, silent and sure through the trees.
বাক ছায়ার মতো নীরবে এবং নিশ্চিতভাবে গাছের মধ্য দিয়ে নীরবে চলে গেল।

His nose jerked sideways as if pulled by an unseen hand.
তার নাকটা যেন একপাশে ঝাঁকুনি দিয়ে উঠল, যেন কোন অদৃশ্য হাত তাকে টেনে ধরেছে।

He turned and followed the new scent deep into a thicket.
সে ঘুরে নতুন গন্ধের পিছনে পিছনে ঝোপের গভীরে গেল।

There he found Nig, lying dead, pierced through by an arrow.
সেখানে সে নিগকে মৃত অবস্থায় পড়ে থাকতে দেখতে পেল, তার তীরের আঘাতে তার দেহ বিদ্ধ হয়ে গেছে।

The shaft passed clear through his body, feathers still showing.
তার শরীরের মধ্য দিয়ে খাদটি স্পষ্টভাবে চলে গেছে, পালকগুলি এখনও দেখা যাচ্ছে।

Nig had dragged himself there, but died before reaching help.
নিগ নিজেকে সেখানে টেনে নিয়ে গিয়েছিল, কিন্তু সাহায্য পৌঁছানোর আগেই মারা গিয়েছিল।

A hundred yards farther on, Buck found another sled dog.
একশ গজ দূরে, বাক আরেকটি স্লেজ কুকুর দেখতে পেল।

It was a dog that Thornton had bought back in Dawson City.
এটি ছিল একটি কুকুর যা থর্নটন ডসন সিটি থেকে কিনেছিলেন।

The dog was in a death struggle, thrashing hard on the trail.
কুকুরটি মৃত্যুর সাথে লড়াই করছিল, পথ ধরে প্রচণ্ড মারধর করছিল।

Buck passed around him, not stopping, eyes fixed ahead.
বাক তার পাশ দিয়ে হেঁটে গেল, থামল না, চোখ স্থির করে সামনে।

From the direction of the camp came a distant, rhythmic chant.
ক্যাম্পের দিক থেকে দূর থেকে একটা ছন্দময় মন্ত্র ভেসে এলো।

Voices rose and fell in a strange, eerie, sing-song tone.
অদ্ভুত, ভৌতিক, গানের সুরে কন্ঠস্বর উপরে উঠছিল এবং নেমে আসছিল।

Buck crawled forward to the edge of the clearing in silence.
বাক নীরবে ক্লিয়ারিং এর ধারে এগিয়ে গেল।

There he saw Hans lying face-down, pierced with many arrows.
সেখানে সে দেখতে পেল হ্যান্স উপুড় হয়ে শুয়ে আছে, অনেক তীরের আঘাতে বিদ্ধ।

His body looked like a porcupine, bristling with feathered shafts.
তার শরীর দেখতে সজারুদের মতো, পালকযুক্ত থাদে ঝাঁকুনি।

At the same moment, Buck looked toward the ruined lodge.
ঠিক সেই মুহূর্তে, বাক ধ্বংসপ্রাপ্ত লজের দিকে তাকাল।

The sight made the hair rise stiff on his neck and shoulders.
এই দৃশ্য দেখে তার ঘাড় এবং কাঁধের চুলগুলো শক্ত হয়ে গেল।

A storm of wild rage swept through Buck's whole body.
বাকের সারা শরীরে এক তীব্র ক্রোধের ঝড় বয়ে গেল।

He growled aloud, though he did not know that he had.
সে জোরে গর্জন করল, যদিও সে জানত না যে তার গর্জন হয়েছে।

The sound was raw, filled with terrifying, savage fury.
শব্দটা ছিল কড়া, ভয়াবহ, বর্বর ক্রোধে ভরা।

For the last time in his life, Buck lost reason to emotion.
জীবনের শেষবারের মতো, বাক আবেগের কাছে যুক্তি হারিয়ে ফেললেন।

It was love for John Thornton that broke his careful control.
জন থর্নটনের প্রতি ভালোবাসাই তার সতর্ক নিয়ন্ত্রণ ভেঙে ফেলেছিল।

The Yeehats were dancing around the wrecked spruce lodge.
ইয়েহাটরা ধ্বংসপ্রাপ্ত স্প্রুস লজের চারপাশে নাচছিল।

Then came a roar—and an unknown beast charged toward them.
তারপর একটা গর্জন শোনা গেল—আর একটা অজানা জন্তু তাদের দিকে ছুটে এল।

It was Buck; a fury in motion; a living storm of vengeance.
এটা ছিল বাক; চলমান এক ক্রোধ; প্রতিশোধের এক জীবন্ত ঝড়।

He flung himself into their midst, mad with the need to kill.
সে তাদের মাঝে ঝাঁপিয়ে পড়ল, হত্যার তাড়নায় ক্ষিপ্ত হয়ে।

He leapt at the first man, the Yeehat chief, and struck true.
সে প্রথম ব্যক্তি, ইয়েহাট প্রধানের দিকে ঝাঁপিয়ে পড়ল এবং সত্যিকার অর্থেই আঘাত করল।

His throat was ripped open, and blood spouted in a stream.
তার গলা ফেটে গিয়েছিল, এবং রক্তের ধারা বইছিল।

Buck did not stop, but tore the next man's throat with one leap.
বাক থামেনি, বরং এক লাফে পরের লোকটির গলা ছিঁড়ে ফেলে।

He was unstoppable—ripping, slashing, never pausing to rest.
সে অপ্রতিরোধ্য ছিল—ছিঁড়ে ফেলছিল, কেটে ফেলছিল, কখনও বিশ্রাম নেওয়ার জন্য থামছিল না।

He darted and sprang so fast their arrows could not touch him.
সে এত দ্রুত ঝাঁপিয়ে পড়ল যে তাদের তীরগুলো তাকে স্পর্শ করতে পারল না।

The Yeehats were caught in their own panic and confusion.
ইয়েহাটরা তাদের নিজস্ব আতঙ্ক এবং বিভ্রান্তিতে আটকা পড়েছিল।

Their arrows missed Buck and struck one another instead.
তাদের তীরগুলি বাককে লক্ষ্যভ্রষ্ট করে এবং একে অপরকে আঘাত করে।

One youth threw a spear at Buck and hit another man.
এক যুবক বাকের দিকে বর্শা ছুঁড়ে মারল এবং অন্য একজনকে আঘাত করল।

The spear drove through his chest, the point punching out his back.
বর্শাটি তার বুক ভেদ করে বিদ্ধ হলো, বিন্দুটি তার পিঠ ভেদ করে দিল।

Terror swept over the Yeehats, and they broke into full retreat.
ইয়েহাটদের উপর আতঙ্ক ছড়িয়ে পড়ে এবং তারা সম্পূর্ণ পশ্চাদপসরণে বাধ্য হয়।

They screamed of the Evil Spirit and fled into the forest shadows.
তারা অশুভ আত্মার চিৎকারে বনের ছায়ায় পালিয়ে গেল।

Truly, Buck was like a demon as he chased the Yeehats down.
সত্যিই, ইয়েহাটদের তাড়া করার সময় বাক একজন রাক্ষসের মতো ছিলেন।

He tore after them through the forest, bringing them down like deer.
সে বনের মধ্য দিয়ে তাদের ধাওয়া করে, হরিণের মতো তাদের টেনে নামিয়ে আনে।

It became a day of fate and terror for the frightened Yeehats.
ভীত ইয়েহাটদের জন্য এটি ভাগ্য এবং আতঙ্কের দিন হয়ে ওঠে।

They scattered across the land, fleeing far in every direction.
তারা দেশজুড়ে ছড়িয়ে ছিটিয়ে পড়ল, সব দিকে পালিয়ে গেল।

A full week passed before the last survivors met in a valley.
শেষ বেঁচে যাওয়া ব্যক্তিরা একটি উপত্যকায় মিলিত হওয়ার আগে পুরো এক সপ্তাহ কেটে গেল।

Only then did they count their losses and speak of what happened.
কেবল তখনই তারা তাদের ক্ষতির হিসাব করল এবং কী ঘটেছিল তা বলল।

Buck, after tiring of the chase, returned to the ruined camp.
তাড়া করতে করতে ক্লান্ত হয়ে বাক ধ্বংসপ্রাপ্ত শিবিরে ফিরে এলেন।

He found Pete, still in his blankets, killed in the first attack.
তিনি প্রথম আক্রমণে নিহত পিটকে তার কম্বলের মধ্যে দেখতে পান।

Signs of Thornton's last struggle were marked in the dirt nearby.

থর্নটনের শেষ সংগ্রামের চিহ্নগুলি কাছাকাছি ময়লায় চিহ্নিত ছিল।

Buck followed every trace, sniffing each mark to a final point.
বাক প্রতিটি চিহ্ন অনুসরণ করল, প্রতিটি চিহ্ন শুঁকে শেষ বিন্দু পর্যন্ত।

At the edge of a deep pool, he found faithful Skeet, lying still.
একটা গভীর পুকুরের ধারে, সে বিশ্বস্ত স্কিটকে স্থির অবস্থায় পড়ে থাকতে দেখতে পেল।

Skeet's head and front paws were in the water, unmoving in death.
স্কিটের মাথা এবং সামনের পাঞ্জা পানিতে ডুবে ছিল, মৃত্যুর সাথে সাথে নড়ছিল না।

The pool was muddy and tainted with runoff from the sluice boxes.
পুলটি কর্দমাক্ত ছিল এবং স্লুইস বক্স থেকে আসা জলে ময়লা ছিল।

Its cloudy surface hid what lay beneath, but Buck knew the truth.
এর মেঘলা পৃষ্ঠ নীচের জিনিসগুলিকে লুকিয়ে রেখেছিল, কিন্তু বাক সত্যটি জানত।

He tracked Thornton's scent into the pool—but the scent led nowhere else.
সে পুলের ভেতরে থর্নটনের গন্ধ পেল—কিন্তু সেই গন্ধ অন্য কোথাও গেল না।

There was no scent leading out—only the silence of deep water.
কোন গন্ধ বের হচ্ছিল না—শুধু গভীর জলের নীরবতা।

All day Buck stayed near the pool, pacing the camp in grief.
সারাদিন বাক পুলের কাছেই রইল, শোকে শিবিরে ঘুরে বেড়াল।

He wandered restlessly or sat in stillness, lost in heavy thought.
সে অস্থিরভাবে ঘুরে বেড়াত অথবা নীরবে বসে থাকত, ভারী চিন্তায় ডুবে থাকত।

He knew death; the ending of life; the vanishing of all motion.

তিনি মৃত্যু জানতেন; জীবনের সমাপ্তি; সমস্ত গতির বিলীন হওয়া।

He understood that John Thornton was gone, never to return.

সে বুঝতে পারল যে জন থর্নটন চলে গেছে, আর কখনও ফিরে আসবে না।

The loss left an empty space in him that throbbed like hunger.

এই হার তার মনে একটা শূন্যতা তৈরি করে দিল যা ক্ষুধার মতো কাঁপছিল।

But this was a hunger food could not ease, no matter how much he ate.

কিন্তু এই খাবারটা এমন একটা ক্ষুধা ছিল যা সে যতই খাক না কেন, কমাতে পারত না।

At times, as he looked at the dead Yeehats, the pain faded.

মাঝে মাঝে, যখন সে মৃত ইয়েহাটদের দিকে তাকাত, তখন ব্যথা ম্লান হয়ে যেত।

And then a strange pride rose inside him, fierce and complete.

আর তখনই তার ভেতরে এক অদ্ভুত অহংকার জেগে উঠল, তীব্র এবং পূর্ণ।

He had killed man, the highest and most dangerous game of all.

সে মানুষকে হত্যা করেছিল, সবচেয়ে উঁচু এবং বিপজ্জনক খেলা।

He had killed in defiance of the ancient law of club and fang.

সে প্রাচীন কাঠুরিয়া ও ফ্যাং আইনের লঙ্ঘন করে হত্যা করেছিল।

Buck sniffed their lifeless bodies, curious and thoughtful.

বাক কৌতূহলী এবং চিন্তাশীল হয়ে তাদের প্রাণহীন দেহ শুঁকে নিল।

They had died so easily—much easier than a husky in a fight.

তারা এত সহজেই মারা গিয়েছিল - লড়াইয়ে ভুষির চেয়ে অনেক সহজ।

Without their weapons, they had no true strength or threat.
অস্ত্র ছাড়া তাদের কোন প্রকৃত শক্তি বা হুমকি ছিল না।

Buck was never going to fear them again, unless they were armed.
বাক আর কখনও তাদের ভয় পাবে না, যদি না তারা সশস্ত্র থাকত।

Only when they carried clubs, spears, or arrows he'd beware.
যখন তারা লাঠি, বর্শা, বা তীর বহন করত, কেবল তখনই সে সাবধান থাকত।

Night fell, and a full moon rose high above the tops of the trees.
রাত নেমে এলো, আর গাছের মাথার উপরে পূর্ণিমার চাঁদ উঠলো।

The moon's pale light bathed the land in a soft, ghostly glow like day.
চাঁদের মৃদু আলোয় পৃথিবীটা দিনের মতো নরম, ভুতুড়ে আলোয় ভেসে উঠল।

As the night deepened, Buck still mourned by the silent pool.
রাত যত গভীর হচ্ছিল, বাক তখনও নীরব পুলের ধারে শোক প্রকাশ করছিল।

Then he became aware of a different stirring in the forest.
তারপর সে বনের মধ্যে এক ভিন্ন আলোড়ন অনুভব করল।

The stirring was not from the Yeehats, but from something older and deeper.
আলোড়নটি ইয়েহাটদের কাছ থেকে ছিল না, বরং পুরোনো এবং গভীর কিছু থেকে ছিল।

He stood up, ears lifted, nose testing the breeze with care.
সে উঠে দাঁড়ালো, কান উঁচু করে, নাক দিয়ে সাবধানে বাতাস পরীক্ষা করছিলো।

From far away came a faint, sharp yelp that pierced the silence.

অনেক দূর থেকে একটা মৃদু, তীক্ষ্ণ চিৎকার ভেসে এলো, যা নীরবতাকে ভেদ করে।

Then a chorus of similar cries followed close behind the first.
তারপর প্রথমটির ঠিক পিছনে একই রকম কান্নার সুর ভেসে এলো।

The sound drew nearer, growing louder with each passing moment.
শব্দটা আরও কাছে আসতে লাগলো, প্রতিটি মুহূর্তের সাথে সাথে আরও জোরে জোরে।

Buck knew this cry—it came from that other world in his memory.
বাক এই কান্নাটা জানত—এটা তার স্মৃতিতে থাকা অন্য জগৎ থেকে এসেছিল।

He walked to the center of the open space and listened closely.
সে খোলা জায়গার মাঝখানে হেঁটে গেল এবং মনোযোগ সহকারে শুনল।

The call rang out, many-noted and more powerful than ever.
ডাকটা বেজে উঠল, অনেক বেশি সুপরিচিত এবং আগের চেয়েও বেশি শক্তিশালী।

And now, more than ever before, Buck was ready to answer his calling.
আর এখন, আগের চেয়েও বেশি, বাক তার ডাকে সাড়া দিতে প্রস্তুত।

John Thornton was dead, and no tie to man remained within him.
জন থর্নটন মারা গেছেন, এবং মানুষের সাথে তার কোন বন্ধন অবশিষ্ট নেই।

Man and all human claims were gone—he was free at last.
মানুষ এবং মানুষের সমস্ত দাবি শেষ হয়ে গেল – অবশেষে সে মুক্ত হল।

The wolf pack were chasing meat like the Yeehats once had.
নেকড়েদের দলটি ইয়েহাটদের মতোই মাংসের পিছনে ছুটছিল।

They had followed moose down from the timbered lands.

তারা কাঠের জমি থেকে ইঁদুরের পিছু পিছু নেমে এসেছিল।

Now, wild and hungry for prey, they crossed into his valley.
এখন, বন্য এবং শিকারের জন্য ক্ষুধার্ত, তারা তার উপত্যকায় প্রবেশ করল।

Into the moonlit clearing they came, flowing like silver water.
চাঁদের আলোয় ঢাকা পরিষ্কার জায়গায় তারা এসেছিল, রুপালী জলের মতো প্রবাহিত হচ্ছিল।

Buck stood still in the center, motionless and waiting for them.
বাক মাঝখানে স্থির দাঁড়িয়ে ছিল, নিশ্চল এবং তাদের জন্য অপেক্ষা করছিল।

His calm, large presence stunned the pack into a brief silence.
তার শান্ত, বিশাল উপস্থিতি পুরো দলটিকে এক সংক্ষিপ্ত নীরবতায় স্তব্ধ করে দিল।

Then the boldest wolf leapt straight at him without hesitation.
তারপর সবচেয়ে সাহসী নেকড়েটি দ্বিধা ছাড়াই সরাসরি তার দিকে ঝাঁপিয়ে পড়ল।

Buck struck fast and broke the wolf's neck in a single blow.
বাক দ্রুত আঘাত করল এবং এক আঘাতেই নেকড়েটির ঘাড় ভেঙে দিল।

He stood motionless again as the dying wolf twisted behind him.
মরণশীল নেকড়েটি তার পিছনে ঘুরতে ঘুরতে সে আবার স্থির হয়ে দাঁড়ালো।

Three more wolves attacked quickly, one after the other.
আরও তিনটি নেকড়ে দ্রুত আক্রমণ করল, একের পর এক।

Each retreated bleeding, their throats or shoulders slashed.
প্রত্যেকেই রক্তক্ষরণে পিছু হটেছিল, তাদের গলা বা কাঁধ কেটে ফেলা হয়েছিল।

That was enough to trigger the whole pack into a wild charge.

পুরো দলটিকে এক ভয়াবহ আক্রমণে ট্রিগার করার জন্য এটি যথেষ্ট ছিল।

They rushed in together, too eager and crowded to strike well.
তারা একসাথে ছুটে গেল, খুব আগ্রহী এবং ভিড়ের মধ্যে, ভালোভাবে আঘাত করার জন্য।

Buck's speed and skill allowed him to stay ahead of the attack.
বাকের গতি এবং দক্ষতা তাকে আক্রমণে এগিয়ে থাকতে সাহায্য করেছিল।

He spun on his hind legs, snapping and striking in all directions.
সে তার পেছনের পায়ে ঘুরছিল, সব দিকেই ঝাঁকুনি দিচ্ছিল এবং আঘাত করছিল।

To the wolves, this seemed like his defense never opened or faltered.
নেকড়েদের কাছে মনে হয়েছিল যেন তার প্রতিরক্ষা কখনও খোলা বা বিচলিত হয়নি।

He turned and slashed so quickly they could not get behind him.
সে ঘুরে দাঁড়ালো এবং এত দ্রুত আঘাত করলো যে তারা তার পিছনে যেতে পারলো না।

Nonetheless, their numbers forced him to give ground and fall back.
তবুও, তাদের সংখ্যা তাকে হাল ছেড়ে দিতে এবং পিছিয়ে আসতে বাধ্য করেছিল।

He moved past the pool and down into the rocky creek bed.
সে পুকুর পেরিয়ে পাথুরে খালের তলায় নেমে গেল।

There he came up against a steep bank of gravel and dirt.
সেখানে সে কাঁকর আর মাটির খাড়া এক পাড়ের মুখোমুখি হল।

He edged into a corner cut during the miners' old digging.
খনি শ্রমিকদের পুরনো খননের সময় সে একটি কোণায় কাটা জায়গায় আঘাত পায়।

Now, protected on three sides, Buck faced only the front wolf.

এখন, তিন দিক থেকে সুরক্ষিত, বাক কেবল সামনের নেকড়েটির মুখোমুখি হয়েছিল।

There, he stood at bay, ready for the next wave of assault.
সেখানে, সে উপসাগরে দাঁড়িয়ে ছিল, পরবর্তী আক্রমণের জন্য প্রস্তুত।

Buck held his ground so fiercely that the wolves drew back.
বাক এতটাই শক্তভাবে চেপে ধরল যে নেকড়েরা পিছু হটল।

After half an hour, they were worn out and visibly defeated.
আধ ঘন্টা পর, তারা ক্লান্ত হয়ে পড়েছিল এবং দৃশ্যত পরাজিত হয়েছিল।

Their tongues hung out, their white fangs gleamed in moonlight.
তাদের জিভগুলো ঝুলে ছিল, তাদের সাদা দাঁতগুলো চাঁদের আলোয় ঝিকিমিকি করছিল।

Some wolves lay down, heads raised, ears pricked toward Buck.
কিছু নেকড়ে শুয়ে আছে, মাথা উঁচু করে, কান বাকের দিকে ঠেলে।

Others stood still, alert and watching his every move.
অন্যরা স্থির হয়ে দাঁড়িয়ে রইল, সতর্ক হয়ে তার প্রতিটি পদক্ষেপ লক্ষ্য করছিল।

A few wandered to the pool and lapped up cold water.
কয়েকজন পুকুরে ঘুরে বেড়িয়ে ঠান্ডা জল পান করল।

Then one long, lean gray wolf crept forward in a gentle way.
তারপর একটা লম্বা, রোগা ধূসর নেকড়ে মৃদু ভঙ্গিতে সামনের দিকে এগিয়ে গেল।

Buck recognized him—it was the wild brother from before.
বাক তাকে চিনতে পারল—এটা ছিল আগের সেই বন্য ভাই।

The gray wolf whined softly, and Buck replied with a whine.
ধূসর নেকড়েটি মৃদুভাবে কাঁদল, আর বাক কাঁদতে কাঁদতে উত্তর দিল।

They touched noses, quietly and without threat or fear.
তারা নাক স্পর্শ করল, নীরবে এবং কোনও হুমকি বা ভয় ছাড়াই।

Next came an older wolf, gaunt and scarred from many battles.
এরপর এলো একটি বয়স্ক নেকড়ে, অনেক যুদ্ধের ফলে দুর্বল এবং ক্ষতবিক্ষত।

Buck started to snarl, but paused and sniffed the old wolf's nose.
বাক ঘেউ ঘেউ করতে শুরু করল, কিন্তু থেমে গেল এবং বুড়ো নেকড়ের নাক শুঁকে নিল।

The old one sat down, raised his nose, and howled at the moon.
বৃদ্ধটি বসে পড়ল, নাক উঁচু করে চাঁদের দিকে তাকিয়ে চিৎকার করল।

The rest of the pack sat down and joined in the long howl.
বাকি দলটি বসে পড়ল এবং দীর্ঘ চিৎকারে যোগ দিল।

And now the call came to Buck, unmistakable and strong.
আর এখন ডাক এল বাকের কাছে, স্পষ্ট এবং জোরালো।

He sat down, lifted his head, and howled with the others.
সে বসে পড়ল, মাথা তুলল, এবং অন্যদের সাথে চিৎকার করল।

When the howling ended, Buck stepped out of his rocky shelter.
যখন চিৎকার শেষ হলো, বাক তার পাথুরে আশ্রয়স্থল থেকে বেরিয়ে এলো।

The pack closed in around him, sniffing both kindly and warily.
প্যাকটি তার চারপাশে ঘেরাও করে, সদয় এবং সতর্কভাবে শুঁকে।

Then the leaders gave the yelp and dashed off into the forest.
তারপর নেতারা চিৎকার করে বনের দিকে ছুটে গেল।

The other wolves followed, yelping in chorus, wild and fast in the night.
অন্য নেকড়েরাও পিছু পিছু গেল, সমবেতভাবে চিৎকার করতে করতে, রাতে উন্মত্ত এবং দ্রুত।

Buck ran with them, beside his wild brother, howling as he ran.
বাক তাদের সাথে দৌড়ে গেল, তার বন্য ভাইয়ের পাশে, সে দৌড়ানোর সময় চিৎকার করছিল।

Here, the story of Buck does well to come to its end.
এখানেই, বাকের গল্পের সমাপ্তি ভালোভাবেই ঘটছে।
In the years that followed, the Yeehats noticed strange wolves.
পরবর্তী বছরগুলিতে, ইয়েহাটরা অদ্ভুত নেকড়েদের লক্ষ্য করেছিল।
Some had brown on their heads and muzzles, white on the chest.
কারো কারো মাথায় এবং মুখের উপর বাদামী, বুকে সাদা।
But even more, they feared a ghostly figure among the wolves.
কিন্তু তার চেয়েও বেশি, তারা নেকড়েদের মধ্যে একটি ভৌতিক ব্যক্তিত্বকে ভয় পেত।
They spoke in whispers of the Ghost Dog, leader of the pack.
তারা ফিসফিসিয়ে কথা বলছিল, দলটির নেতা ঘোস্ট ডগের কথা।
This Ghost Dog had more cunning than the boldest Yeehat hunter.
এই ভূত কুকুরটির সবচেয়ে সাহসী ইয়েহাট শিকারীর চেয়েও বেশি ধূর্ততা ছিল।
The ghost dog stole from camps in deep winter and tore their traps apart.
প্রচণ্ড শীতে ভূতের কুকুরটি ক্যাম্প থেকে চুরি করে তাদের ফাঁদ ছিঁড়ে ফেলে।
The ghost dog killed their dogs and escaped their arrows without a trace.
ভূত কুকুরটি তাদের কুকুরগুলিকে মেরে ফেলে এবং তাদের তীরের কোনও চিহ্ন ছাড়াই পালিয়ে যায়।
Even their bravest warriors feared to face this wild spirit.

এমনকি তাদের সাহসী যোদ্ধারাও এই বন্য আত্মার মুখোমুখি হতে ভয় পেত।

No, the tale grows darker still, as the years pass in the wild.
না, বছরের পর বছর ধরে অস্থিরতার সাথে সাথে গল্পটি আরও অন্ধকার হয়ে ওঠে।

Some hunters vanish and never return to their distant camps.
কিছু শিকারী নিখোঁজ হয়ে যায় এবং আর কখনও তাদের দূরবর্তী শিবিরে ফিরে আসে না।

Others are found with their throats torn open, slain in the snow.
অন্যদের গলা কাটা অবস্থায়, তুষারে ডুবে মারা অবস্থায় পাওয়া যায়।

Around their bodies are tracks—larger than any wolf could make.
তাদের শরীরের চারপাশে দাগ রয়েছে—যে কোনও নেকড়ে যতটা বড় করে তুলতে পারে তার চেয়েও বড়।

Each autumn, Yeehats follow the trail of the moose.
প্রতি শরতে, ইয়েহাটরা মুসের পথ অনুসরণ করে।

But they avoid one valley with fear carved deep into their hearts.
কিন্তু তারা এমন একটি উপত্যকা এড়িয়ে চলে যেখানে তাদের হৃদয়ের গভীরে ভয় গেঁথে আছে।

They say the valley is chosen by the Evil Spirit for his home.
তারা বলে যে উপত্যকাটি তার বাসস্থানের জন্য শয়তান আত্মা দ্বারা বেছে নেওয়া হয়েছে।

And when the tale is told, some women weep beside the fire.
আর যখন গল্পটি বলা হয়, তখন কিছু মহিলা আগুনের পাশে কাঁদে।

But in summer, one visitor comes to that quiet, sacred valley.
কিন্তু গ্রীষ্মকালে, একজন দর্শনার্থী সেই শান্ত, পবিত্র উপত্যকায় আসেন।

The Yeehats do not know of him, nor could they understand.
ইয়েহাতরা তাকে চেনে না, আর বুঝতেও পারে না।

The wolf is a great one, coated in glory, like no other of his kind.

নেকড়েটি একটি মহান, গৌরবে আচ্ছন্ন, তার ধরণের অন্য কারো মতো নয়।

He alone crosses from green timber and enters the forest glade.

সে একাই সবুজ কাঠের উপর দিয়ে পার হয়ে বনের ঝাড়ে প্রবেশ করে।

There, golden dust from moose-hide sacks seeps into the soil.

সেখানে, ইঁদুরের চামড়ার বস্তা থেকে সোনালী ধুলো মাটিতে মিশে যায়।

Grass and old leaves have hidden the yellow from the sun.

ঘাস এবং পুরাতন পাতাগুলি সূর্যের আলো থেকে হলুদ রঙ লুকিয়ে রেখেছে।

Here, the wolf stands in silence, thinking and remembering.

এখানে, নেকড়েটি নীরবে দাঁড়িয়ে আছে, ভাবছে এবং স্মরণ করছে।

He howls once—long and mournful—before he turns to go.

সে একবার কাঁদে—দীর্ঘ এবং শোকাহত—যাওয়ার আগে।

Yet he is not always alone in the land of cold and snow.

তবুও ঠান্ডা এবং তুষারের দেশে সে সবসময় একা থাকে না।

When long winter nights descend on the lower valleys.

যখন দীর্ঘ শীতের রাতগুলি নিম্ন উপত্যকায় নেমে আসে।

When the wolves follow game through moonlight and frost.

যখন নেকড়েরা চাঁদের আলো এবং তুষারপাতের মধ্য দিয়ে শিকার অনুসরণ করে।

Then he runs at the head of the pack, leaping high and wild.

তারপর সে পালের মাথার দিকে দৌড়ায়, উঁচুতে লাফিয়ে লাফিয়ে।

His shape towers over the others, his throat alive with song.

তার আকৃতি অন্যদের থেকেও উঁচু, তার গলা গানে প্রাণবন্ত।

It is the song of the younger world, the voice of the pack.

এটি তরুণ বিশ্বের গান, প্যাকের কন্ঠস্বর।

He sings as he runs—strong, free, and forever wild.

সে দৌড়ানোর সময় গান গায়—শক্তিশালী, মুক্ত, এবং চিরকাল বন্য।

www.ingramcontent.com/pod-product-compliance
Lightning Source LLC
Chambersburg PA
CBHW010031040426
42333CB00048B/2791
* 9 7 8 1 8 0 5 7 2 7 5 5 2 *